Siglind Willms
Johannes Risse

Zum Frieden befreien –
Selbsthilfe durch Co-Counselling

Fühlen, Denken und Handeln versöhnen

Sozio-Publishing

Bibliografische Information der Deutschen Bibliothek
Die Deutsche Bibliothek verzeichnet diese Publikation in der
Deutschen Nationalbibliografie; detaillierte bibliografische Daten
sind im Internet über http://dnb.ddb.de abrufbar.

Lektorat: Ludger Müller
Korrektorat: Ludger Müller
Umschlaggestaltung: Anna Overmeyer, Lisa Tebbe
und Ludger Müller
Titelblattillustration: Lisa Tebbe
Satz und Layout: Marion Schreiber und Ludger Müller

Verantwortlich für den Inhalt sind die Autoren.

Edition Sozio-Publishing 219
2. korrigierte Auflage 2011
ISBN 978-3-935431-19-4
© 2011 Sozio-Publishing, Belm-Vehrte / Osnabrück

Zum Gedenken an Jaap, der zwischen Mauer und Gewehrlauf der deutschen Besatzer folgendes Testament hinterließ:

„... Wij voelen geen haat meer, wij hebben geloofd onze plicht te doen, nù doen anderen hun plicht. Wij hebben deze laatste tijd, vooral ook in Maastricht, geleerd om onze zogenaamde ‚vijanden‘ als mensen te zien; er ontstond een vriendschapsband tussen gevangenen en bewakers – en ook nu weer tegenover het begrijpen van onze kant de erkenning: ‚Nein Sie sind keine Verbrecher.‘ Ook zij, die deze laatste ogenblikken hier over ons waken zijn werkelijk vriendelijk. Daarom wil ik ook dat er niets van haat in jullie harten achter blijft........“

[„... Wir fühlen keinen Hass mehr, wir haben geglaubt, unsere Pflicht zu tun, jetzt tun andere ihre Pflicht. Wir haben in dieser letzten Zeit gelernt, besonders auch in Maastricht, unsere sogenannten ‚Feinde‘ als Menschen zu sehen; es entstand ein Freundschaftsband zwischen Gefangenen und Bewachern – und auch uns gegenüber, das Verstehen unserer Seite, die Erkenntnis: ‚Nein, sie sind keine Verbrecher.‘ Auch sie, die in diesen letzten Augenblicken über uns wachen, sind im Tiefsten freundlich. Darum möchte ich auch, dass kein Hass in euren Herzen zurückbleibt ...“]

In diesem Testament wird beeindruckend deutlich, dass sich Gefühle von Hass und das Bedürfnis nach Vergeltung wandeln lassen.

Dieses Buch möchte einen Weg aufzeigen mit Gefühlen und Bedürfnissen so umgehen zu lernen, dass beide veränderbar sind und Frieden mit sich und anderen auch unter schweren oder schwersten Bedingungen möglich wird.

Inhaltsverzeichnis

1.0 Einleitung

Es bedarf keiner besonderen Begründung, dass wir Menschen ein Leben lang aufgerufen sind, für uns Sorge zu tragen, sowohl individuell wie sozial. Einleuchtend ist dies für viele am ehesten im materiellen, körperlichen Bereich. Es ist eine Voraussetzung, um zu überleben. Dass diese Sorge sich auch auf den geistigen, seelischen, ästhetischen und ethischen Bereich bezieht, mag einleuchtend sein, aber bei vielen doch eher Widerstand und Ablehnung hervorrufen. Als Erwachsene haben viele Menschen sich in ihrem Denken und Fühlen fest eingerichtet, es ist für sie wie ein Zuhause. Die Heimat aufzugeben – dazu noch freiwillig – fällt schwer. Es ist die Angst vor Heimatlosigkeit und Identitätsverlust, die Menschen an ihren gewohnten Mustern von Denken, Fühlen und Handeln festhalten lässt. So muss sie oft das Leben erst zwingen, um für sich in diesen Bereichen Sorge zu tragen und die Verantwortung für sich zu übernehmen. Es ist wohl immer wieder erst die Akzeptanz unserer Bedürftigkeit und Schwäche, die uns den Anstoß gibt zur Sorge um uns: individuell, sozial, ethisch und ästhetisch. Die erlebte Schwäche und Bedürftigkeit wird zum Motor von Veränderung auf dem Hintergrund des Wissens und der Erfahrung, dass wir noch zu anderem fähig sind, und dass wir damit nicht nur überleben, sondern leben. Doch auch, wenn wir einsehen und anstreben, dass etwas anders wird, wissen wir oft nicht, wie das zu bewerkstelligen ist. Hier will das Selbsthilfeangebot des Co-Counselling weiterhelfen, dass ich lerne, mich gut und fachkundig um mich zu sorgen, nicht in einsamer Selbstzuwendung, sondern indem ich mich einem anderen anvertraue. Allerdings muss dieser Andere sich zurücknehmen können, damit ich meine Freiheit finden und in Freiheit zu mir kommen kann. Es wird also vorausgesetzt, dass der Mensch sein Glück nur in seiner Freiheit finden wird. Zentrales Kriterium eines schönen und erfüllten Lebens ist die Freiheit, sein zu können, wie ich bin, Zugang zu meinen lebensdienlichen Stärken und lebensbehindernden Schwächen zu haben, eine Freiheit, die sich durch und mit dem anderen gewinnen lässt, und die am anderen wächst.

Zu dieser Freiheit gehört konsequenterweise auch, dass Lebensformen von Gleichberechtigung und Partnerschaftlichkeit entwickelt werden, damit jeder diese Freiheit leben kann. Es hat schon viele Versuche des Menschen gegeben, diese Formen zu entwickeln. Viele sind gescheitert, und dennoch will der Mensch die Hoffnung nicht begraben, dass dies möglich sei. Hier setzt der Grundgedanke des Co-Counselling an. Er besagt: Der Umgang mit Gefühlen in der kopflastig rational orientierten Kultur der sogenannten westlichen Länder wird so folgenschwer negativ bewertet und ist einer so hochgradigen Missachtung ausgesetzt, dass riesige Potenziale an Kreativität zur Selbstentfaltung des Einzelnen und zum friedlichen Miteinander aller blockiert und verschüttet sind. Diese gilt es zu befreien und zwar auf dem Boden radikaler Gleichwertigkeit und des Respekts aller vor allen, ermöglicht durch ein intensives Einüben freier Aufmerksamkeit, intensiver Arbeit an sich selbst, partnergeleiteter (peerorientated) Organisationsstrukturen und differenzierter Konfliktlösestrategien. Den Rahmen des Ganzen bildet die Selbsthilfe: Selbsthilfe durch Co-Counselling.

Ein Ausgangspunkt der Entstehung dieses Verfahrens liegt darin, dass nach dem zweiten Weltkrieg immer deutlicher erkannt wurde, dass für die meisten Menschen ihre positiven Kräfte und ihre intellektuellen Möglichkeiten zur Lebensgestaltung nicht verfügbar sind, weil soziale Beeinträchtigungen, persönliche Frustrationen und unverarbeitete Schmerzerfahrungen zu Gefühlsverhärtung, gedanklicher Blockierung und Einschränkung der Handlungsmöglichkeiten führen. Es stellte sich die Frage, wie Hilfsmöglichkeiten und Wege für derart betroffene Menschen gefunden werden könnten, die eingeschlossenen und verschütteten Kräfte zu befreien. Die Antwort auf diese Frage war: Ein Selbsthilfeverfahren müsste es sein, ein gemeinsames und gegenseitiges oder auch ein sich selbst Beraten, ein Co-Counselling. In den 50er Jahren des 20. Jahrhunderts wurde es in Kalifornien von H. Jackins und seinen Mitarbeitern entworfen.

Es konnte sich in den langen Jahren seines Bestehens zwar in mehreren Facetten seiner Anwendung weltweit ausbreiten, wurde aber nie zum Instrument breiter Bevölkerungsschichten, wie es ursprünglich gedacht war. Relativ wenige erkannten für sich die Tiefe und das Ausmaß der Möglichkeiten und unterzogen sich der anstrengenden und mühseligen Geduldsarbeit, es gründlich zu erlernen und für die eigene Befreiung und das persönliche Wachstum zu nutzen, obwohl es viele gute Voraussetzungen für den Aufbau z. B. von Beziehungsfähigkeit, für den einer guten Streitkultur und für die Friedensarbeit sowie für viele andere soziale Kompetenzen in sich trägt. In Münster haben wir, die Autoren, seit 1977 das Verfahren vielen Menschen vermittelt, häufig im Zusammenhang mit und zur Unterstützung der psychotherapeutischen Arbeit.

Wir sehen im Co-Counselling die Grundelemente für die Einübung der Friedensarbeit sowohl zum äußeren wie inneren Frieden. Der ist uns immer aufgegeben, aber wir stehen auch immer in der Gefahr, die Bemühung um ihn aufzugeben. Es ist eine Lebensentscheidung. Es ist immer wieder eine Entscheidung zur Lebensbewältigung. In Kap. 7.6 wird in diesem Zusammenhang das Projekt

„Fair Streiten lernen" beschrieben. Es hat sich aus der Arbeit mit dem Co-Counselling-Verfahren entwickelt und kann der Meinung der Autoren nach ebenfalls einen bedeutenden Beitrag zur Friedensarbeit leisten.

Vor diesem Hintergrund ist das Anliegen dieses Buches vierfach:

1. Wir möchten den theoretischen Hintergrund beschreiben, auf dem das Verfahren aufbaut.

2. Wir möchten das Verfahren selbst beschreiben, auch wenn dies für den Leser, der das Verfahren selbst noch nicht kennengelernt und praktiziert hat, vielleicht ein wenig schwierig zu verstehen ist, denn es erschließt sich erst wirklich im Tun.

3. Wir möchten Horizonte öffnen für die gesellschaftspolitischen und geistigen Möglichkeiten, die sich ergeben, wenn man über diesen Weg die Sorge und Verantwortung für sich und sein Leben übernimmt.

4. Wir möchten die Friedensarbeit und speziell das Projekt „Fair Streiten Lernen", die sich beide aus dem Co-Counselling zu einer Art Konfliktkultur entwickelt haben, darstellen und darüber informieren.

Es lassen sich verschiedene Teile des Buches unabhängig voneinander lesen und studieren. Jede(r) hat seine eigene Art zu lernen.

Der eine steigt lieber über die Praxis ein, der andere über die Theorie. Am besten sucht jede(r) den eigenen Weg. *

Viel Freude dabei und gute Entdeckungen!!

Siglind Willms   Johannes Risse

---

* Es sei an dieser Stelle auch noch ein Wort gesagt zu der weiblichen und männlichen Form der Sprache in diesem Buch. Wir wollten zunächst wie oben beide immer nebeneinander setzen. Dann haben wir gesehen, dass dies für das Lesen sehr mühsam ist. So haben wir uns entschieden, immer nur eine Form zu verwenden. Es sind aber beide von uns gedacht. Es mag überraschen, wenn an manchen Stellen nur die weibliche Form verwendet wird, an denen wir „gewöhnlich" die männliche benutzen. Dieses „Aufhorchen" ist von uns beabsichtigt.

A - Grundlagen und Methode des Co-Counselling-Verfahrens

2.0 Unsere Kultur und die Gefühle

2.1 Märchen von der Unke

Es war einmal ein kleines Kind, dem gab seine Mutter jeden Nachmittag ein Schüsselchen mit Milch und Weckbrocken, und das Kind setzte sich damit hinaus in den Hof. Wenn es aber anfing zu essen, so kam die Hausunke aus einer Mauerritze hervorgekrochen, senkte ihr Köpfchen in die Milch und aß mit. Das Kind hatte seine Freude daran, und wenn es mit seinem Schüsselchen da saß und die Unke kam nicht gleich herbei, so rief es ihr zu:

> „Unke, Unke, komm geschwind,
> Komm herbei, du kleines Ding,
> Sollst dein Bröckchen haben,
> An der Milch dich laben."

Da kam die Unke gelaufen und ließ es sich gut schmecken. Sie zeigte sich auch dankbar, denn sie brachte dem Kind aus ihrem heimlichen Schatz allerlei schöne Dinge, glänzende Steine, Perlen und goldene Spielsachen. Die Unke trank aber nur Milch und ließ die Brocken liegen. Da nahm das Kind einmal sein Löffelchen, schlug ihr damit sanft auf den Kopf und sagte: „Ding, iss auch Brocken!". Die Mutter, die in der Küche stand, hörte, dass das Kind mit jemand sprach, und als sie sah, dass es mit seinem Löffelchen nach einer Unke schlug, so lief sie mit einem Scheit Holz heraus und tötete das gute Tier.

Von der Zeit an ging eine Veränderung mit dem Kinde vor. Es war, solange die Unke mit ihm gegessen hatte, groß und stark geworden, jetzt aber verlor es seine schönen roten Backen und magerte ab. Nicht lange, so fing in der Nacht der Totenvogel an zu schreien, und das Rotkehlchen sammelte Zweiglein und Blätter zu einem Totenkranz, und bald hernach lag das Kind auf der Bahre[1].

2.2 Interpretation

In den drei Gestalten von Unke, Kind und Mutter ist für uns die Wirklichkeit, um die es in diesem Buch geht, in poetischer Weise abgebildet. Die Unke ist Sinnbild des Gefühlshaften, urtümlich Triebhaften, Animalischen in uns. Das Kind ist Bild der Person, die im Laufe des Lebens wächst und reift. Sie ist der Anteil in uns, der alle Kräfte, die uns ausmachen, in besonnener, liebevoller Weise führt, damit wir sie da, wo wir ihrer bedürfen, zur Verfügung haben, um für uns Sorge tragen zu können. Die Mutter verkörpert die Vernunft und den Verstand im Menschen, der glaubt, den Überblick und die Kontrolle über Situationen zu haben und der häufig meint, es besser zu wissen als das Gefühl.

Wenn wir die Bilder so verstehen, kann uns das Märchen Folgendes sagen:

Eigentlich könnten unsere verschiedenen Personenbereiche gut miteinander leben zum Wohl der Person, der sie ja dienen.

Gefühle und Triebkräfte können uns reich beschenken, wenn wir sie leben lassen und ihnen angemessenen Raum und Nahrung bei uns geben, so wie die Unke ihre Schätze bringt. Triebkräfte haben aber auch die Neigung, nur lustbetont zu leben und bedürfen deshalb auch immer wieder der Disziplinierung - so sagt das Kind zur Unke:

[1] Grimms Märchen, S. 528

„Ding, iss auch Brocken", und gibt ihr mit dem Löffel einen sanften Schlag auf den Kopf. Und genau an dieser Stelle hat unser Verstand die Neigung, dazwischen zu gehen und drastisch einzugreifen, wie die Mutter mit dem Holzscheit, um den Triebkräften in einer Weise Einhalt zu gebieten, dass sie Ruhe geben und nicht immer wieder in ihrer unangenehmen, ja gewissermaßen auch aufdringlich hässlichen Art und Weise die Lebensvorstellungen der Vernunft und des Verstandes, des Geistwesens Mensch, zu durchkreuzen. Wenn aber der Geistanteil des Menschen den Triebanteil erschlägt, dann stirbt die lebendige, ausgewogene, auf Wachstum ausgelegte Person und es bleibt ein gefühlsmäßig unlebendiger, verstandesgesteuerter Mensch, eventuell eine Marionette übrig. Es ist für die augenblickliche Situation unserer abendländischen, westlich-europäisch geprägten Kultur kennzeichnend, dass viele Menschen stark rational ausgerichtet sind und den Kontakt zu ihren Gefühlen verloren haben. Zwar werden sie aus den unbewussten Bereichen des Erlebens heraus deswegen nicht weniger durch Gefühle gesteuert, aber sie können diesen Einfluss nicht gestalten, können ihn gar nicht wahrnehmen. Die Folgen dieser Situation werden im Verlauf des Buches ausführlich geschildert. Auf diese Situation bezogen wurde das Co-Counselling, ein Selbsthilfeverfahren, entwickelt, um, im Bild unseres Märchens gesprochen, Unke, Kind und Mutter wieder zu einem gemeinsamen Leben zu verhelfen.

2.3 Gefühle und ihre Beziehung zu Denken und Handeln

Um fühlen zu können, gibt es im Körper Empfangsorgane, die sogenannten Rezeptoren, die Reize von außen oder von innen aufnehmen.

Jeder dieser Reize löst eine Reaktion des Körpers aus, die entweder in Richtung „angenehm, positiv, körperdienlich" oder in Richtung „unangenehm, bedrohlich, zu meiden" geht. Diese Reaktionen werden in der Forschung Affekte genannt. Sie laufen tief unterhalb unseres Bewusstseins ab und sind entscheidende Faktoren für unser Handeln, die wir nicht beeinflussen können. In der augenblicklichen Forschung gibt es zu diesen Affekten zwei Konzepte: Das eine unterscheidet zwei Formen, angenehme und unangenehme Gefühle, wie schon gesagt, oder es werden vier Grundaffekte angenommen: Trauer, Angst, Freude und Wut.

Wir schließen uns dem Konzept der zwei Grundreaktionen an, halten das andere Konzept aber für ebenso passend. Unsere Konzepte sind ja immer nur Erklärungsversuche für das, was wir beobachten können.

Die gefühlsmäßigen Grundreaktionen sind ihrerseits immer mit Situationen und Erfahrungen verbunden, die sich beim Menschen mit Gedanken verknüpfen und dann Emotionen genannt werden. Die Entstehung von Emotionen können wir uns folgendermaßen vorstellen:

Beispiel: Ein Säugling hört eine Stimme, sie ist angenehm, er sieht dazu ein freundliches Gesicht, auch das ist angenehm, er spürt Nahrung in seinem Mund, auch das ist angenehm und erzeugt freudenvolle, behagliche Gefühle. Jeden Tag passiert dies mehrmals. Das Kind lernt, dass Freude als Reaktion im Körper entsteht, wenn diese Situation wieder eintritt. Die freudigen Gefühle verknüpfen sich mit vielen optischen, akustischen, geruchlichen (olfaktorischen) und taktilen Reizen, die gleichzeitig auf den Körper einwirken. Dazu kommen im Laufe der Zeit Gedanken wie:

Da ist ja Mama wieder!

Sie bringt was Leckeres zu essen!

Sie ist lieb!

Mit jedem dieser Gedanken verbindet sich Freude als Gefühl.

Wir haben kurze urtümliche Gefühlsreaktionen, die dem Körper immer mitteilen: positiv oder negativ. Und wir haben die Emotionen, die Gefühle, die mit Erfahrung und Gedanken verbunden und wesentlich vielschichtiger sind als ein Affekt. Gefühle sind in beiden Fällen Befindlichkeiten des Körpers in vielfältigen Formen, deren einen Teil wir wahrnehmen und spüren können und zwar oft sehr heftig, deren anderer Teil aber weit unter der Bewusstseinsoberfläche abläuft, deswegen aber nicht weniger intensiv Reaktionen des Körpers zur Folge hat. Es ist außerordentlich wichtig, sich klar zu machen, dass Gefühle sehr stark unser Handeln steuern und dass es eine nicht zu kontrollierende, autonome d. h. vom Willen unabhängige Psyche gibt.

Es gibt noch eine Reihe anderer Aspekte, unter denen man Gefühle beschreiben kann, z. B. dass sie Bewegungen im Körper sind, die in zweierlei Weise zur Handlung, zur Aktion, drängen:

1. Sagt das Gefühl dem Körper, was er tun soll, damit es dem Körper gut geht, es ist also handlungsorientiert;

2. Verlangt die gefühlsmäßige Spannung ihren eigenen Ausdruck, ihre Abreaktion.

Beide Weisen der Aktion können für den Körper mit einem gewissen Maß an Entspannung und Wohlbefinden verbunden sein. Da die gefühlsmäßige Abreaktion aber oft heftig und mit negativen Folgen für sich und andere verbunden ist, ist es einerseits eine Kulturleistung des Menschen, dass er gelernt hat, Gefühle zu kontrollieren, andererseits hat er es mit der Gefühlskontrolle aber inzwischen so übertrieben, dass wir in unserer Kultur davon häufig krank werden. Daher geht es im Co-Counselling neben anderen Zielen, die später beschrieben werden, wesentlich darum, neue Formen der Abreaktion von Gefühlen zu schaffen, die der Gesundheit dienen ohne anderen Menschen oder uns selbst zu schaden. Wir können also zusammenfassend sagen: Gefühle, Affekte und Emotionen, sind vorsprachlich, genetisch fixiert und kulturell überformt.[2] Sie sind in erster Linie Reaktionen des autonomen Nervensystems, d. h. durch den Willen nicht zu steuern, aber spürbare körperliche Veränderungen. Diese sind oft auch messbar als Muskelspannung oder Hautwiderstand, als Blutdruck und Herzfrequenz, in der Atmung und Schweißproduktion sowie durch Hormonausschüttungen. Sie sind deshalb ein verlässliches, reflexhaft arbeitendes Reizbewertungssystem, das unser Verhalten sehr wesentlich steuert.

So können für einen Menschen, der seine Gefühle leicht und frei wahrnehmen kann, diese wie eine Art Kompass sein, der vor allem in Entscheidungssituationen eine große Hilfe ist; sie sind interne Entscheidungshilfen (autonome Psyche). Manche Menschen drücken dies sehr anschaulich in Sätzen aus wie: „Ich frag mal meinen Bauch" oder „das habe ich aus dem Bauch heraus entschieden".

Für die weitere Klärung der Frage, was ein Gefühl sei, wollen wir auf die Feststellung zurückkommen, dass sich bei Gefühlen zwei Komponenten unterscheiden lassen, wie wir es oben schon andeuteten:

Die eine ist das Gefühlte, sozusagen die Farbe des Gefühls wie Trauer, Missgunst, Neugier, Freude, Lust, dem bestimmte Aus-

---

[2] Vgl. Wasmann, S. 141

druck- oder Abreaktionsformen im Körper zuzuordnen sind wie Weinen, Schreien, Schlagen, Zittern oder Jauchzen.

Die zweite Gefühlskomponente ist ein Druck über die Entlastung der gefühlsmäßigen Spannung hinaus zu handeln wie, sich verkriechen, Trost suchen, dem anderen Schaden zufügen, vor lauter Freude über einen Erfolg ein Fest feiern und viele Leute einladen. Es ist so, dass der Ausdruck eines Gefühls dieses in größerer Intensität fühlen lässt und der Handlungsdruck, der in einer Gefühlsreaktion steckt, dadurch viel stärker wird, sodass die Kontrolle dieses spontanen Handelns durch den Ausdruck des Gefühls erschwert wird. Von daher ist die Kontrolle von Gefühlen auch ein Schutz vor unbedachten, gefühlsgetriebenen und gedankenlosen Handlungen. Andererseits nimmt durch die Kontrolle, wie schon mehrfach erwähnt, die Fähigkeit zu fühlen ab, und ungesunde Spannungszustände nehmen im Körper zu.

Da Gefühle stark handlungsorientiert sind, führt deren Kontrolle oft zu verstecktem, unbewusst betriebenem Handeln. Das ist häufig nicht weniger zerstörerisch als die unkontrolliert ausgeführte Handlung.

Ob ich mich direkt an meinem Partner für eine erlebte Kränkung räche oder langfristig Gelegenheiten suche, ihn zu demütigen und ihm zu schaden, kommt letztlich aufs Gleiche hinaus, nämlich die Beziehung wird zerstört, nur im ersten Fall ist mein Handeln als Ursache deutlich, im zweiten Fall kann man immer sagen: Wieso, ich habe doch gar nichts gemacht!

Zuweilen kann man sich des Eindrucks nicht erwehren, dass es genau diese zweite Möglichkeit ist, die unsere Kultur an der Vermeidung eines bewussten Umganges mit Gefühlen festhalten lässt, weil sie den Einzelnen auf diese Weise scheinbar der Verantwortung für sein Handeln enthebt.

Zu den Grundlagen für ein angemessenes Verständnis von Gefühlen gehört auch der Hinweis, dass es wichtig ist zu unterscheiden, ob ein Vorgang im Körper ein Gedanke ist oder ein Gefühl. Wir sollten lernen, genau wahrzunehmen, wann wir eine Information oder einen Gedanken beschreiben oder wirklich einen Gefühlszustand des Körpers benennen.

Häufig passiert es, dass Menschen auf die Frage: „Was fühlst du?" oder „wie fühlst du dich jetzt?" mit einem Gedanken antworten wie: „Ich finde es erstaunlich, dass schönes Wetter ist." Häufig wird auch geantwortet: „Ganz normal" oder gar nichts. Da wir den Ausdruck von Gefühlen oder die Entlastung von emotionaler Spannung sehr häufig unterdrücken, befindet sich der Körper in einer Dauerspannung, die unfähig macht, einzelne unterschiedliche Fühlzustände wahrzunehmen, obwohl wir in jeder Situation fühlen.

Das Zueinander von Fühlen und Denken ist wechselseitig: Es kann ein Gedanke auf ein Gefühl folgen oder ein Gedanke ein Gefühl auslösen.

Der Mensch fühlt den Schmerz, bevor er denkt: „Das tut aber weh!" „Das ist ja Mist, dass ich mich geschnitten habe." Der Schmerz, die Freude, die Lust und alle anderen Gefühle werden direkt gefühlt, bevor sie in die oben genannten Ausdrucksformen gebracht werden, die ihnen entsprechen.

Der letzte Schritt ist dann oft schon gedanklicher Natur, wenn das Gefühl in Sprache gebracht wird, wie: „Das macht mich traurig."

Es wird so ausführlich an dieser Stelle auf die Unterscheidung von Gefühl und Gedanke hingewiesen, weil beide oft verwechselt werden, was schwerwiegende Folgen für den Umgang mit Gedanken und Gefühlen hat. Einen Gedanken kann man z. B. nicht entlasten, wohl aber das Gefühl, das den Gedanken begleitet.

Vielleicht könnte man sagen: Ein Gefühl ist ein Spannungszustand oder eine Spannungsbewegung, ein Energiestrom im Körper, der als Begleiterscheinung auftritt, wenn

a) Reize von außen auf die Sinnesorgane treffen;
b) sich Bewegungen und Veränderungen in den inneren Organen ereignen;
c) biochemische Prozesse wie Hormonausschüttungen im Körper erfolgen;
d) gedankliche Prozesse ablaufen, die bestimmte Bilder oder Erfahrungserinnerungen aktivieren. So fühlen wir uns unterschiedlich, ob wir das Wort „Sonne" oder das Wort „Krieg" denken.

Sie können das im Eigenversuch erleben: Sagen Sie das Wort „Sonne" laut vor sich hin, und beachten Sie danach aufmerksam ihr Körpergefühl.

Danach machen Sie das Gleiche mit dem Wort „Krieg" und vergleichen Sie es mit dem Gefühl, das sie nach dem Wort Sonne hatten.

Gefühle stellen auch ein Signalsystem dar, das andere Menschen über unsere Gemütsverfassung und unsere Handlungsabsichten informiert, Gefühle in den anderen auslöst oder die anderen ansteckt. So können wir andere durch unseren Ärger darüber informieren, dass uns etwas nicht passt, wir können den anderen anstecken mit diesem Ärger, können aber auch Gegenärger erzeugen. Das beflügelt einerseits die Kommunikation, andererseits kann es auch ganz unangenehme Folgen haben, sodass hier deutlich wird, dass wir es auch als Kulturleistung betrachten können, dass wir die Gefühlskontrolle gelernt haben.

Auf jeden Fall ist als erwünschtes Ziel festzuhalten: Abreaktion, also Entlastung von Gefühlsspannungen, soll geübt und neu gelernt werden, auf das Ausleben des handlungsgerichteten Anteiles einer Gefühlsbewegung soll gegebenenfalls verzichtet werden können, um Gestaltungs- und Entscheidungsmöglichkeiten zwischen zu schalten (Impulskontrolle).

Auf diese Weise kann versucht werden, verantwortliches Handeln zum eigenen Wohl und für das Wohl anderer deutlich zu verbessern.

Abschließend wird noch ein letzter Aspekt dargestellt werden wie Fühlen, Handeln und Denken zusammenhängen.

Nach der Geburt sind wir Leib, der ausgestattet ist mit der Fähigkeit zu fühlen, Außen- und Innenwelt wahrzunehmen, den Körper zu bewegen, und sich stimmlich auszudrücken.

Mit diesem Leib machen wir Erfahrungen durch die anderen Menschen und die Welt, die uns umgibt. Jede Erfahrung ist mit einem Gefühl verbunden. Wir fühlen uns in jeder Situation, auch wenn wir verlernt haben, dies wahrzunehmen. Erfahrung wird als Erinnerung in Bildern, Empfindungen und Gefühlen gespeichert und bildet die Grundlage für die Entwicklung von Gedanken. Mit zunehmendem Alter nimmt der Mensch Regelmäßigkeiten und Wiederholungen wahr und beginnt, Abstraktionen zu bilden und sie in Sprache zu fassen.

Die Ansammlung gespeicherter Erfahrung bildet die Grundlage oder das Reservoir für persönliches Erleben, weil Gehirn und Nervensystem in vielfältiger Weise Verbindungen herstellen, die die Erlebniswelt des Einzelnen ausmachen.

Ein wichtiges Element in diesem Prozess ist die Entlastung von emotionaler Spannung. Beim Säugling kann man beobachten, wie Außenreize auf den kleinen Leib treffen und von ihm als stimmliche, mimische oder gestische, leibhafte Bewegung wieder abgegeben werden. An der schmerzhaften Beeinträchtigung ist dies am eindeutigsten nachzuvollziehen: Die schmerzhafte Erfahrung findet statt, das Kind schreit entsprechend, entlastet sich dadurch von der schmerzhaften Spannung und kann wenig später wieder lachen. Die mit zunehmendem Alter entwickelte Kontrolle der emotionalen Entlastung, wie sie von der Gesellschaft gefordert wird, oder wie sie durch den Überlebenswillen in bedrohlichen sozialen Situationen entsteht, führt zu einer Ansammlung emotionaler Spannung im Körper, die sich im günstigen Fall, bei guter Gelegenheit unvermittelt, und oft auch unverständlich ventilhaft, entlädt, oder die als Spannung gespeichert wird, die sich als muskuläre Dauerspannung im Körper festsetzt.

Natürlich ist es wichtig, Gefühle zu kontrollieren, wie oben schon dargelegt. Ch. Wolff spricht in ihrem Buch „Kassandra" davon, dass die Kontrolle von Gefühlen eine der wesentlichsten Entdeckungen der Menschheit war und für ein friedliches Miteinander unterschiedlichster Menschen unabdingbar ist. In wenig kultivierten Zeiten war es üblich, Gefühle sehr unmittelbar auszuleben mit der Folge, dass der, der die Macht hatte, den unliebsamen Mitmenschen einfach umbringen konnte, Sexualität sehr hemmungslos ausgelebt wurde und vieles andere mehr. Natürlich trifft das auch zu auf Beispiele unseres modernen Lebens. Im 19. und 20. Jahrhundert wurde die Kontrolle von Gefühlen andererseits teilweise extrem überbetont, vor allem in der autoritären Erziehung. Eine Gegenbewegung bildet die gewährende Erziehung der sechziger und siebziger Jahre, die zur Folge hat, dass Menschen ihre Gefühle wieder ungebremst ausleben und sich und anderen damit unter Umständen sehr schaden. Dass wir unsere Gefühle einerseits beherrschen und sie andererseits angemessen zum Ausdruck bringen, ist das hier angestrebte Ziel.

Außer dieser körperlichen Manifestation hat die angesammelte emotionale Spannung Wirkungen auf den Zugang zur Erfahrung und den Ablauf der Gedanken.

Da die meiste Erfahrung unbewusst abgespeichert ist, und die meisten Gedankenverbindungen unbewusst geschaltet werden, ist dieser Prozess nicht wahrnehmbar wie der der blockierten Entlastung. Es ist nämlich anzunehmen, dass durch nicht entlastete, emotionale Spannung, vor allem hervorgerufen durch Schmerzerfahrungen und Traumata, die Möglichkeit, Erinnerungen einfach wachzurufen, blockiert ist. Dementsprechend sind der Ablauf und die Neubildung gedanklicher Prozesse, die mit diesem Material verbunden sind, ebenfalls unmöglich.

Je mehr emotionale Kontrolle ausgeübt wird und je mehr traumatische Erfahrungen gegeben sind, desto geringer ist der Zugang zum ursprünglichen Gefühl, zur eigentlichen Erfahrung und zu den mit ihr verbundenen Gedankenbildungen. Extrem gesagt: Je blockierter die emotionale Entlastung, desto eingeschränkter sind Denken und Handeln. Im Umkehrschluss könnte man sagen: Je freier der Umgang mit Gefühlen, d. h. je besser die Balance ist zwischen Kontrolle und Entlastung von Gefühlen, desto freier ist der Zugang zur Erinnerung, zum eigentlichen Fühlen und Empfinden und damit zur vollen Entfaltung der jeweiligen, persönlichen Denkkapazität und Kreativität möglich. Das bedeutet nicht, dass Blockierungen den Besitz von und den qualifizierten Umgang mit Fachwissen ausschließen. Im Gegenteil, gerade Blockierungen können die Konzentration auf spezielles Wissen fördern.

Wir hoffen, dass durch diese Darlegungen deutlich wird, wie wichtig die Gefühle in unserem Leben und Zusammenleben sind und wie folgenschwer es ist, dass sie in unserer Kultur oft vernachlässigt, abgewertet oder sogar verachtet werden. Man könnte auf den Gedanken kommen, dass dies auf diese Weise geschieht, weil viele Menschen sich der Anstrengung, sich sozial bezogen zu verändern, nicht unterziehen wollen, weil das die Durchsetzung ihrer eigenen Interessen zu sehr stören würde.

2.4 Gefühle im Alltag

> *Sei traurig, wenn Du traurig bist,*
> *und steh nicht stets vor Deiner Seele Posten,*
> *den Kopf, der Dir ans Herz gewachsen ist,*
> *wird's schon nicht kosten.*[3]

Wenn Ch. Wolf in ihrem Buch „Kassandra" schreibt, dass es eine der großen Kulturleistungen des Menschen war, seine Gefühle unter Kontrolle zu nehmen, so können wir ihr einerseits zustimmen, andererseits müssen wir uns der Tatsache stellen, dass diese Kontrolle der Gefühle, wie schon mehrfach dargelegt, viele negative Folgen mit sich bringt, die wir nicht leichtfertig in Kauf nehmen sollten. Drei dieser Folgen sind:

---

[3] Kästner, S. 16

1. Schwerwiegende Missverständnisse in der Alltagsverständigung.

Beispiel: Eltern können ihr Kind wiederholt auffordern, etwas zu tun oder zu lassen. Das Kind hört nicht. Erst wenn Ungeduld, Empörung, Zorn, eben die persönliche gefühlsmäßige Betroffenheit, die Aufforderung begleiten, reagiert das Kind. Erst dann merkt es, wie ernst es den Eltern ist, im Durchsetzungsringkampf - **Ich will weiterspielen ↔ Du sollst aufhören** - gehört zu werden. Das hatte es offenbar vorher nicht verstanden.

Ein weiteres Beispiel: Eheleute streiten um etwas, was beiden wichtig ist, bei gegenteiligen Einstellungen. Argumente fliegen hin und her, kraftvoller Nachdruck kommt in die Stimmen. Wenn alles zu einem Geschrei eskalieren darf, ist danach häufig die Luft gereinigt und man kann aufeinander hören. Oft endet der Streit aber in kaltem Schweigen, Distanz und Unversöhnlichkeit. Ohne den Ausdruck der emotionalen Betroffenheit fehlt eine wesentliche Informationsmenge, sodass Verständigung nicht erfolgen kann. Ob Angst, ob Machtstreben, ob Verletzung hinter den vernünftigen Argumenten stehen, wird ohne Gefühlsausdruck oft nicht deutlich.

2. Das Miteinander wird kühl, nüchtern und vernünftig.

Gefühle sind wie Farben. Ohne sie fehlt im Miteinander etwas Wesentliches, so, als ob in der optischen Welt die Farben fehlen würden. Liebe und Freude wärmen, ebenso Zorn und Empörung. Trauer macht weich und Schmerz zerreißt uns. Der Ausdruck der Gefühle bringt vielfältige Bewegung in das Leben. Ohne den Ausdruck von Gefühlen werden diese nicht in voller Stärke und im Laufe der Zeit gar nicht mehr wahrgenommen. Wir merken nicht, ob wir ärgerlich, ängstlich oder traurig sind, die anderen nehmen es oft eher wahr als wir selbst. „Steiger dich nicht in dein Gefühl hinein! Sei nicht oder werd nicht hysterisch!" Mit derartigen Äußerungen wird blockiert, was viel mächtiger in uns lebt, als es zum Ausdruck kommen darf. Daraus resultiert

3. Die Anspannung des Leibes - unter den in der willkürlichen und unwillkürlichen Muskulatur angesammelten emotionalen Spannungen, die zu Krankheiten führen, die wir seelisch bedingt, psychosomatisch nennen.

Denn der Körper ist dafür eingerichtet, aktiv zu handeln, zu greifen, zu holen, zu werken, zu laufen, auch wegzulaufen, wenn es gefährlich wird, zu kämpfen, den täglichen Lebenskampf mit allen Aktivitäten zu führen, die dazu nötig sind.

Wenn wir vor einer Aufgabe stehen, schüttet unser Hormonsystem Hormone wie Adrenalin, Noradrenalin und Kortisol aus, damit wir gut unsere Muskeln und Nerven in Handlung betätigen können und begleitend Gefühle in Stimme, Blick und Körperbewegung ausdrücken, die in einer Situation lebendig sind.

Wenn wir dann aber die Handlung nicht ausführen, uns verbieten zu tun, was wir eigentlich wollen und unsere Gefühle kontrollieren, sie gar verleugnen, dann gibt es einen Stau sowohl in der Anspannung der Muskulatur als auch im Hormonspiegel des Stoffwechsels.

Wenn derartige Staus durch Überkontrolliertheit, d. h. die Unfähigkeit, für sich sorgend zu handeln, häufig stattfinden oder gar zum Dauerzustand des Körpers werden, wenn die Muskulatur mehr und mehr verkrampft, weil sie sich im Stress des Stillhalten-Müssens, der harten Kontrolle von tiefen Gefühlen wie Trauer, Schmerz, Ärger und Wut oder auch Freude nicht angemessen bewegen kann, dann bilden sich im Muskel Verhärtungen, die auf die Nerven drücken, die Druck auf die Wirbelsäule oder Gelenke ausüben, diese aus dem Lot bringen und so zu kurzfristigen oder lang anhaltenden oder sogar chronischen Schmerzen und Deformationen der Organe führen. Außerdem wird bei zurückgehaltenen Verhaltenswünschen wie: „Ich möchte auch mal was sagen, ich möchte auch energisch zupacken und mir auch einfach nehmen, was ich will usw. der Stresshormonpegel, der schon bei der Vorstellung : „Ich will jetzt gleich dies oder Jenes machen", steigt, nicht abgebaut. Zellen, Blut, Organe, Muskeln, alle Teile des Körpers sind durch das Vorhandensein von Stresshormonen oder deren Abbau betroffen und das hat Folgen. Man kann sich das so vorstellen: Wenn eine Speise versalzen oder übersüßt ist, dann schmeckt alles nicht, alle Zutaten sind dadurch ungenießbar. Wenn ich die Handlung ausführe, für die der Körper die Stresshormone ausgeschüttet hat, dann können sich diese wieder abbauen. Wenn ich das nicht tue, und stillhalte, bleibt der erhöhte Hormonspiegel viel länger im Körper bestehen und hat dort negative Folgen vielfältiger Art. Sie sollen jetzt nicht alle aufgezählt werden. Hier nur so viel: Überkontrolliertheit und damit ein grundlegender und weitreichender Verzicht auf Aktivität und Handlungsfreiheit hat erhöhten Stoffwechselstress zur Folge, der seinerseits zu Beschwerden führt wie Nacken- und Rücken-, Magen- und Kopfschmerzen, Migräne und Magengeschwüren, besonders Asthma, bestimmte Formen des Hustens und vor allem zu depressiven Verstimmungen, Depressionen und Angstzuständen.

Um der Leserin die Gelegenheit zu geben, sich mit der Wahrnehmung von Gefühlen im Rahmen dieses Buches zu beschäftigen, haben wir drei Beispiele aus der Literatur herausgesucht, die uns für diesen Zweck geeignet scheinen, weil sie sehr intensiv unterschiedliche Gefühlsbereiche ansprechen.

Wir schlagen der Leserin vor, folgendes Gedicht[4] zu lesen, eventuell laut, oder sich vorlesen zu lassen:

Hamlets Geist

Gustav Renner war bestimmt die beste
Kraft im Toggenburger Stadttheater.
Alle kannten seine weiße Weste.
Alle kannten ihn als Heldenvater.

Alle lobten ihn, sogar die Kenner.
Und die Damen fanden ihn sogar schlank.
Schade war nur, dass sich Gustav Renner,
wenn er Geld besaß, enorm betrank.

Eines Abends, als man ‚Hamlet' gab,
spielte er den Geist von Hamlets Vater.
Ach, er kam betrunken aus dem Grab!
Und was man nur Dummes tun kann, tat er.

Hamlet war aufs äußerste bestürzt.
Denn der Geist fiel gänzlich aus der Rolle.
Und die Szene wurde abgekürzt.
Renner fragte, was man von ihm wolle.

---

[4] Kästner, S. 48

Man versuchte hinter den Kulissen
Ihn von seinem Rausche zu befrein,
legte ihn langhin und gab ihm ein Kissen.
Und dabei schlief Gustav Renner ein.

Die Kollegen spielten nun exakt,
weil er schlief und sie nicht länger störte.
Doch er kam! Und zwar im nächsten Akt,
wo er absolut nicht hingehörte!
Seiner Gattin trat er auf den Fuß.
Seinem Sohn zerbrach er das Florett.
Und er tanzte mit Ophelia Blues.
Und den König schmiss er ins Parkett.

Alle zitterten und rissen aus.
Doch dem Publikum war das egal.
So etwas von donnerndem Applaus
gab's in Toggenburg zum ersten Mal.
Und die meisten Toggenburger fanden:
Endlich hätten sie das Stück verstanden.

Fühlen Sie nun im zweiten Schritt ihren Körper: Wie fühlt er sich, was für Gefühle nehmen sie wahr? Wie haben Sie sich gefühlsmäßig vielleicht schon beim Lesen ausgedrückt?

Machen Sie nun das Gleiche mit der folgenden Geschichte von den Brüdern Grimm[5] :

Es war einmal ein steinalter Mann, dem waren die Augen trüb geworden, die Ohren taub und die Knie zitterten ihm. Wenn er nun

---

[5] Mascha Kaléko, Die paar leuchtenden Jahre, S. 324

bei Tische saß und den Löffel kaum halten konnte, schüttete er Suppe auf das Tischtuch, und es floss ihm auch etwas wieder aus dem Mund. Sein Sohn und dessen Frau ekelten sich davor, und deswegen musste sich der alte Großvater endlich hinter den Ofen in die Ecke setzen, und sie gaben ihm sein Essen in ein irdenes Schüsselchen und noch dazu nicht einmal satt; da sah er betrübt nach dem Tisch, und die Augen wurden ihm nass. Einmal auch konnten seine zitterigen Hände das Schüsselchen nicht festhalten, es fiel zur Erde und zerbrach. Die junge Frau schalt, er sagte aber nichts und seufzte nur. Da kaufte sie ihm ein hölzernes Schüsselchen für ein paar Heller, daraus musste er nun essen. Wie sie da so sitzen, so trägt der kleine Enkel von vier Jahren auf der Erde kleine Brettlein zusammen. „Was machst du da"? fragte der Vater. „Ich mache ein Tröglein", antwortete das Kind, „daraus sollen Vater und Mutter essen, wenn ich groß bin"! Da sahen sich Mann und Frau eine Weile an, fingen endlich an zu weinen, holten ab sofort den alten Großvater an den Tisch und ließen ihn von nun an immer mit essen, sagten auch nichts, wenn er ein wenig verschüttete.

Was für Gefühle haben Sie dies Mal bei sich wahrgenommen, wie haben Sie sie zum Ausdruck gebracht? Was möchten Sie jetzt vielleicht gefühlsmäßig am liebsten tun?

Und nun noch ein drittes Beispiel, das aus einem ganz anderen Lebensbereich stammt [6]:

[6] Mascha Kaléko, Die paar leuchtenden Jahre, S. 324

Hoere Teutschland (Hear Germany)
(In memoriam Maidanek und Buchenwald - on reading the pro-
grom documents)

Der Tag wird kommen, und er ist nicht fern,
Der Tag, da sie ans Hakenkreuz euch schlagen.
Da wird nicht eine Seele um euch klagen,
Und nicht ein Hund beweinen seinen Herrn.

Umsäumt von Stacheldraht und Kerkermauern,
Sind euch die frischen Gräber schon gerichtet,
Voll feister Würmer, die auf Nahrung lauern.
Habt ihr die Gier in Ihnen doch gezüchtet.

Geschändet habt ihr selbst die gute Erde.
Sie hat das Höllentreiben wohl gesehen.
Und auch die Raben wissen, was geschehen
Als ihr wie Wölfe einfielt in die Herde.

Sie werden kommen aus dem Land im Osten,
Wo eure Panzertanks im Blute rosten.
Im Schlaf umzingeln werden euch die Scharen,
Die eurer Mordlust stumme Opfer waren.

Ihr Wimmern wird euch in den Ohren dröhnen,
Wenn sie vereint der Massengruft entsteigen.
Noch braust der Sturmwind, gegen euch zu zeugen.
Er hörte Nacht um Nacht das grause Stöhnen.

Grell schreit von eurer Stirn das rote Zeichen.
Verflucht auf ewig sei Germaniens Schwert!
Verhasst ward mir der Anblick eurer Eichen,
Die sich von meiner Brüder Blut genährt,
Verhasst die Äcker, die da blühn auf Leichen.

Wie hass ich euch, die mich den Hass gelehrt ...

(Mascha Kaléko)

Fragen Sie sich auch nun wieder: Wie fühle ich mich jetzt, was sind beim Lesen oder Zuhören für Gefühle lebendig geworden? Wieweit können Sie ihre Gefühle annehmen oder wieweit möchten Sie sie gar nicht haben?

Vielleicht haben Sie spüren können, wie spannend es ist, den Körper mit seinen Gefühlen aufmerksam wahrzunehmen und verstehen zu lernen.

2.5 Unser Menschenbild

„Jeder Mensch ist schön und liebenswert und verdient unsere volle Aufmerksamkeit" - das haben wir, die Autoren, in unserer ersten Co- Counselling-Einführung von John Heron vermittelt bekommen und haben es so weitergegeben. Die Faszination dieses Gedankens war sicher ein Grund, uns mit diesem Selbsthilfeverfahren näher zu beschäftigen. Im Verlauf der Zeit, in der wir das Verfahren vermittelten und selbst intensiv co-counselten, vertieften wir uns immer mehr in das dem Verfahren zugrunde liegende Menschenbild und

41

entwickelten es um Aspekte weiter, die für uns bedeutsam sind. Wir wollen hier bewusst „unser Menschenbild" beschreiben und reflektieren, was für uns von Bedeutung ist, da wir davon ausgehen, dass jeder, der diesen Weg geht und diese Arbeit an sich leistet, ein eigenes Menschenbild haben wird. Denn wenn es zutrifft, dass Co-Counselling ein Weg für Jedermann sein kann, zu sich selbst zu finden, dann muss es offen sein für viele Facetten von Menschsein und viele Vorstellungen vom Menschen. Jeder Mensch ordnet sein Wissen ganz persönlich in der Weise, dass jedes Erkennen unter anderem wesentlich vom Innenleben dieses betreffenden Menschen her bestimmt ist. Man könnte auch sagen, dass durch die Art und Weise, wie ein Mensch die Welt erlebt, seine Interpretation der Wirklichkeit bestimmt ist. Das heißt, was für den einen schön und wünschenswert ist, kann für einen anderen durchaus abzulehnen sein. Was einer als Stärke ansieht, z. B. die Fähigkeit zu Disziplin und Verzicht, kann ein anderer als Schwäche ansehen usw. Auch wenn wir uns sehr bemühen, Gemeinsamkeiten zu finden und zu pflegen, so sind wir doch in unserem Innenleben immer auch sehr verschieden.

Einige Eigenschaften aber sind unserer Meinung nach doch benennbar, die der Vorstellung vom Menschen allgemein zuzuschreiben sind. Das ist die Voraussetzung, dass ein Verfahren wie die Selbsthilfe durch Co-Counselling überhaupt als Instrument für viele Menschen Gültigkeit haben kann.

So gehen wir davon aus, dass

- es vielen Menschen gut tut, ihre Lernfähigkeit zu entwickeln und sowohl die eigene Andersartigkeit als auch die Andersartigkeit der Anderen zu reflektieren;

- viele Menschen die Möglichkeit haben, Andere als gleichwertig anzuerkennen und ihnen das gleiche Recht auf Leben zuzusprechen, wie sie es selbst von den anderen erwarten;
- grundsätzlich fast alle Menschen liebevolle Kräfte in sich haben, die es möglich machen, jedem anderen mit Wertschätzung und Respekt zu begegnen;
- alle Menschen Schmerzerfahrungen machen, verletzt und beeinträchtigt werden, Frustrationen erleiden und die Fähigkeit haben, diese so zu verarbeiten, dass sie nicht anderen gegenüber zerstörerisch und vernichtend wirken;
- alle Menschen aufgerufen sind, ihre biologische Existenz kulturell umzuformen, zu kultivieren, indem sie lernen, für sich Sorge zu tragen, mit sich zu Rate zu gehen;
- jeder Mensch fähig ist, partnerschaftlich demokratische Formen des Zusammenlebens zu erlernen.

Zwei Aspekte unseres Menschenbildes gehen über die allen Co-Counselern Gemeinsamen hinaus:
a) Die Fähigkeit der Menschen zu Transzendenz;
b) ein positives Verständnis von aggressiver Energie.

zu a) Der Mensch ist ein Wesen, das in vielfältiger Weise über seine eigenen Grenzen hinausgeht, indem er
- nach dem Sinn von etwas fragt,
- nach Erkenntnis trachtet,
- Erfahrungswissen in abstrakte Gedanken und Sprache oder Zahlenformeln fasst,
- und nach seinem Woher und Wohin fragt.

Auf diesem Hintergrund gehört zu unserem Menschenbild, dass Menschen an „Etwas" glauben, wie immer dieses „Etwas" inhaltlich gefüllt sein mag. Wir können:

an andere Menschen,
an die Liebe,
an den Fortschritt,
an viele Formen göttlicher Kräfte
glauben.

Jedem Menschen sollte überlassen bleiben, woran zu glauben er sich entscheidet, solange er die Entscheidungen der anderen auch respektiert.

Diese Haltung des Respekts der Andersartigkeit gegenüber ist sicher die Grundlage für Toleranz und alle Formen konstruktiver Konfliktlösung, ja, auch für die Umsetzung der Menschenrechte.

Dennoch ist es gleichzeitig genauso wichtig , einer Andersartigkeit, die Zerstörung oder Vernichtung anderer Menschen oder ihrer eigenen Existenz anstrebt, energisch Grenzen aufzuzeigen und Widerstand zu leisten auf dem Hintergrund des oben beschriebenen Respekts. Hierzu bedarf es unter vielem anderen achtungsvoller Kommunikation, d.h. einer Kultivierung vieler sozialer Kompetenzen, auf die wir im Verlauf dieses Buches auch eingehen werden.

Wir verstehen uns als Christen und sind damit vielen christlichen Glaubensüberzeugungen verbunden und teilen sie. Die Wichtigste ist für uns, dass nur Liebe es möglich macht, friedlich untereinander zu leben, weil sie den Menschen weitet und öffnet auf das hin, was er sein kann. Wir sehen uns in dieser Haltung durch Äußerungen des Wissenschaftlers Gerald Hüther[7] bestätigt. Er ist Neurobiologe und

---

[7] Gerald Hüther, S. 124

beendet sein Buch „Bedienungsanleitung für ein menschliches Gehirn" mit der nachstehenden Schlussfolgerung: „Und manchmal gelingt es auch noch Erwachsenen, einander so vorbehalt- und selbst-
los zu begegnen, als wären sie Kinder. Liebe erzeugt ein Gefühl von
Verbundenheit, das über diejenigen hinausreicht, die man liebt. Es
ist ein Gefühl, das sich immer weiter ausbreitet, bis es schließlich alles umfasst, was einen selbst und vor allem diejenigen Menschen,
die man liebt, in die Welt gebracht hat und in der Welt hält. Wer so
vorbehaltlos liebt, der fühlt sich mit allem verbunden und dem ist
alles wichtig, was ihn umgibt. Er empfindet eine tiefe Ehrfurcht vor
allem, was lebt und Leben hervorbringt, und er ist betroffen, wenn
es zugrunde geht. Er ist neugierig auf das, was es in dieser Welt zu
entdecken gibt, aber er käme nie auf die Idee, sie aus reiner Wiss-
begierde zu zerlegen. Er ist dankbar für das, was ihm von der Natur geschenkt wird. Er kann es annehmen, aber er will es nicht besitzen. Das einzige, was er braucht, sind andere Menschen, mit denen
er seine Wahrnehmungen, seine Empfindungen, seine Erfahrungen
und sein Wissen teilen kann. Wer sein Gehirn auf diese umfassende
Weise nutzen will, muss also lieben lernen."

Christen deuten diese Liebe als Gott. Denn dieses umfassende
Verständnis von Liebe, das Mensch und Schöpfung einschließt, ist
für sie ein Bild für Gott, der alles durchwirkt. Das gleiche Bild für
Gott wird häufig in der Bibel verwendet, z. B. im 1. Johannesbrief
4,16b: Gott ist die Liebe, und wer in der Liebe bleibt, bleibt in Gott
und Gott bleibt in ihm. u.s.w.

zu b) Unter aggressiver Energie verstehen wir die Fähigkeit, auf
Welt und Menschen zuzugehen, aktiv dafür zu sorgen, dass man
zum Leben bekommt, was man braucht, kraftvoll an Situationen he-

ranzutreten, um sie im Sinne eigener Interessen zu gestalten. Diese Kraft nennen wir positive, aggressive Energie. Weitere Ausführungen zu diesem Konzept finden sich im Kapitel Modelle von Schmerzerfahrungen.

3.0 Grundlegende Begriffe der Co-Counselling-Methode

3.1 Eine erste Definition des Co-Counselling als Selbsthilfeverfahren

Auf dem Hintergrund dessen, was wir über Gefühle ausgeführt haben, kann man das, was das Co-Counselling ist und leistet, folgendermaßen beschreiben: Co-Counselling ist ein Selbsthilfeverfahren, bei dem es darum geht, immer wieder dafür zu sorgen, dass man mit sich selbst im Einklang ist, seinen inneren Frieden schafft durch alle Situationen hindurch, die problematisch und mühsam sind, die uns Entscheidungen abverlangen, die uns emotional aus dem Gleichgewicht bringen. Dieses innere Gleichgewicht ist Vorraussetzung dafür, dass wir mit anderen in Augenhöhe und wirklicher Gleichberechtigung unser Leben führen.

Die Grundprinzipien sind:

Die Gleichwertigkeit untereinander, die Sorge für sich selbst, eine intensive Schulung im Umgang mit Gefühlen und eine radikale Annahme aller Seiten des Menschseins. Co-Counselling soll die Abreaktion oder Entlastung gefühlsmäßiger Bewegtheit und Gespanntheit in einem geschützten Raum ermöglichen. Dadurch wird die Fähigkeit, Gefühle wahrzunehmen, gestärkt und der Gefühlsausdruck in der Alltagskommunikation verbessert. Außerdem wird dadurch ein Spielraum geschaffen zwischen Abreaktion und gefühlsgetriebenem Handeln, in dem zwar wahrgenommen und in Worte gefasst wird, was man tun möchte, dies aber nicht ausgeführt wird. Es wird ein Handlungsverzicht eingeübt, der die Möglichkeit schafft, Gedanken zu entwickeln, wie es sinnvoll und sozial verträglich wäre zu handeln. Weiterhin lassen sich Planungen über die Ausführung des Erdachten und die dazu notwendigen Entscheidungen mit mehr Ruhe finden.

Auf diese Weise kann zweierlei erreicht werden:

1. ein neuer Zugang zu einem bewussten Umgang mit Gefühlen und
2. eine Kontrolle über gefühlsgetriebenes Handeln.

Dies wollen wir an einem Beispiel verdeutlichen:

Ein Nachbar baut sein Gartenhäuschen zu nah an die Grundstücksgrenze des anderen, der co-counseln kann. Dieser entlastet seinen Ärger darüber in einer Sitzung. Dabei wird ihm klar, dass er am liebsten dem Nachbarn Schimpfworte sagen und drohen möchte, zum Rechtsanwalt zu gehen, wenn der nicht sofort das Aufgebaute abreißt und es an anderer Stelle aufbaut. Nachdem er diese Wünsche ausgedrückt und dazugehörige Gefühle entlastet hat, kann er überlegen, wie er ihn klar aber höflich darauf anspricht und ihm vielleicht sogar Vorschläge macht zur Lösung. Wenn der Nachbar aus Unbedacht und nicht aus Bosheit gehandelt hat, wird er mit sich reden lassen. Auf diese Weise erfährt der Co-Counseler auch schon mehr über die Haltung des Nachbarn und kann entsprechende, wirklichkeitsangemessene Konsequenzen ziehen.

Co-Counselling öffnet den Blick dafür, dass es viele Formen gibt, vielfältiger mit Gefühlen umzugehen, als wir es im Allgemeinen tun, ohne die Vorteile der Gefühlskontrolle aufgeben zu müssen. Durch regelmäßiges Üben lernen wir, Gefühle wieder wahrzunehmen und auszudrücken, zuerst im geschützten Rahmen von Co-Counselling-Sitzungen.

Ein Übungseffekt ist aber auch, dass wir auch im Alltag fähig werden, schneller und stärker Gefühle wahrzunehmen und spontaner auszudrücken. Dabei kann es allerdings passieren, dass Gefühle nicht mehr verlässlich kontrolliert werden können. Dann setzt ein neues Üben ein, so achtsam zu werden, dass wir intuitiv unterscheiden, in welcher Situation Gefühle frei und authentisch ausgedrückt werden dürfen und wann sie zu kontrollieren sind.

Wenn es mir gelingt, traurig zu sein, wenn ich traurig bin und Posten zu stehen, wo es nötig ist, können wir den Wunsch Erich Kästners Wirklichkeit werden lassen.

Zum Namen selbst ist zu sagen: Er stammt aus dem Englischen. Dort bedeutet das Verb „to counsel" Rat geben, beraten. Rat erfolgt in der Weise, dass man mit sich selbst zurate geht, begleitet von der freien Aufmerksamkeit eines oder mehrerer Co-Counselling-Partner. Niemand hat in 28 Jahren ein wirklich passendes deutsches Wort gefunden, denn Entlastungs- oder Entsorgungstraining ist zu kurz gegriffen, und so ist es bei dem englischen Wort geblieben. Das hat den Vorteil, dass man international sofort verstanden wird, und da Co-Counselling weltweit verbreitet ist, wenn auch nicht sehr bekannt, ist dies von Vorteil. Speziell deutsch ist, dass wir einfach counseln sagen oder co-counseln; derjenige, der an sich arbeitet, ist der Counseler und derjenige, der Aufmerksamkeit schenkt, der Co-Counseler. Vielleicht wäre es gut, im Deutschen „mit sich selbst zu Rate gehen" verstärkt einzuführen. Für alle, die es anwenden, gibt es verschiedene Begriffe: Counselnde oder Co-Counselnde, Counselpartner oder Co-Counseler oder auch einfach Counseler. Die Bedeutung der beiden letzten Begriffe ist aus dem jeweiligen Zusammenhang zu erschließen, da sie mit den Namen des arbeitenden Paares identisch sind.

3.2 Die freie Aufmerksamkeit

Es wurde schon mehrfach von der Aufmerksamkeit oder auch der „freien Aufmerksamkeit" gesprochen. Da sie die Grundlage und damit ein zentrales Element des Co-Counselling ist, soll im Folgenden ausführlich erläutert werden, was darunter zu verstehen ist:

Wenn Menschen gesagt wird: „Nun passt mal auf, seid aufmerksam!" dann sieht man bei vielen, wie sie ihr Gesicht in Falten legen, als müssten sie die Gesichtsmuskeln anstrengen, um die Aufgabe zu erfüllen. Die Wenigsten verstehen, dass Aufmerksamkeit und Wachsamkeit nicht unbedingt etwas mit Anstrengung zu tun haben.

Wir möchten Ihnen an dieser Stelle eine Übung vorschlagen, die Ihnen durch eine Erfahrung näherbringen kann, was erklärt werden soll.

Schließen Sie die Augen und hören Sie auf die Geräusche um Sie herum! Versuchen Sie die Herkunft der Geräusche genau zu benennen, z. B. nicht nur Auto, sondern auch Automarke. Tun Sie dies ca. 1 Minute lang.

Danach achten Sie weiterhin auf die Geräusche, aber ohne deren Herkunft zu benennen. Fühlen Sie sich wie in einem Konzert, in dem Sie die Vielfalt der Töne auf sich einwirken lassen. Beenden Sie auch diese Phase nach 1 Minute und fragen Sie sich, ob Sie einen Unterschied zwischen den beiden Hörversuchen feststellen konnten.

Mit dem Versuch wollten wir Ihnen die Erfahrung von zwei Arten der Aufmerksamkeit vermitteln:

a) die zielgerichtete

b) die freie, hinnehmende Aufmerksamkeit

zu a) Die zielgerichtete Aufmerksamkeit bestimmt sich vom Ergebnis her. Sie etikettiert und bewertet, was sie wahrnimmt als negativ und positiv, als lebensdienlich oder feindlich, als wirkungsvoll zur Erreichung des Zieles oder untauglich. Sie strukturiert strategisch, welche Informationen am geeignetsten sind, ein Ziel zu erreichen. Sie ist aktiv gerichtet, alles wahrzunehmen, was zur Erreichung eines Ziels wichtig ist.

zu b) Freie Aufmerksamkeit ist eine Haltung des Offenseins. Geist und Sinne sind geöffnet wahrzunehmen, was ihnen entgegenkommt, ohne sofort zu benennen, strategisch zu verplanen und einem Ziel zuzuordnen. Man könnte sie mit einem Radarschirm vergleichen, der exakt aufnimmt und zur Kenntnis gibt, was ist. Sie will nicht aktiv werden sondern annehmen.

Um den Unterschied von freier Aufmerksamkeit und gerichteter zu verstehen, kann auch das Beispiel des Autofahrens helfen. Der Autofahrer kann das Geschehen auf der Strasse nicht bestimmen. Er ist offen für das, was ihm begegnet. Je offener und freier er ist, umso eher bekommt er mit, was auf der Straße geschieht. Wir könnten sagen, freie Aufmerksamkeit lässt geschehen. Gerichtete Aufmerksamkeit ist darauf konzentriert, reagieren zu müssen. Es besteht sozusagen eine ständige Alarmbereitschaft, die oft verbunden ist, mit der Angst zu versagen.[8]

Besonders wichtig ist die Fähigkeit, freie Aufmerksamkeit schenken zu können, beim Umgang mit der Andersartigkeit anderer Menschen. In der Haltung der freien Aufmerksamkeit ist man darum bemüht, den anderen anders sein zu lassen. Man übt sich in der Fähigkeit, alle Facetten des Menschseins und des Lebens zuerst einmal

---

[8] Siehe dazu besonders Waldenfels, S 264

achtsam wahrzunehmen und die Erwartung aufzugeben, die Welt, das Leben und die anderen Menschen müssten so sein, wie man es sich wünscht. Hinschauen mit offenen Augen möglichst vorurteilsfrei ist der Ausdruck freier Aufmerksamkeit. Eine derartige Offenheit für die Welt garantiert größtmögliche Übereinstimmung von Realität und Wahrnehmung.

Schon bei Simone Weil, einer französischen Philosophin und Widerstandskämpferin gegen den Nationalsozialismus, findet sich ein ähnliches Verständnis, wenn sie sagt:

„Die Aufmerksamkeit besteht darin, das Denken auszusetzen, den Geist verfügbar, leer und für den Gegenstand offen zu halten."[9]

An anderer Stelle schreibt sie: „Vor allem soll der Geist leer sein, wartend, nicht suchend, aber bereit, den Gegenstand, der in ihn eingehen will, in seiner nackten Wahrheit aufzunehmen."[10]

Auch für den Philosophen E. Levinas ist diese Art der Haltung dem Anderen gegenüber existentiell wichtig. „Die beste Art, dem ‚Anderen' zu begegnen, liegt darin, nicht einmal seine Augenfarbe zu bemerken. Wenn man auf die Augenfarbe achtet, ist man nicht in seiner sozialen Beziehung zum ‚Anderen'. Die Beziehung zum Antlitz kann gewiss durch die Wahrnehmung beherrscht werden, aber das, was das Spezifische des Antlitzes ausmacht, ist das, was sich nicht darauf reduzieren lässt. Zunächst gibt es da die eigentliche Geradheit des Antlitzes, seine gerade schutzlose Darbietung."[11] Also ist die Art der Wahrnehmung abhängig von dem Hintergrund der Aufmerksamkeit. Die zielgerichtete Aufmerksamkeit dient der

[9] Betz, S. Weil, S. 62
[10] ebd. S. 62.
[11] Nemo, S. 64.

subjektiven Aufnahme von Welt, d. h. auch des anderen Menschen durch die Sinnesorgane verbunden mit persönlichen Wertungen und Interpretationen. Die freie Aufmerksamkeit hingegen ist anzusehen als Bemühen von Menschen, der Andersartigkeit partnerschaftlich und auf Gleichwertigkeit ausgerichtet zu begegnen. Letztere ist auch im Co-Counselling das Wesentlichste und so könnte man zusammenfassen: Es ist die Radikalität des „für den Anderen wie für mich", die S. Weil, E. Levinas und das Co-Counselling verbindet.

Die Auswirkung der freien Aufmerksamkeit ist, dass der Mensch nicht nur sich selber wahrnimmt, sondern gleichermaßen auch den Anderen. So wie seine freie Aufmerksamkeit eine realistische Wahrnehmung der eigenen Gedanken, Wünsche und Gefühle, auch der ungeliebten und unerwünschten, ermöglicht, so kann auch der Andere in der ganzen Tiefe seiner Menschlichkeit, d. h. auch mit allem Fehlerhaften und Bewundernswerten hinnehmend aufmerksam wahrgenommen werden.

Je größer allerdings die Andersartigkeit und Unterschiedlichkeit der Haltungen, Einstellungen und Bedürfnisse ist, desto schwerer ist es, freie Aufmerksamkeit für beide Seiten zu behalten.

Beide beschriebenen Formen der Aufmerksamkeit sind notwendig für einen gelungenen Lebensvollzug und sind folgendermaßen einander zuzuordnen:

Es ist gut und wünschenswert, wenn die freie Aufmerksamkeit grundsätzlich die Wahrnehmung bestimmt, um möglichst vielseitig und frei die Gegebenheiten einer Situation aufnehmen zu können.

In einem zweiten Schritt kann dann auf die jeweiligen Bedürfnisse des Einzelnen bezogen die zielgerichtete Aufmerksamkeit die

Wahrnehmung bestimmen. Gehen wir allerdings von der biologischen Verankerung der menschlichen Beschaffenheit in der Säugetiergattung aus, müssen wir damit rechnen, dass der Mensch grundsätzlich und primär zielgerichtet wahrnimmt. Ausgehend von seinem Überlebenswillen unterteilt er alles in lebensdienlich, wohlgesonnen und hilfreich oder feindlich, bedrohlich, vernichtend für die Durchsetzung und Sicherung seiner Interessen. Es ist eine Kulturleistung, den Anderen, egal wer es ist, genau so ernst zu nehmen wie sich selbst, obwohl dies in unserer Zeit so heftig eingefordert wird, wie nie zuvor. Wir werden auf dieses Thema in diesem Buch noch vielfach zurückkommen. Aber wir können hier vorerst einmal sagen: Die Fähigkeit zur freien Aufmerksamkeit ist eine elementare Voraussetzung für die Verwirklichung von Menschenrechten. Menschen sind in der Lage, freie Aufmerksamkeit zu schenken, aber dies muss, wie viele soziale Tugenden, gelernt und intensiv geübt werden. Für das Selbsthilfeverfahren des Co-Counselling ist sie das Wesentlichste und es beansprucht, etwas zu leisten, was die freie Aufmerksamkeit erst ermöglicht. Es geht davon aus, dass Aufmerksamkeit vor allem dadurch gebunden und unfrei ist, dass starke gefühlsmäßige Bewegtheit im normalen Umgang miteinander angestaut, unter Kontrolle gehalten und nicht entlastet wird. Es zeigt Wege auf, durch Entlastung (Katharsis) Aufmerksamkeit zu befreien und sich in die Haltung der freien Aufmerksamkeit einzuüben.

Die Balance der Aufmerksamkeit:
Ich kann, muss, soll freie Aufmerksamkeit für die Wahrnehmung meiner Umwelt haben. Dafür muss ich aber gegebenenfalls erst den Raum schaffen. Ich kann, muss, soll freie Aufmerksamkeit für mein Innenleben, für das, was an Gedanken, Wünschen, Antrieben,

Empfindungen und Gefühlen in mir lebendig ist, haben. Es ist wie auf einer Wippe. Es kann passieren, dass wir vom inneren Erleben gefangen sind und keine Aufmerksamkeit für die Umwelt haben. Wir können andererseits durch das Geschehen um uns herum so gefesselt sein, dass wir keine Aufmerksamkeit für das haben, was dabei in uns abläuft, was das Geschehen in uns auslöst. Es ist wichtig, sich über den Zustand der Aufmerksamkeit im Klaren zu sein und möglichst die beiden Richtungen in einer guten Balance zu halten.

Es gibt noch eine zweite Balance der Aufmerksamkeit:
Wenn mich innerlich etwas beschäftigt, wenn ich, um mich zu entlasten, versuche, die innere Bewegung möglichst angemessen durch Worte, Laute und Körperbewegungen auszudrücken, so kann ich das tun, indem ich mich dem Geschehen ganz überlasse, mich darin verliere. Ich kann aber auch versuchen, eine gewisse Menge Aufmerksamkeit für das Geschehen selbst aufrecht zu erhalten, um selbst eine gewisse Kontrolle über den Vorgang der Entlastung zu behalten und um ihn für Verarbeitung und Umlernen zu nutzen. Erst das ist Co-Counselling und dies wird wiederum im Co-Counselling geübt: eine feine Balance der Aufmerksamkeit zwischen innen und außen, zwischen Sich-fallen-lassen und Sich-kontrollieren zu erreichen. Das Ringen um die Balance der Aufmerksamkeit führt mich immer wieder zu mir und immer wieder aus mir heraus.

3.3 Gleichwertigkeit und Gegenseitigkeit

Die schnelle Verbreitung des Co-Counselling in den 50ziger -70iger Jahren zeigt, dass es ein Bedürfnis im Menschen anspricht. Menschen konnten sich wohl wieder finden in dem, was das Co-Counselling vermittelte. Dies ist unter anderem die Gleichwertigkeit. Jeder befindet sich in der gleichen Lage: Weil z. B. jeder auf unterschiedliche Weise Schmerz erfahren hat, hat er den Wunsch, getröstet zu werden durch die Anwesenheit eines anderen Menschen. Offen zu sein für meine eigene Lage, stimuliert die Offenheit des anderen Menschen. So entsteht Gleichwertigkeit im Gegensatz zu der gewohnten Rivalität, die in vielen Märchen und Mythen als „normal" zwischen Menschen ausgedrückt wird. Hiervon sprechen die Geschichten der feindlichen Brüder in allen Kulturen der Erde. Co-Counselling vermittelt die hoffnungsvolle Erfahrung, von dieser Belastung entlastet zu werden, obwohl natürlich auch unter Co-Counselern Rivalität vorkommt. Sie ist eine sehr tiefe, schmerzhafte menschliche Gegebenheit.

Das Bemühen um Gleichwertigkeit findet sich im Co-Counselling zum einen in der Grundstruktur des gegenseitigen Arbeitens. Es gibt den Counseler (so unser Münsteraner Sprachgebrauch), der an sich arbeitet, und den Co-counseler, der dem Arbeitenden freie Aufmerksamkeit schenkt. Nach einer festgesetzten Zeit tauschen beide die Rollen und der, der Aufmerksamkeit schenkte, arbeitet jetzt an sich, der andere schenkt ihm freie Aufmerksamkeit. Beide haben die gleiche Zeit, beide nehmen die gleichen Rollen in einer Sitzung ein. Die Benennung der beiden Beteiligten ist unterschiedlich in der internationalen Gemeinschaft. Die Holländer sagen „werker und medewerker" die Engländer „client und counseler". Zum anderen zeigt sich das Bemühen um Gleichwertigkeit auch in Gesprächsstrukturen wie der sogenannten Mitteilungsrunde (sharing round). Diese hat zum Ziel, Erfahrungen und Fragen auszutauschen unter hohem Respekt vor der Andersartigkeit. Jede

Meinung hat das Recht, gleichermaßen neben einer anderen zu stehen. Als Grundlage für gemeinsame Entscheidungsprozesse ist diese Gesprächsform sehr wirkungsvoll.

Weiterhin ist das Modell der Konfliktlösung, das in der internationalen Co-Counselling-Gemeinschaft des CCI (Co-Counselling International) praktiziert und bevorzugt wird, auf die Gleichberechtigung der Konfliktpartner ausgerichtet. Darin wird darum gerungen, Konflikte unter beiden Partnern gemeinsamen Lösungen zuzuführen und auf das Sieger-Verlierer-Prinzip zu verzichten. (Siehe auch den Text zum Kapitel 7 Co-Counselling als Grundlage der Arbeit für Frieden).

Schließlich zielt die Tatsache, dass in einer Sitzung alles, aber auch alles, was einen Menschen bewegt, sag- und ausdrückbar sein soll, darauf ab, dass alles Empfinden, Denken und Wünschen von Menschen gleichberechtigt leben darf. Allerdings ist hier natürlich das Handeln ausgeschlossen, da viele Wünsche und Gedanken des einen Menschen für den anderen zerstörerisch oder sogar vernichtend sind. Hier ist, um die Gleichberechtigung zu garantieren, die Abgrenzung vom Wünschen und Denken zum Handeln scharf zu ziehen, um die Handlungsformen untereinander immer bewusster so zu gestalten, dass jeder Mensch möglichst wenig Schaden leidet.

3.4 Wertschätzung und Selbstwertschätzung

Du bist sehr schön! Ich liebe deine Gestalt, dein Gesicht, ich mag einfach alles an dir. Du bist so intelligent, so wachsam, so neugierig und lebenslustig; du hast einen so schönen Humor und Mutterwitz, du bist so schön schlagfertig und einfallsreich. Ich mag einfach deine Kreativität.

Das alles geht uns leicht von der Zunge und kommt uns von Herzen, wenn wir es an anderen Menschen erleben, uns an diesen Eigenschaften freuen und diese Freude den Betreffenden zum Ausdruck bringen. Wir beschreiben, wie wertvoll uns der andere ist. Im Co-Counselling nennen wir dies Wertschätzung und sie ist wie die freie Aufmerksamkeit wesentliche Grundlage des Verfahrens. Anders steht es um unsere Fähigkeit zur Selbstwertschätzung, d. h. um die Fähigkeit zu sagen, was man an sich selbst gut findet, wo die eigenen Stärken liegen, worauf man stolz bei sich selbst ist. Das fällt vielen Menschen sehr schwer, vielen ist es fast unmöglich. Auch Wertschätzung anderen Menschen gegenüber zu äußern, wird im Alltag selten praktiziert. Eher rechnen wir mit Kritik und Vorwürfen, als dass wir Lob und Anerkennung erwarten, oder bereit sind zu geben. Das ist im höchsten Maß bedauerlich, vor allem, wenn dies in der Erziehung und im Umgang mit Kindern geschieht. Anzuerkennen, dass es gut ist, dass ich bin und die anderen da sind, ist die Basis für ein gutes Grundgefühl einer Person. Sie kann entspannen in dem Gedanken, dass es schön und erfreulich ist, dass sie da ist und dass sie ist, wie sie ist.

Nicht gut zu sein, nicht auszureichen, Erwartungen nicht zu entsprechen erzeugt ein Missbehagen und eine tiefe, schmerzliche Grundspannung im Körper sowie einen Druck, über Leistungen, über Wohlverhalten, über wohltätiges Handeln eine Existenzberechtigung erwerben zu müssen, die eigene unliebsame Existenz anderen angenehmer, akzeptabler, annehmbarer zu machen. Minderwertigkeitsgefühle und das Bemühen, sie durch Anstrengungen vielfältiger Art zu besänftigen oder abzumildern, ist eine Quelle krankmachenden Handelns, weil es zur Verleugnung eigener Interessen und Bedürfnisse und damit zur Überforderung führt. In diesem Sinne spricht Peter Schellenbaum von der Wunde der Ungeliebten und hat ein Buch mit dem gleichlautenden Titel dazu geschrieben, in dem er den langen Weg zur Heilung des Selbstwertgefühls und Selbstvertrauens beschreibt. Inzwischen sind vielfältige Anstrengungen gemacht worden, Menschen ein positives Gefühl für sich selbst zu vermitteln und ihr Denken über sich selbst positiver zu gestalten. Es ist ein zentrales Ziel des Co-Counselling, diese Fähigkeit zu entwickeln, die in gestörten Eltern-Kind-Beziehungen nicht entstehen konnte. Es gibt eine Vielfalt von Übungen und Techniken, positives Denken über sich selbst und andere aufzubauen. Es ist vergleichbar mit den Vorgehensweisen der kognitiven Verhaltenstherapie. Stark abzugrenzen ist es von suggestiven Verfahren, in denen man angeleitet wird, sich Sätze zu sagen wie: „Es geht mir von Tag zu Tag besser!" Das kann zwar auch eine gewisse positive Wirkung haben, aber es kann auch zu einer Art „Sich etwas einreden" führen. Darum geht es beim Co-Counselling nicht; hier soll das denken gelernt werden, was zu denken es Grund und Anlass gibt.

Der Aufbau von Selbstwertschätzung und Wertschätzung für den Menschen in seiner Andersartigkeit ist auch Grundlage eines guten Umgangs mit der eigenen Aggressivität sowie mit der der anderen Menschen und damit für die Erarbeitung von Frieden.

3.5 Was ist eine Assoziation?

Das Wort assoziieren kommt aus dem Lateinischen und heißt verknüpfen. Im psychischen Bereich spricht man von Assoziationen, wenn man sich auf die autonome Fähigkeit des Gehirns bezieht, unterschiedliche Reize und Informationen, die die Sinnesorgane Augen, Ohren, Nase und Haut aufgenommen haben, miteinander zu verknüpfen.

Zwar sind einige Regeln bekannt, nach denen Assoziationen erfolgen, aber gemessen an der Fülle von Assoziationen, die das Gehirn verschaltet, wissen wir von wenigen, wie sie zustande kommen. Bekannt ist z. B., dass Farben, Formen oder Gerüche aus einer Situation mit ähnlichen oder gleichen Farben, Formen oder Gerüchen aus einer anderen verknüpft werden. So erinnert uns ein bestimmter Blauton an den Himmel. Das hat sich in der Sprache niedergeschlagen im Wort „himmelblau". Der Geruch von Pellkartoffeln kann sich mit vielen Einzelheiten der Küche unserer Kindheit verbinden, sodass beim Geruch von Pellkartoffeln in einem Menschen das Bild des Küchentisches seiner Kindheit auftauchen kann. Es gibt eine unendliche Zahl von Verknüpfungen, die unser Gehirn im Laufe unseres Lebens vornimmt, von denen wir nichts wissen.

Wir können aber einigen von ihnen auf die Spur kommen, indem wir ganz einfach irgendetwas in den Blick nehmen, uns vorstellen oder als Wort aussprechen und dann darauf achten, was uns als Erstes dazu in den Sinn kommt.

Beispiel: Ich nehme jetzt das Wort Tinte: Kugelschreiber, blau, dies Buch, dass wir schreiben, meine Angst, dass es nicht gut wird, dieses Buch, mein Angstgefühl, das ich so oft habe usw.

Ich kann aus dem Startwort „Tinte" eine unendliche Kette von Assoziationen sich entwickeln lassen, wenn ich nur immer aufmerksam darauf achte, was mir als Nächstes einfällt.

Das kann ich still im Kopf und in meinem Bewusstsein tun, ich kann aber auch jeden neuen Einfall, jede Assoziation aussprechen. Dann geht der Klang an das Ohr und weckt dort neue oder auch andere Assoziationen, als die Kette, die ich nur in meiner Vorstellung laufen lasse.

Psychoanalyse und Co-Counselling machen sich zunutze, dass mit dem assoziativen Sprechen, dem Aussprechen jeder Assoziation, alte Erfahrungen, Bilder, Sinneseindrücke, Geräusche oder Gedanken lebendig werden, die wir noch nie erinnert haben. Ja, auch Unbewusstes und Verdrängtes, das man mit gezieltem Denken gar nicht erinnern kann, wird so oft dem Bewusstsein zugänglich.

3.6 Der Begriff des Musters

Ein weiterer Begriff, der für die Co-Counselling-Arbeit eine Rolle spielt, ist der Begriff des Musters. Der Arbeit an der Veränderung von Mustern wird in verschiedenen Co-Counselling-Kulturen eine unterschiedliche Bedeutung zugeschrieben. Hier soll grundsätzlich etwas zur Erklärung des Begriffs gesagt und es sollen unterschiedliche Formen kurz beschrieben werden. Der Entwicklung von Mustern liegt die Tatsache zugrunde, dass wir alle Informationen, die auf unsere Sinnesorgane treffen, in der Weise verarbeiten, dass wir in irgendeiner Form mit einem Verhalten reagieren. In seinem Buch „Stress" beschreibt Tom Sargent[12] , dass ca. 1.000.000.000 bits (Informationseinheiten) in jeder Sekunde auf den Körper einwirken. Dieser hat zwei Weisen, darauf zu reagieren:

a) Mit automatisierten / automatisch immer gleich ablaufenden Verhaltensweisen und

---

[12] Tom Sargent, S. 15

b) mit bewusst gestalteten und vom Bewusstsein gezielt gelenkten Verhaltensweisen.

In der ersten Weise verarbeitet der Körper mehr als 99 % der Informationsflut. Nur 16 bits pro Sekunde können nach Sargent bewusst verarbeitet werden. Die immer gleich ablaufenden Verhaltensweisen werden Muster genannt. Sie dienen dazu, dem Körper Sicherheit in seinen Reaktionsmöglichkeiten zu geben, solange Bedingungen gegeben sind, für die diese Muster entwickelt wurden. Ändern sich aber die Bedingungen, dann können die Muster leicht dazu führen, dass der Körper in gewohnter Weise auf einen Reiz reagiert und diese Reaktion ihm aber schadet anstatt nutzt. Wir nennen diese Verhaltensweisen oder Muster lebensfeindlich. Das kann man sich an dem folgenden Beispiel klar machen: Um Zweirad fahren zu können, muss man ständig den Lenker zwischen kleinen Links-rechts-Bewegungen hin und her balancieren und sich zügig vorwärts bewegen. Wenn man ein Dreirad fahren will und in gleicher Weise den Lenker bewegt, dann kann man schon auf leicht abschüssigem Gelände sogar umfallen, weil man beim Dreirad den Lenker ganz still gerade nach vorne halten muss. Um dies also tun zu können, ist es wichtig, dass Körper und Person flexibel sind und für die Situation passendere Verhaltensweisen entwickeln.

Diese Flexibilität wird durch das reflektierende Ich hergestellt, soweit dies sein Verhalten steuern kann. Hierzu gehört auch der Einsatz emotionaler Entlastung, wenn die Handlungsfreiheit durch alte Schmerzerfahrung blockiert ist.

Es gibt Co-Counselling-Kulturen, die den Schwerpunkt der Veränderungsarbeit in der Veränderung lebensfeindlicher Muster sehen.

Eine andere Form des Musters dient der Schmerzvermeidung. Untersuchungen haben gezeigt, dass wir, um Schmerzen nicht fühlen zu müssen, Verhaltensweisen entwickeln, die Schmerzgefühle auslösenden Situationen zu vermeiden, und das immer wieder, sodass eine Automatik daraus wird, die sicher stellt, dass eine bestimmte alte Verletzung nicht immer wieder gefühlt werden muss. Man könnte hier auch von einem Schutzmuster sprechen [13] (D. Habbinga, S. 12).

Beispiel:

Ein Kind erlebt regelmäßig, dass ein Elternteil, wenn es einen eigenen Willen zeigt, ärgerlich, zornig oder wütend wird. Es bemüht sich deshalb, sein Handeln so zu gestalten, dass es den Erwartungen der Eltern entspricht. Es wird auf die Dauer in seinem Handeln wesentlich von den Erwartungen der Eltern bestimmt. Wenn eigene, starke zu den Erwartungen der Eltern gegensätzliche Bedürfnisse lebendig werden, versucht es, diese zu unterdrücken, oft möglichst energisch, sodass es zwar selbst unter starker Spannung steht, aber wenigstens keinen Ärger mit den Eltern bekommt. Es lernt dadurch, eigene Wünsche, Bedürfnisse und Interessen zu unterdrücken und sich den Erwartungen zuerst der Eltern und später allgemein denen anderer Menschen anzupassen, d. h. übermäßig nett, höflich, bescheiden oder hilfsbereit zu sein. Der Umfang seiner möglichen Reaktionen auf Umweltsituationen ist dadurch sehr eingeschränkt und nicht mehr echt, weil viele „nicht sein dürfen." So vermeidet das Kind zwar, den Unmut von Eltern und Umwelt zu erregen und versucht, dadurch Schmerzerfahrungen zu entgehen, aber gleichzeitig kann sich in ihm die Fähigkeit, selbständig und den eigenen Interessen Raum verschaffend zu handeln, nicht ausreichend entwickeln. Kreativität und Flexibilität des Verhaltens vor

[13] So verwendet von D. Habbinga, S. 12

allem auch in schwierigen Situationen und Konfliktfällen sind oft stark eingeschränkt.

Als Beispiel für ein kollektives Schutzmuster kann man folgenden Tatbestand ansehen: In die Gestaltung der Liturgie innerhalb der katholischen Kirche sind viele Psalmen einbezogen, auch sogenannte Zornpsalmen. In diesen verwendet der Beter oft sehr drastische Bilder zur Vernichtung seiner Widersacher. Häufig werden diese bei der Verwendung der Texte weggelassen. Man kann sich fragen, ob sich darin eine Angst vor der Anerkennung der Heftigkeit menschlicher Aggressivität zeigt, und hier von einem Schutz- oder Kontrollmuster sprechen. Ein Beispiel findet sich in den letzen Versen des Psalms 63.

Viele trachten mir ohne Grund nach dem Leben,
aber sie müssen hinabfahren in die Tiefen der Erde.
Man gibt sie der Gewalt des Schwertes preis
Sie werden eine Beute der Schakale.
Ps. 63, 10f

Durch dieses Schutzmuster erfolgt eine Einengung der Sicht auf einen der wichtigsten menschlichen Antriebe in seinen vielfältigen Bedeutungen, die er für den Menschen hat.

Die Arbeit an Mustern im Co-Counselling bezieht sich darauf, dass Muster, die Schmerz vermeidend oder solche, die untauglich oder lebenshinderlich geworden sind, abgebaut werden, um die Beweglichkeit des Reaktionsvermögens einer Person und ihren Einfallsreichtum zu erhöhen.

In der Münsteraner Co-Counselling-Vermittlung spielt der Begriff des Musters eine untergeordnete Rolle. Es wird allgemein von lebensdienlichem oder lebensfeindlichem, von blockiertem oder fehl angepasstem Denken und Handeln gesprochen. Der Begriff des Musters wird für automatisiertes Verhalten verwendet, das in Anteilen einschränkend ist und von daher durch neues, flexibleres Verhalten ergänzt werden kann. Oft sprechen wir an dieser Stelle auch von Gewohnheiten. Überholte Muster behalten oft noch eine gewisse Gültigkeit, und von daher ist es auch wichtig, dem lebensdienlichen Anteil eines alten Musters Wertschätzung und Dankbarkeit entgegen zu bringen und seine mögliche Bedeutung für zukünftige Situationen nicht zu vergessen. Dies sollte neben dem Aufbau neuer Verhaltensweisen und im Augenblick lebensdienlicherer Muster nicht aus dem Blick geraten.

3.7 Der Begriff der Energie

Um eine genauere Vorstellung darüber zu entwickeln, was damit gemeint ist, wenn wir im Zusammenhang mit dem Co-Counselling den Energiebegriff verwenden, ist es hilfreich, sich klar zu machen, dass unser Leib, genauso wie alle Körper um uns herum, aus Atomen aufgebaut ist und dass diese Grundelemente der Materie überhaupt durch elektromagnetische Kräfte miteinander verbunden sind. Diese elektromagnetischen Aufladungen der kleinsten Teilchen sind das, was wir Energie nennen. Es gibt sie in zwei Zustandsformen, nämlich statisch (stehend) als Aufladung und fließend als Strom.

Daraus folgt, dass alle Nervenzellen letztlich elektromagnetische Teilchen sind und alle Körperprozesse dadurch bestimmt, ob die elektromagnetischen Prozesse der Körperzellen untereinander so ablaufen, dass der gesamte Organismus mit all seinen Teilen sich wohl fühlt, alle Aufgaben bewältigen und gut leben kann, oder ob er sich schlecht fühlt oder sogar krank, weil diese Prozesse gestört sind.

Was braucht es zum guten Ablauf?

Es braucht bereitstehende Energie in Form elektromagnetischer Aufladung für die Ausführung von Aktionen und Energieströme, die die Handlungsabläufe ermöglichen. Negativ ist, wenn Energie gestaut wird und als Überspannung die Zellen belastet, weil keine passenden Energieströme fließen können.

Die elektromagnetischen Prozesse sind physikalisch messbar und werden zu Diagnosezwecken in der Medizin vielfältig verwendet wie im EEG (Elektroencephalogramm), EKG (Elektrokardiogramm) und anderen.

In der Psychologie kann man gefühlsmäßige Anspannung z. B. über die elektrische Spannung der Haut messen, wie man es mit dem Lügendetektor tut.

Wenn wir auf diesem Hintergrund den Energiebegriff auf die Arbeit mit Gefühlen anwenden, dann können wir sagen:

Energie ist eine auf ein Ziel ausgerichtete Wirkkraft, die dem Körper zum Denken und Handeln zur Verfügung steht, wenn die elektromagnetischen und hormonell gesteuerten Stoffwechselprozesse geregelt ablaufen. Wesentlich für diesen Ablauf ist, dass gefühlsmäßig verursachte Spannung in Handlung abgeleitet werden kann, weil sonst ein Energiestau entsteht, der Nervenleitungen und Stoffwechselprozesse blockiert, sodass wesentliche Denk- und Handlungsabfolgen nicht stattfinden können.

Die Bioenergetik geht davon aus, dass sich Spannungsfelder vor allem in der gestreiften Muskulatur aufbauen und dort gespeichert werden, bis sie durch Bewegung und Gefühlsausdruck abreagiert werden, sodass die für die Funktionen des Körpers notwendige Energie wieder fließen kann, weil durch die Entspannung der Muskeln die Adern frei und die Blockierungen der Nervenleitungen aufgehoben sind.

Bekannt ist inzwischen auch, dass verbunden mit dem Lebendigwerden von Gefühlen Hormonausschüttungen und Stoffwechselveränderungen erfolgen, die sich bei einer Abreaktion gefühlsmäßiger Spannung normalisieren. Wir wissen, dass beim Weinen Stresshormone mit der Tränenflüssigkeit ausgeschieden werden, so dass der Stoffwechsel gereinigt ist und wieder Energie leiten kann. Es findet der Vorgang der Energiebereitstellung in den Mikrostrukturen des Organismus ebenso statt, wie in den motorischen oder den psychischen.

Für Bedeutung und Verwendung des Energiebegriffes beim Co-Counselling ist wichtig, sich klar zu machen, dass eine Person sich nur fähig fühlen kann, bestimmte Dinge zu tun, bestimmte Leistungen zu vollbringen, wenn sie das Gefühl hat, genügend Energie zur Verfügung zu haben, wenn sich Körper und Seele stark genug fühlen, anstehende Aufgaben zu bewältigen. Co-Counselling strebt an, die muskuläre Spannung oder hormonelle „Schadstoffbelastung" der Zellen, die sich durch nicht entlastete Emotionen aufgebaut hat, durch Entlastung eben dieser Emotionen zu reduzieren, sodass der Energiehaushalt der betroffenen Körperzellen wiederhergestellt wird, um für ein neues Problem mit angemessenem Handeln und Denken bereitzustehen.

Zusammenfassend lässt sich sagen: Das Vorhandensein einer ausgeglichenen Energieversorgung ist für eine gute Arbeit aller Organe wichtig. Da gestaute Gefühle diese Prozesse behindern, ist die intensive Entlastungsarbeit beim Co-Counselling eine gute Möglichkeit, für die Erhaltung und Wiederherstellung körperlicher und seelischer Gesundheit zu sorgen.

3.8 Entlastung und Katharsis (Reinigung)

„Katharsis ist älter als ihre Entdecker und nützlicher, als ihre Interpreten meinen" [14] (E. Kästner). Damit ist u. E. tiefgründig die Faszination der Menschen und ihre Ängste in bezug auf Katharsis erfasst. Katharsis ist in der modernen therapeutischen Praxis umstritten, nachdem sie mit Aufkommen der Gestalt- und Urschrei-Therapie sowie der Bioenergetik zeitweise als Allheilmittel gefeiert wurde. Es wird im Verlauf des Buches hoffentlich verständlich werden, warum die Meinungen in Bezug auf Katharsis so weit auseinandergehen. Eine Erklärung für die Ablehnung im Rahmen der Psychotherapie könnte sein, dass auch viele Theoretiker und Praktiker der Psychotherapie Angst vor Gefühlen, ihren eigenen Gefühlen, haben und deshalb so reagieren müssen.[15]

Tatsache ist, dass schon die Griechen in ihrem Theater und andere Völker vor ihnen die Vorstellung hatten, dass der Mensch sich von starken emotionalen Spannungen, wie Trauer, Schmerz, Neid, Schuld und Freude, Liebe, Glückseligkeit und Sehnsucht vermittels

[14] Erich Kästner, S. 7
[15] siehe F. Caspar: Wie allgemein ist Grawes „Allgemeine Psychotherapie", S. 16

mimischen, gestischen oder stimmlichen Ausdrucks befreien, entlasten, reinigen kann. Diese Vorstellung findet sich in den modernen Therapieformen der Bioenergetik, der Gestalttherapie, des Psychodramas und des Selbsthilfeverfahrens Co-Counselling wieder.[16] Es wird angenommen, dass nicht ausgelebte, nicht entlastete Gefühlsspannung viele wichtige Nervenleitungen und damit den Zugang zu den Denk- und Handlungsmustern, die inhaltlich über Assoziationen mit dieser Spannung verbunden sind, blockiert.

Unter einer Blockade verstehen wir den Tatbestand, dass durch angestaute, festgehaltene emotionale Spannung die Nervenleitung zwischen Speicherräumen des Gehirns, die einem bestimmten Gedächtnisinhalt zugeordnet sind, unterbrochen ist, sodass diese Gedächtnisinhalte nicht aktiviert werden und ins Bewusstsein treten können.

Beispiel:
Wenn eine Erziehungs- oder Bezugsperson ein Kind massiv verletzt hat durch zynische, ironische, abwertende Äußerungen, Benachteiligung gegenüber Geschwistern oder körperliche Züchtigung und dann noch droht: Hör auf zu weinen, ich schlag Dich, dann unterdrückt das Kind ein hohes Potenzial an traurigen, wütenden, angstvollen und schmerzhaften Impulsen, die mit der Erinnerung an diese Situation verbunden sind. Dieses Spannungspotenzial blockiert viele der Nervenleitungen, die Denk- und Handlungsweisen in Gang setzen, die für den Lernprozess des Kindes wichtig

---

[16] Als ein Beispiel zu experimentellen Überprüfungen der Wirkung von Entlastung sei hier die folgende Studie genannt: H. P. Huber, D. Hauke, M. Cramer: Frustrationsbedingter Blutdruckanstieg und dessen Abbau durch aggressive Reaktionen.

sind. So kann später der Erwachsene diese früheren Situationen oft nicht erinnern, dadurch kann er natürlich auch nicht aus ihnen lernen. So kann er zu dem Thema „Täter-Opfer" oder „Sich-wehren gegen autoritäres Verhalten" nur eingeschränkt Einsichten entwickeln und hat kein angemessenes Verhalten im Umgang mit autoritärem Gebaren zur Verfügung. Der erwachsene Mensch ist an dieser Stelle denk-, handlungs- und lernbehindert. Erst die Abreaktion der gestauten Spannung öffnet Bahnen, auf denen diese wichtigen Prozesse laufen können. Die Abreaktion dieser Spannung in einer Therapie- oder Co-Counselling-Sitzung nennt man Entlastung. Diese passiert manchmal auch ungewollt, wenn Ereignisse im späteren Leben auftreten, die der alten Situation ähneln, aber die Entlastung nicht blockieren. Wenn z. B. dieses Kind später von einer Freundin oder einem Freund zu Unrecht vorwurfsvoll angeschrien wird, reagiert vielleicht der Erwachsene mit einer Heftigkeit, die die Umwelt gar nicht versteht. In dieser Heftigkeit entlädt sich im Nachhinein ein Teil der in der Kindheit nicht entlasteten Spannung. Eine gute Entlastung hat zur Folge, dass der Mensch sich erleichtert und befreit fühlt, dass sich Denkblockaden lösen und dass sich der Raum persönlicher Erinnerungen öffnen und weiten kann. Oft wird Erinnerung alter Erfahrung erst nach tiefen, wiederholten Entlastungen zurückgehaltener, emotionaler Spannung möglich.

Beim Co-Counselling ist aber mit Katharsis außer dem Begriff der Entlastung noch das Folgende gemeint:

Viele gestaute Gefühlsreaktionen wurden nicht nur in einer Situation unterdrückt, sondern es gab, um in unserem Beispiel zu bleiben, viele Situationen, in denen die Bezugsperson auf gleiche Weise das Kind verletzte. Das dadurch angesammelte Spannungspotenzial mit seinen Blockaden ist nicht durch eine Entlastung abzubauen, sondern es braucht viele Sitzungen, viele Male guter Entlastung und damit verbundener Veränderungsarbeit, um das angesammelte und gestaute Potenzial aufzulösen und den Menschen von den dazu gehörigen Blockaden zu befreien. Diesen Prozess nennt man kathartischen Prozess, an dessen Ende die Reinigung, Katharsis, steht, die Überwindung alter Verletzungen und ihrer Folgen.

Entlastung ist also die einzelne Erfahrung von Abreaktion emotionaler Spannung. Diese hat noch nicht automatisch zur Folge, dass eine Blockade gelöst wird und auch nicht, dass automatisch die Verarbeitung einer Schmerzerfahrung erfolgt. Das kann hin und wieder passieren, meistens bedarf es allerdings wiederholter Entlastung, damit Schritte wirklicher Veränderungsarbeit erfolgen können. Zum Begriff der „Veränderungsarbeit" nehmen wir im folgenden Kapitel ausführlich Stellung. Wichtig ist hier nur zu wissen und zu beachten, dass wiederholte Entlastung und deren immer wieder in gleicher Weise ablaufende Form die Bildung eines neuen so genannten Entlastungsmusters zur Folge haben kann, z. B. immer wieder in exakt gleicher Weise zu lachen, zu schreien oder zu weinen. Dieses ist untauglich zur Lösung von Blockaden.

Es gibt unterschiedliche Ebenen und damit eine unterschiedliche Intensität der Entlastung:

1. Denken und wahrnehmen, dass ich ein Gefühl habe, und dies aussprechen oder beschreiben: „Ich bin fröhlich!"
2. Intensiv ein Gefühl fühlen und sich anschaulich vorstellen, wie man es zum Ausdruck bringt.
3. Das Gefühl wahrnehmen und tatsächlich über Körperbewegung, Stimme und Blick abreagieren.

Den drei Möglichkeiten entspricht jeweils eine Intensität der Entlastung, bei 1) wenig, 2) mehr, 3) intensiv. Es ist unter anderem auch von der Persönlichkeit eines Menschen abhängig, welche Form gewählt wird.

Da im Co-Counselling gezielt daraufhin gearbeitet wird, dass auch intensive Gefühle lebendig werden können, vor allem auch solche, die mit alten Verletzungen zusammenhängen, ist es unbedingt notwendig, für den Entlastungsprozess einen Rahmen zu schaffen, in dem sich der Sich-entlastende sicher fühlen kann. Ein wesentlicher Punkt für die Ermutigung, sich mit alten unter Umständen sehr schmerzhaften oder auch traumatischen Erfahrungen zu beschäftigen ist der, dass der Arbeitende wissen und vertrauen kann, dass auch, wenn die alte Situation lebendig wird, als sei sie jetzt erst passiert, die reale Situation des Co-Counselnden genau entgegengesetzt ist, nämlich, dass er sicher ist, angenommen zu sein und unterstützt zu werden, sodass sich die traumatisierende Situation nicht wiederholen kann. Bestände diese Sicherheit nicht, könnte das Wiedererleben der alten Situation eine neue Traumatisierung nach sich ziehen. Damit diese Sicherheit gewährleistet ist, gibt es internationale Regeln, die für alle Co-Counseler verbindlich sind.

3.9 Verarbeitung und Wandlung[17]

Mit den Begriffen Verarbeitung und Wandlung sind gemeint, dass jeder Mensch die Aufgabe aber auch viele Fähigkeiten dazu hat,

---

[17] John Heron verwendet in seinem Buch „Helping the client" in diesem Zusammenhang den Begriff der Transmutation. Dieser beschreibt die Tatsache, dass wir verbunden mit Co-Counselling auch andere Wege der Veränderung nutzen können, um wirkliche Verarbeitung alter Schmerzerfahrung und damit auch Wandlung zu erreichen.

über einen Lernprozess seine körperlichen Bewegungsmuster oder -abläufe und psychischen Denk- und Verhaltensweisen in der Weise zu verändern, dass er sich veränderten Lebensverhältnissen, neuen Einsichten und neuen Aufgaben anpassen kann. Ebenso kann er Eigenschaften, Denkweisen und Gewohnheiten, die ihn an sich selbst stören oder nicht in sein Selbstverständnis passen, verändern. Außerdem bezieht sich Veränderung immer auf Mangelhaftes, Krankmachendes oder Krankes, das der Mensch aus seiner Vergangenheit mit sich schleppt und von dem mehr abzubauen und zu heilen möglich ist, als häufig angenommen wird.

Der Begriff der Verarbeitung beschreibt Veränderungsprozesse, die sich auf alte Beeinträchtigungen und Verletzungen beziehen, die, wie schon gesagt, Mangel, Krankmachendes und Krankheit zur Folge hatten und deren Folgen nicht einfach nur zu verändern sind. Es geht viel mehr darum, die alte Verletzung und ihre Folgen so zu bearbeiten, dass dabei

- krankmachende Denk- und Verhaltenseinschränkungen abgebaut werden,
- alternatives Denken, Fühlen und Handeln möglich wird,
- Erkenntnis und Verständnis für die Zusammenhänge von alter Erfahrung und ihren Folgen erworben wird,
- Distanz zu dem Vergangenen gewonnen wird,
- Ereignisse neu bewertet werden können,
- die Fähigkeit gewonnen wird, an alte frustrierende schmerzhafte oder traumatische Erfahrungen zu denken, ohne von Gefühlen überwältigt zu werden,
- Versöhnung oder Verzeihung erreicht wird oder wenigstens distanzierte Akzeptanz der Andersartigkeit,

- die Fähigkeit entwickelt wird, Gefühle, die mit Personen der alten Erfahrung verbunden sind, nicht automatisch auf Personen der Gegenwart zu übertragen, die den alten in manchen oder einigen Zügen ähnlich sind.

Wenn einige oder im Wesentlichen alle diese Kriterien am Ende eines Veränderungsprozesses erfüllt sind, sprechen wir davon, dass eine alte Schmerzerfahrung verarbeitet ist.

Angesichts der Länge der Liste dieser Kriterien ist leicht nachvollziehbar, dass Veränderungs- und Verarbeitungsprozesse oft viele Jahre benötigen. Daher ist es uns ein Anliegen, das Selbsthilfeverfahren des Co-Counselling einer breiten Öffentlichkeit zugänglich zu machen, damit viele mit sich selbst, ihrer Vergangenheit und anderen Menschen in Frieden leben können.

3.10 Die Funktion von Schmerzerfahrungen

Schon oft ist das Wort Schmerzerfahrung bisher gefallen. Schmerzen, Krankheit, Beeinträchtigungen gehören zum menschlichen Leben wie Körper und Geist. Die Aufgabe ist, vermeidbarem Schmerz zu entgehen und unvermeidlichen Schmerz in das eigene Leben zu integrieren durch Sinngebung und Auseinandersetzung. Von daher liegt es nahe, auf die Begriffe Schmerz- und Leiderfahrung sowie deren Funktion für Leib und Seele einzugehen.

Unterschieden werden soll zuerst einmal

1. Körperlicher Schmerz
2. Seelischer Schmerz und
3. Leiderfahrung

Schmerz ist eine Körperempfindung wie warm, kalt, angenehm, oder unangenehm.

In diesem Buch werden Körperempfindungen des Schmerzes mit Gefühlen oder Emotionen gleichgesetzt, denn sie werden wie diese im Körper gefühlt, alle werden über das Körperempfinden wahrgenommen, alle erzeugen einen Spannungszustand im Körper, der über Bewegung, Stimme und Augenausdruck abreagiert, entlastet werden kann. Für das Co-Counselling sind alle Schmerzreaktionen bedeutsam, die als Schmerzgefühl im Körper wahrgenommen werden. Wir können auch sagen: Schmerzgefühle entstehen dann im Körper, wenn eigens für die Schmerzempfindungen bereitstehende Empfängerzellen (Rezeptoren) biochemische, motorische oder elektrische Impulse bekommen, die melden: Es stimmt etwas im Körper nicht, Körperregionen sind verletzt oder krank. Dies gilt sowohl für den körperlich als auch für den seelisch verursachten Schmerz.

Als seelischen Schmerz bezeichnen wir die gefühlsmäßige Reaktion auf Erfahrungen von Trennung, Unglück, Misserfolg, lieblose bis gewaltsame Behandlung und Ähnliches. Auch die seelische Schmerzerfahrung wird als körperlicher Schmerz gefühlt und wahrgenommen und folgt den gleichen biochemischen und neurologischen Prozessen. So klagen Menschen: Das tut so weh! Das war so ein Schmerz! Das schmerzt unerträglich! Das geht so zu Herzen! Das geht mir an die Nieren! u.s.w.

Jedes Schmerzgefühl will, wie jedes andere Gefühl, durch Körperbewegung, Stimme oder Augenausdruck entlastet werden. Jede nicht entlastete Gefühlsspannung staut sich im Körper und verstärkt Bedingungen, die zu Schmerzen führen oder das Schmerzgefühl verstärken. Entlastung lindert das Schmerzgefühl und reduziert die Spannung, die durch die Schmerzreaktion im Körper ausgelöst wird.

Um das Fühlen seelisch bedingten und empfundenen Schmerzes zu verhindern, wenn dieser durch Ereignisse in der Umwelt droht lebendig (aktiviert) zu werden, entwickeln wir Abwehrmechanismen und -strategien, die sich als Verhaltensmuster manifestieren. Diese bieten zwar durch ihren Abwehrcharakter Schutz vor den Schmerzgefühlen, haben aber Denkblockaden und Einschränkung von Kreativität und Handlungsfreiheit zur Folge.

Der Begriff der Leiderfahrung umfasst größere Einheiten und Prozesse von Schmerzerfahrung. Er ist ein übergeordneter Begriff, der sich aber immer auf Prozesse bezieht, die mit Schmerzen verbunden sind.

Wenn die Rezeptoren ihre Meldung ans Gehirn gesendet haben, transportiert dieses sie weiter ins Bewusstsein, das nun seinerseits die Aufgabe hat, die Nachricht zu verarbeiten, aus ihr Konsequenzen zu ziehen. Und so ist die Aufgabe oder auch Funktion von Schmerzerfahrung:

1. Den übergeordneten Körper- und Personenanteilen zu melden: Hier braucht ein Bereich des Körpers Hilfe, weil er bedrohlich krank machenden oder sogar zerstörerischen Einflüssen ausgesetzt ist.
2. Lernprozesse einzuleiten, die dem Körper oder der Person erlauben, lebenshinderliche und lebensdienliche Prozesse, Situationen und Einflüsse voneinander zu unterscheiden.
3. Sich dadurch körperlich und seelisch weiter zu entwickeln und zu reifen. Dieser letzte Punkt ist besonders wichtig, da wir ihn meis-

tens eher meiden und nicht wahr haben wollen. Damit berauben wir uns vieler wichtiger Lebens- und Entwicklungsmöglichkeiten.

Wir vertreten die Ansicht, dass körperliche und seelische Schmerz- und Leiderfahrung für eine Person wichtig sind, um sich weiter zu entwickeln und zu reifen. Man könnte auch sagen: Gesundheit ist die Fähigkeit, mit Krankheit konstruktiv umzugehen.

3.11 Modelle von Schmerzerfahrung

Schmerz- und Leiderfahrung waren Ausgangspunkt dafür, dass das Co-Counselling als Selbsthilfeverfahren entwickelt wurde. Im Verlauf der Verbreitung und Anwendung des Verfahrens entstanden in verschiedenen Gemeinschaften unterschiedliche Lehren und Konzepte der Entstehungs- und Wirkungsweise von Schmerz- und Leiderfahrung. Co-Counseler, die ein besonderes Interesse an der Theoriebildung für das Co-Counselling hatten oder heute noch haben, haben sie formuliert und veröffentlicht. Eine besondere Bedeutung schreiben die Autoren den Konzepten von

a   Harvey Jackins
b   John Heron
c   R. Evison/ R. Horobin
d   D. Sargent/T. Sargent
e   JP Hoogma und der cornu copia Ansatz
f   S. Willms / J. Risse
zu.
Diese werden im Folgenden kurz umrissen.

3.11.1 Harvey Jackins

H. Jackins ging davon aus, dass Menschen im Laufe ihres Lebens durch ihre Eltern, durch ihre soziale Herkunft und durch die gesellschaftlichen Herrschaftsverhältnisse vielfache Verletzungen und Unterdrückungen erfahren, die dazu führen, dass sie in ihrem Denken und Handeln so existenziell eingeschränkt und blockiert sind, dass sie meinen, Unterdrückung, Benachteiligung und Ausbeutung hinnehmen zu müssen, ohne sich wehren zu können, und demzufolge häufig körperlich oder seelisch verkümmern und erkranken.

Er glaubte, dass der Schlüssel zur Auflösung dieser Blockaden und starren Verhaltensmuster in der Entlastung der unterdrückten emotionalen Spannung liege, durch die sich Körper und Seele befreien und so zu neuen Denk- und Verhaltensmöglichkeiten finden können.

Die Verletzungen und Frustrationen, die Menschen anderen Menschen zufügen, die Schmerzerfahrungen, die wir durch andere Menschen machen, sind Ursache unserer geistigen und körperlichen Behinderungen. Diese Schmerzerfahrungen sind vermeidbar, und deshalb muss sich das Verhalten der Menschen ändern.

Bei der Entwicklung des Co-Counselling ging er von der Annahme aus, dass der Mensch von Natur aus gut ist und jeder alle menschlichen Fähigkeiten in sich trägt. Die Erfahrung, dass sich Unterschiede zwischen den Menschen in ihrer intellektuellen Ausstattung zeigen, erklärte er mit Unterdrückung durch die Eltern und durch eine Gesellschaft, in der Klassendenken, Rassismus und Sexismus vorherrschen. Er war der Überzeugung, dass eine neue Gesellschaft entstehen würde, wenn diese individuellen und sozialen Unterdrückungen durch das Verfahren des Co-Counselling aufgearbeitet würden. Die Menschen, die so an sich arbeiteten, hätten alle intellektuellen Möglichkeiten des Menschen zur Verfügung. Er lehrte, dass der Mensch sich aus Unterdrückung durch Entlastung befreit.

3.11.2 John Heron

Für John Heron greift diese These zu kurz und reicht für die Begründung der Co-Counselling-Arbeit nicht aus. Er fragt, wieso es denn zur Unterdrückung kommt, wenn der Mensch von Natur aus gut ist. Wenn H. Jackins davon ausging, dass der Mensch allein durch die äußeren Bedingungen seiner persönlichen Lebensgeschichte an seiner Entfaltung gehindert wird, so führt dessen Form des Co-Counselling, nach John Herons Meinung, zu einer Verlängerung von Schmerzerfahrung durch Unterdrückung, weil der Mensch den primären, wahren Grund der Unterdrückung nicht erkennt, und von daher sich nicht damit auseinandersetzen kann.

Heron entwickelt seinerseits den Gedanken, dass der Mensch durch seine körperliche Verfasstheit in seiner Geistigkeit notwendigerweise an Grenzen stößt, die auch durch die Co-Counselling-Arbeit nicht aufzulösen sind. Der Geist kann unendlich viel und weit denken und entwerfen, der Körper seinerseits kann aber nur sehr begrenzt diese Möglichkeiten umsetzen. Unter dieser Erfahrung leidet der Mensch. Dies ist für J. Heron die primäre Verletzung, deren Bearbeitung dem Menschen lebenslang immer wieder Kreativität abverlangt und ermöglicht.

Durch die Erfahrung dieser Grenze kann der Mensch erkennen, dass er einen unendlichen Kern besitzt. John Heron stellte die These einer engen Verbundenheit dieses Kerns mit allen Wesen auf. Dieser Verbundenheit muss sich der Mensch bewusst werden, wenn er wirklich er selbst werden will. Wir leben aber meist so, dass wir diesen Kern, J. Heron nennt ihn göttlich, vergessen haben. Wenn Co-Counseler nicht bereit sind, sich dieser Wirklichkeit zu öffnen und diese sich bewusst zu machen, können sie aus der Unterdrük-kung ihrer selbst nicht herauskommen. Jeder, der Co-Counselling vermittelt, sollte es tun in bewusstem Hinweis auf die Offenheit für den unendlichen Kern. Diese Sicht ist ein Paradigmenwechsel in der Theorie des Co-Counselling. J. Heron nennt diese Art des Co-Counselling Co-Creating. Als Mängelwesen sind wir aufgerufen, aus der Unkenntnis herauszutreten und Neues zu schaffen, um in Beziehung zu unserem inneren Kern zu gelangen. Diese Form der Schmerzerfahrung ist, wie schon gesagt, für John Heron primär. Sie ist nicht aufzulösen, sondern ist dem Menschen von Geburt an ge-geben und es ist Aufgabe eines jeden, diese spirituelle Seite ernst zu nehmen. Aus diesem Verständnis heraus ist Co-Counselling etwas Prozesshaftes und bleibt eine lebenslange Aufgabe.

Die Unterdrückung durch Menschen, die die Grundlage der Theorie von Harvey Jackins bildet, nennt John Heron sekundäre Schmerzerfahrung. Diese ist mit den Mitteln des Co-Counselling zu bearbeiten.

3.11.3 Rose Evison und Richard Horobin

Für das Konzept von R. Evison und R. Horobin ist es wichtig, dass der Mensch als Mängelwesen geboren wird und eine der bedeut-samsten Fähigkeiten für die Bewältigung der Lebensaufgaben in seiner Lernfähigkeit besteht. Die Entfaltung und Entwicklung dieser Lernfähigkeit ist abhängig von der Art und Weise, wie Menschen Beeinträchtigungen, Frustrationen, Misserfolge und Verletzungen verarbeiten.

R. Evison und R. Horobin folgen H. Jackins und J. Heron in der Bewertung von Meidungs- und Verdrängungsreaktionen auf Negativerfahrungen wie Frustration, Abwertung, seelische Verletzungen und Traumatisierungen und die entsprechenden Denk- und Handlungsblockaden, die daraus entstehen.

Diese Blockaden entstehen aus der Unterdrückung angemessener Gefühlsreaktionen auf Schmerzerfahrungen und sind ihrer Meinung nach nur durch tiefe Entlastung und Katharsis zu lösen. Entgegen der Tendenz vieler Co-Counselling-Kulturen, die Entlastungsarbeit niedrig zu halten, weil tiefe Entlastung sehr tiefer Gefühle „zu gefährlich" sei, betonen Evison/Horobin, die Notwendigkeit dieser Arbeit und nennen die von ihnen vertretene Form des Co-Counselling: Kathartisches Co-Counselling.

Die Autoren dieses Buches schließen sich dieser Auffassung vorbehaltlos an.

Besonders bedeutsam ist für Evison/Horobin der Begriff des Musters. Sie unterscheiden Kontrollmuster (control patterns), und chronische Muster (chronicle patterns). Was wir im Kapitel über das Muster als Schutzmuster dargestellt haben, ist bei Evison/ Horobin das Kontrollmuster, ein feststehendes Verhalten, das dazu dient, unangenehme und schmerzhafte Gefühle zu unterdrücken, die lebendig werden, wenn in der Gegenwart etwas passiert, das an eine Situation in der Vergangenheit erinnert, die sehr unangenehm oder schmerzhaft erlebt wurde.

Beispiel: Ein Mensch, der als Kind in der Familie erlebt hat, wie ein Elternteil schwer behindert war, hat sich angewöhnt, Menschen, die hilfsbedürftig sind, schnell beizuspringen und Hilfe anzubieten, wir nennen das dann „Helfersyndrom". Er beruhigt damit eigene traurige oder schmerzliche Gefühle, die mit Erfahrungen mit diesem Elternteil verbunden sind. Er „kann nicht anders", weil er Angst hat, die alten Gefühle immer wieder zu erleben.

Ein chronisches Muster ist ein feststehendes Verhalten im Handlungs- oder Denkbereich, das auf die ganze Person bezogen ist.

Beispiel: Minderwertigkeitsgedanken oder übergroße Rücksichtnahme sind Denk- und Verhaltensmuster, die in gewisser Weise, Teil der Person geworden sind, selbstverständlich zu ihr dazugehörig als Folge wiederholter schwerer Verletzungen des Kindes, dem eigene Spontanität und kindliche Neugier massiv verboten und negativ bewertet wurden durch Sätze wie: „Schäm dich, du bist unmöglich, wie kann man nur so etwas tun! Du bist ja gierig und unverschämt," vielleicht noch begleitet von Lautstärke, verächtlichem Tonfall, Schlägen oder Verlachtwerden.[18]

3.11.4 Dency Sargent/ Tom Sargent

Auf die Frage der Autoren, wie D. Sargent in der Co-Counselling-Kultur von Connecticut den Schmerzbegriff definiere, reagierte diese völlig erstaunt und sagte: Der spiele bei ihnen gar keine Rolle. Wichtig sei der Begriff des Musters.

---

[18] Mehr zu diesem psychologisch sehr durchdachten und differenziert beschriebenen Konzept findet sich in dem Büchlein: Selbsthilfe durch Co-Counselling von R. Evison und R. Horobin.

Menschen lernen sehr früh über Reiz-Reaktionsketten Bewegungs- Handlungs- und Denkabläufe in immer gleicher Weise zu vollziehen, um die vielen anfallenden Lebensaufgaben zu bewältigen. Diese festgelegten Abläufe werden Muster genannt. Ohne Muster können wir nicht leben und dennoch passiert es immer wieder, dass Muster, die in einer bestimmten Lebenssituation genau richtig waren, in einer anderen nicht mehr gut, vielleicht sogar falsch sind.

Beispiel:

Wenn ein Kind auf die zornige Zurechtweisung eines Elternteils klugerweise mit Schweigen oder Gehorsam reagiert hat, so kann die gleiche Reaktion einem möglichen Lebenspartner gegenüber schlimme Folgen haben. Der kann beim Kennenlernen dann denken, dass dieser Mensch sehr gefügig sei und ein bestimmender Partner gut zu ihm passe. Im Ehealltag aber wird dem stillen Partner die bestimmende Art des anderen irgendwann zu viel und er trennt sich zum großen Erstaunen des anderen, anstatt sich rechtzeitig mit ihm auseinanderzusetzen und eine wirkliche Partnerschaft zu entwickeln. Dass die Entwicklung neuer angemessener Verhaltensweisen abhängig ist von einer guten Entlastung alter Gefühle, damit diese nicht lernbehindernde Blockaden bilden, wird in diesem Modell in gleicher Weise erklärt, wie in allen anderen.

Die Hauptarbeit des Co-Counselling besteht von daher im Abbau alter überholter Muster und dem Aufbau neuer, angemessener Verhaltensweisen, oder auch in der Ergänzung alter sinnvoller Verhaltensmuster durch neue, da die alten nur für bestimmte Erfahrungsbereiche galten und daher durch neue zu ergänzen sind.

Wir haben auf der nächsten Seite das Diagramm abgebildet, in dem die amerikanische Co-Counselling-Gemeinschaft darstellt, welche Begriffe und ihr Zueinander in dieser Co-Counselling-Kultur

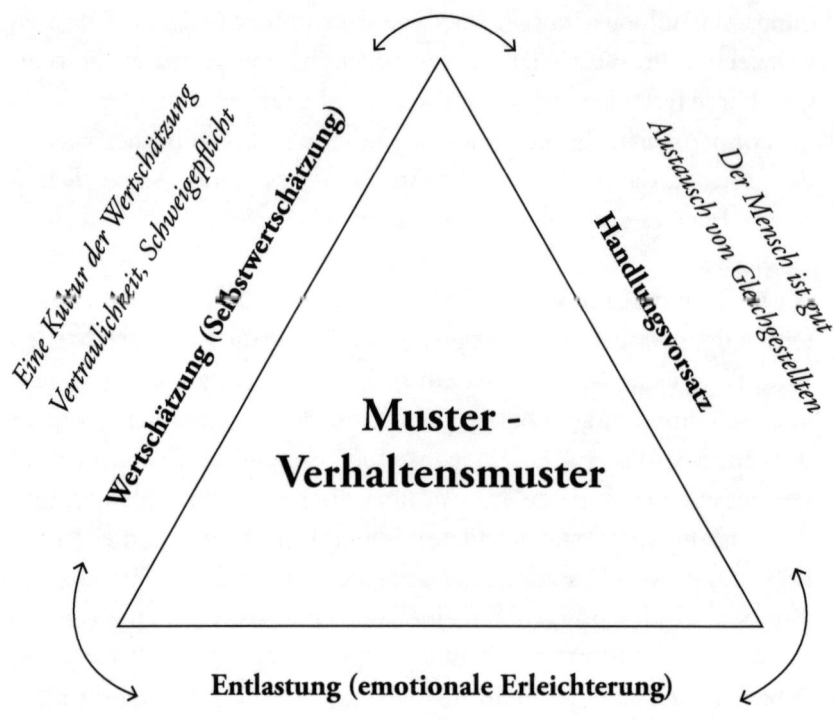

Abb. 1: Co-Counselling-Dreieck
   Model by C.Sargent, JH/MS 1/00

von Bedeutung sind. Aus der Darstellung wird deutlich, dass der Begriff des Musters (pattern) von zentraler Bedeutung ist. Muster, die starr und lebenshinderlich sind, sind abzubauen, um flexibles, kreatives Verhalten zu ermöglichen und selbstverständlich teilweise auch wieder neue lebensdienliche Muster aufzubauen.

Ein zweiter besonderer Schwerpunkt dieser Co-Counselling-Kultur ist das intensive Bemühen um den Aufbau von Wertschätzung als Grundlage für eine veränderte Verarbeitungsfähigkeit von Frustration und Verletzung.

3.11.5 Jan Pieter Hoogma und der cornucopia-Ansatz:

Der Körper hat Missempfindungen und Schmerzgefühle und beide sind jeweils eine Botschaft, dass irgendetwas im System nicht stimmt. Unsere Aufgabe ist, diese Botschaft zu hören, die Gefühle, die sie auslöst, zu entlasten und abzureagieren, um dann fragen zu können, was muss ich im Denken oder Handeln verändern, was muss ich tun, um die Ursachen für Missempfinden oder Schmerzgefühl zu beheben. Manchmal löst sich die Ursache für einen Schmerz nach einer guten und tiefen Entlastung schon ohne weitere Schritte auf, aber in den weitaus häufigeren Fällen bedarf es weiterer Mittel. So wird bei traumatischen und unverarbeiteten Gefühlen die sogenannte Videotechnik angewendet sowie das „Focussing", das dazu dient, Körperempfindungen wahrzunehmen und zu erfahren, was der Körper mit ihnen zu sagen versucht. Rollenspiele werden eingesetzt, um gegen Ängste zu desensibilisieren und neues, flexibleres Verhalten auszuprobieren. Die Arbeit mit Vorsätzen wird gepflegt, um im Alltag Änderungen zu erreichen.

Der Schwerpunkt liegt in diesem Konzept weniger auf der Notwendigkeit der Entlastung von Gefühlen, als vielmehr auf den Bemühungen, nach einer Entlastung auch wirkungsvolle zusätzliche Wege zur Veränderung von Verhalten und Denken zu finden. Prägnant formulierte J. P. Hoogma den Prozess der Entlastung von alten Schmerzen zu neuen kraftvollen Gestaltungsmöglichkeiten mit dem Slogan: Pain to power - vom Schmerz zur Kraft.

Der Ansatz bezieht sich sehr stark auf Möglichkeiten aus der kognitiven Verhaltenstherapie.

3.11.6 Siglind Willms/ Johannes Risse

Aggressivität als Lebenserhaltung und Schutz, aber auch als Quelle von Schmerzerfahrung und Grundlage zur Verarbeitung

Wir gehen von der Tatsache aus, dass es viele unausweichliche Schmerzerfahrungen gibt, die aus dem Konflikt entstehen, dass Menschen notwendigerweise dadurch in Durchsetzungsringkämpfe verwickelt werden, dass zwei oder mehr das Gleiche brauchen oder zu brauchen meinen, und von daher alle Menschen schmerzhafte Situationen von Unterlegenheit erleben, die sie häufig ohne Hilfe nicht konstruktiv verarbeiten können. Geringschätzung für andere, Menschenverachtung und Hass sind die Folge, die ihrerseits neue Schmerzerfahrung wie H. Jackins und J. Heron sie beschreiben, erzeugen.

Wir vertreten die These, dass Schmerzerfahrungen die Möglichkeit bieten, sich fortzuentwickeln und zu reifen. Dazu ist nach unserer Ansicht ein neues Verständnis von Aggressivität und angemessenem Umgang mit ihr wichtig, damit dieser Prozess konstruktiv ablaufen kann. Im Alltag verbinden wir mit dem Wort „aggressiv" Dinge wie Angriff, Verletzung und Zerstörung. In der psychologischen Theorie wird aber der Begriff der Aggressionshemmung verwendet, der anzeigt, dass der Mangel an Aggressivität Nachteile mit sich bringt und häufig krank macht. Das hat seine Ursache darin, dass wir aggressive, zupackende Verhaltens- und Reaktionsweisen brauchen, um überhaupt zu überleben. „Aggredi" im Lateinischen heißt: Auf die Dinge zugehen, aktiv an sie herantreten, um sie nach eigener Interessenlage zu gestalten. Diese Fähigkeiten muss jeder Erwachsene gelernt haben, da er oft ausschließlich auf sich allein angewiesen ist, um das zu erreichen, was er für die Befriedigung seiner Bedürfnisse und Interessen braucht. Das ist einfach nachzuvollziehen, wenn wir nur daran denken, dass wir nicht sehen können, ob andere hungrig oder durstig sind, ob sie in einer Runde etwas sagen oder lieber eine Pause einlegen möchten. Jede muss ihre Stimme erheben und sagen, was sie braucht, oder auch zügig handeln, um zu ihrem Recht zu kommen, z. B. bei einer allgemeinen Essensausgabe oder wenn es um Plätze in einem viel benutzten Bus oder Zug geht und keine Platzreservierungen ausgegeben wurden. Wenn zwei oder mehrere dasselbe wollen, entspinnt sich ein Ringen um Durchsetzung, in dem jeder darauf achten muss, ob er etwas und wie viel davon wirklich braucht, wie dringend er es braucht, ob er auch nachgeben kann oder wie energisch er sein Recht einfordern und durchsetzen muss. So kann eine Situation des Zugreifens, des „Gut-für-sich-sorgens", des Einen dazu führen, dass ein Anderer sich bedroht fühlt in der Durchsetzung seiner Interessen und deswegen im gängigen Sinn aggressiv reagiert, um sich zu wehren.

Es sind also 3 Formen aggressiven Handelns für jeden Menschen notwendig zu beherrschen:

1. An die Welt herantreten und holen, was man braucht;
2. sich gegen den Zugriff des anderen wehren; und
3. kämpfen um angemessene Lösungen in den Durchsetzungskämpfen.

Diese Durchsetzungskämpfe finden täglich für jeden an vielen Stellen statt, und meist besteht kein Bewusstsein dafür, was alles zu bedenken wäre, wenn diese Situationen möglichst fair geregelt werden sollten. Meist ist eine die Siegerin und die andere die Unterlegene. Die Angst vor Unterlegenheit stachelt jede Person an, dafür zu sorgen, dass sie möglichst häufig die Überlegene bleibt, und so werden die Durchsetzungskämpfe zu Machtkämpfen und zu einer Quelle von Demütigungen, Frustrationen und Verletzungen.

Um diese im Co-Counselling zu bearbeiten, ist angemessene Entlastung notwendig von den Schmerz- und Wutgefühlen, die mit diesen Situationen verbunden sind. Die Frage z. B., was man am liebsten in dieser Situation getan hätte, wenn man die Machtposition innegehabt hätte, fordert oft die urtümlichen, biologischen und animalischen Wünsche heraus, die in uns bereitstehen, um unser Überleben zu sichern. Wenn sie unterdrückt werden, bilden sich oft Abgründe von gestauter Zerstörungswut, ohne dass wir von ihnen wissen, sodass wir auch keine Gestaltungsmöglichkeiten für sie besitzen. Die weitere Frage, was man tatsächlich hätte tun können, führt zu Verhaltensweisen, die oft nicht gelernt wurden, weil man zu früh auf Durchsetzung verzichtete oder zu wenig über die Frage nachdachte, wie wohl ein respektvoller, partnerschaftlicher Umgang bei Durchsetzungskämpfen aussehen könnte. Hier bietet das

Co-Counselling große Möglichkeiten, im Rollenspiel neues Verhalten einzuüben, wie es im verarbeitenden Rollenspiel noch erläutert werden wird. Wir sehen eine Schmerzerfahrung erst dann als verarbeitet an, wenn Verhaltensweisen gelernt wurden, die die Person für diesen Durchsetzungskampf angemessen ausrüsten, ihn würdig zu führen und zu gestalten.

Die Formulierung „pain to power" im Konzept von J. P. Hoogma passt gut zu unserem Aggressions- und Verarbeitungsverständnis und wir möchten diesen Slogan auch für die Münsteraner Co-Counselling-Arbeit übernehmen: pain to power - vom Schmerz zur Kraft.

4.0 Darstellung des Verfahrens

4.1 Hinführung zur Entlastungsfähigkeit emotionaler Spannung

Kern unseres Anliegens ist zu beschreiben, wie Co-Counselling vor sich geht, wie Grundforderungen praktisch umgesetzt und angewendet werden.

Wir folgen den Schritten des Lernenden, wie sie im internationalen Co-Counselling (CCI) weltweit in dieser oder ähnlicher Form vermittelt werden. Wir treffen uns in einer Gruppe, die zwischen 3 und 35 Teilnehmern groß sein kann und von zwei Co-Counselling-Lehrern geleitet wird, die im besten Fall Mann und Frau sein sollten.

Es beginnt mit der Begrüßung. Zuerst wird vorgeschlagen, sich mit „Du" anzureden, weil die Arbeit im Kurs sehr persönlich ist und diese Anrede helfen kann, schneller in Kontakt zu kommen, freier und offener zu werden. Allerdings ist die Umsetzung dieses Vorschlages jedem freigestellt. Alle stellen sich danach nur mit ihrem Vornamen vor, es werden keine Berufe genannt, wohl Erwartungen oder Ängste.

Danach erfolgt eine kurze Einführung zur Entstehungsgeschichte des Co-Counselling, seiner wesentlichen Elemente und Ziele sowie seiner Bedeutung für das Leben des Einzelnen.

4.1.1 Freie Aufmerksamkeit schenken

Nach der Einführung der freien Aufmerksamkeit, wie sie im Kap. 2 beschrieben ist, werden die Teilnehmer aufgefordert, eine Partnerin, einen Partner zu suchen, um die Übung der freien Aufmerksamkeit ein erstes Mal auszuprobieren. Die Rollen werden dabei so verteilt, dass einer Aufmerksamkeit schenkt und der andere sie bekommt.

Abb. 2: Aufmerksamkeit

Wenn die Rollen festgelegt sind, nimmt der, der Aufmerksamkeit schenkt, die Hände dessen, der die Aufmerksamkeit bekommt und schaut ihn eine vorgegebene Zeitspanne, häufig ist es eine Minute, unverwandt an. Der andere kann machen, was er will, weil er nichts leisten muss, denn freie Aufmerksamkeit ist auch bedingungslose Aufmerksamkeit: Er kann zurückschauen, wegschauen, umherschauen oder die Augen schließen, alles darf sein. Allerdings sollte man möglichst nicht sprechen, um sich auf die Wahrnehmung dessen zu konzentrieren, was innen und außen wahrgenommen werden kann. Nach ca. einer Minute wird die Übung beendet und die Rollen werden getauscht, sodass beide Partner die Erfahrung machen können, Aufmerksamkeit zu schenken und sie geschenkt zu bekommen.

Danach setzt man sich wieder in einer Runde zusammen und tauscht die Erfahrungen aus oder stellt Fragen an die LeiterInnen.

Diese Übung kann jeder mit einer Person seines Vertrauens auch zu Hause ausprobieren!

4.1.2 Assoziatives Sprechen

Im zweiten Schritt erklärt die Leitung das assoziative Sprechen, wie es im Abschnitt „was ist eine Assoziation" beschrieben ist. Als Beispiel soll noch einmal das Kind in Erinnerung gerufen werden, das in einem Wohnzimmer einschneidende Verletzungen durch abwertende Bemerkungen einer wichtigen Bezugsperson erlebt. Alle Gegenstände, Formen und Farben in diesem Raum sind im Nervensystem mit diesen Erfahrungen verbunden, verknüpft, assoziiert. Und wenn in einer anderen Situation Verletzungen erfolgen, können die alten Erinnerungen an das Zimmer oder an die Bezugsperson durch die Verknüpfungen lebendig werden. Diesen Prozess nutzt man beim Co-Counselling, um vielfältigen Erlebnissen und Erfahrungen sowie deren Verbindungen auf die Spur zu kommen und damit die Tür zu öffnen zu einer Tiefe unseres Fühlens, gefühlsmäßigen Erlebens und der durch Gefühle bestimmten Einstellungen und Überzeugungen, die uns andernfalls meist verschlossen bleibt.
Wie geht nun das assoziative Sprechen?

Man nimmt das erste Wort, was einem einfällt und spricht es aus. Man stellt sich vor, das Bewusstsein ist eine Bühne und ins Rampenlicht tritt immer das, was mit dem Ausgesprochenen in Verbindung steht. Das spricht man wieder aus und wartet dann, was daraufhin ins Rampenlicht tritt. Man ist sozusagen der Beobachter oder ein Zeuge, der zur Kenntnis nimmt, was auftaucht und es laut aussprechend beschreibt. Es kommt auf diese Weise eine Kette von Worten, Sätzen, gefühlsmäßigen Äußerungen, Gedanken oder Beobachtungen zustande, die nicht durch den Verstand geleitet ist, sondern eben über die Assoziationen. Von ihnen sagt S. Freud: „Die Assoziationen sind die Via Regia, der Königsweg zum Unbewussten." [19] Damit sind einerseits Bereiche unserer Erinnerung gemeint, die bewusst sein könnten und es nur nicht sind, weil wir sie nicht beachten. Es kann sich aber auch um Bereiche handeln, die normalerweise tief vergraben im Unterbewusstsein liegen und erst durch die Fähigkeit des assoziativen Sprechens, später auch des assoziativen Handelns und Körperausdrucks zugänglich werden, indem wir dem, was uns assoziativ einfällt, konsequent freie Aufmerksamkeit schenken, lernen wir neue Zusammenhänge kennen. Wenn das assoziative Sprechen in dieser Weise eingeführt und erklärt ist, wird es geübt.

Das geschieht in der Konstellation, in der Co-Counselling meist stattfindet, nämlich in der Zweier- oder Dreiergruppe. Das heißt, die große Gruppe teilt sich jetzt auf in Kleingruppen zu zweit oder zu dritt. In dieser Kleingruppe wird ausgemacht, in welcher Reihenfolge gearbeitet wird. Alle bekommen die gleiche Zeit, zum Anfang meist zehn Minuten. Der Erste fängt an, assoziativ zu sprechen und die anderen schenken ausschließlich freie Aufmerksamkeit. Sie sprechen nicht dazwischen, sie fragen nicht, sie geben keine Kommentare, sie versuchen, den Partner wahrzunehmen in dem, was er äußert, und stören ihn nicht. Der Betreffende lernt „mit sich selbst" zu arbeiten. Das könnte z. B. folgendermaßen aussehen: „Mir fällt zuerst die Sonne heute Nachmittag am Meer ein, sie erinnert mich an den Sommer, aber es ist jetzt März. Ich denke an den Frühling, der näher ist als der Sommer, an das Lindgrün und Gelb der Pullo-

---

[19] S. Freud, Traumdeutung S. 415

ver in den Geschäften heute Morgen. Ich freue mich, dass ich Urlaub habe und bummeln gehen kann" usw. Was der Counseler sagt, brauchen seine Co-Counseller nicht zu verstehen, denn sie schenken nur freie Aufmerksamkeit. Wenn ihm nichts einfällt, weil es so fremd und neu, so ungewohnt ist, so zu sprechen, sagt er: „Mir fällt nichts ein. Mir fällt immer noch nichts ein," usw. Nach neun Minuten sagt einer der Co-Counseler: „In einer Minute ist deine Zeit zu Ende." Der Counseler bereitet sich aufs Ende vor, fühlt nach, wie es ihm jetzt geht und schließt seine Sitzung ab. Nun ist der Zweite als Counseler an der Reihe und die anderen schenken Aufmerksamkeit usw. Wenn alle drei assoziativ sprechen geübt haben, trifft sich die Gruppe wieder im Plenum und es werden Erfahrungen ausgetauscht. Außerdem können Fragen an die Leitenden gestellt werden. Gegenstand dieses Gespräches sind nicht die Inhalte der Sitzungen, denn die sind vertraulich, sie stehen unter der Schweigepflicht, sondern nur die Vorgehensweisen.

Auch hier ist das Sprechen anders als im üblichen Austauschgespräch. Dies wird zur Einführung folgendermaßen erklärt: Jede ist anders und so können die Erfahrungen, die Bewertungen und die Gedanken sehr unterschiedlich sein, auch wenn die Übung für alle die Gleiche war. Es sagt also jede ihre Meinung oder stellt ihre Fragen. Es gibt keine wertenden Kommentare der anderen oder der Leitung. Fragen werden natürlich beantwortet.

Im Co-Counselling wird in freier Aufmerksamkeit geübt, dass jede in ihrer Andersartigkeit sein darf. So teilt in der großen Runde jede ihre Erfahrungen und Gedanken mit oder stellt Fragen, und die Nächste ihre; alle Äußerungen bleiben nebeneinander stehen, oft auch in großer Unterschiedlichkeit. Durch das Aussprechen und

Mitteilen wird für alle deutlich, wie reich, wie vielfältig und verschieden das jeweilige innere Erleben ist.

Um das Annehmen von Andersartigkeit in Gleichwertigkeit zu üben, kann ein Plenumsgespräch in einer sogenannten Mitteilungsrunde geführt werden oder enden.

4.1.3 Die Mitteilungsrunde

In der Mitteilungsrunde wird das Wort, die Redezeit, reihum weitergegeben, sodass jede an die Reihe kommt, nicht übergangen, gehört wird. Von der Gesprächsleitung, und das kann jede aus der Runde sein, wird ein Impuls gegeben, eine Frage oder eine thematische Feststellung, zu der dann reihum jede ihre Meinung abgibt oder ihrerseits Fragen formuliert. Jede Äußerung wird kommentarlos hingenommen, sodass die Vielfalt der Denkweisen deutlich werden kann. Die Gleichwertigkeit kann sich auch noch darin ausdrücken, dass jede nur ein Wort oder einen Satz sagt, oder ein Statement, eine Meinungsäußerung abgibt oder eine bestimmte Zeitspanne z. B. eine Minute zur Verfügung hat. Mit der Mitteilungsrunde schließt dann die erste Erfahrung, der erste Schritt des assoziativen Sprechens und damit die erste Co-Counselling-Sitzung ab.

4.1.4 Die Wahrnehmung gefühlsmäßiger Bewegtheit, Kontrolllockerung und Kontrollverlust

Bevor die nächste Counselsitzung beginnt, wird im Plenum, d. h. in der gesamten Gruppe, der nächste Schritt erklärt. Es geht um die

Wahrnehmung der gefühlsmäßigen Bewegtheit. In der assoziativen Kette kommen Wörter, Bilder, Gedanken und andere Inhalte unseres Erlebens vor. Alle sind sie von gefühlsmäßigen Bewegungen begleitet, weil sie alle letztlich auf Erfahrungen zurückzuführen sind. Und in jeder Erfahrung fühlen wir uns, hat unser Körper ein Gefühl wie etwa: warm, kalt, verspannt, entspannt, froh, heiter, ernst, bedrückt usw.

Eine kleine, einfache Erfahrung kann man dazu machen: Man spricht z. B. das Wort „Kind" laut vor sich hin und nimmt dabei das Körpergefühl in Brustkasten, Bauch, Händen, Nacken oder Beinen wahr, das sich beim Aussprechen des Wortes einstellt. Nun spricht man das Wort „Schule" in gleicher Weise laut vor sich hin, fühlt wieder in den Körper hinein und nimmt den Unterschied wahr. So, wie hier an einem Wort, wird im Co-Counselling beim Aussprechen der assoziativen Kette gleichzeitig darauf geachtet, was für ein Körpergefühl sich einstellt, und dies wird mit Worten benannt oder in einer Körperbewegung, der Körpersprache im Gegensatz zur Wortsprache, zum Ausdruck gebracht. So übt man zu einer Form des Daseins zurückzufinden, wie wir sie alle als Kinder hatten, als wir uns spontan den inneren Eindrücken folgend unter Einbeziehung lebendiger Gefühle ganzheitlich ausdrückten.

Um das zu erreichen, ist eine intensive Lockerungsarbeit der im Verlauf des Lebens durch die Kontrolle der Gefühle erworbenen muskulären Haltungsmuster, chronischen Verkrampfungen und eingeschliffenen Bewegungsmuster notwendig. Dies wird dadurch angestrebt, dass die sogenannten Körperübungen eingeführt, angeleitet, vermittelt und teilweise von den Teilnehmern für zu Hause gelernt werden. In diesen Übungen werden Bewegungsabläufe ausprobiert, die dazu geeignet sind, Verspannungen bewusst zu machen oder auch zu lösen. Darüberhinaus gibt es aber auch Übungen, mit denen Ausdrucksverhalten von Gefühlen neu gelernt wird, d. h. das Verhalten, das wir als Kinder beherrschten und durch jahrelange Kontrolle verlernt haben. So können fast alle Menschen unserer Kultur nicht mehr zittern, wenn sie Angst haben, viele, vor allem Frauen, können ihre Stimme nicht so ertönen lassen, wie es ihnen eigentlich möglich ist und viele, vor allem Männer, können nicht mehr weinen. Viele Frauen können auch nicht lauthals lachen. Für alle diese Bewegungsabläufe gibt es Körperübungen, die helfen, sie neu zu lernen. Einige sind in Kapitel 5 aufgeführt.

Zwei Wege gibt es, die Kontrolllockerung, den Kontrollabbau und den Kontrollverlust zu erreichen:

a) Man nimmt immer wieder achtsam die Gefühlsregungen wahr und drückt sie in Körperbewegung und mit der Stimme aus.

b) Man arbeitet sich in ein Gefühl hinein, d.h., man macht Körperbewegungen, die häufig einem bestimmten Gefühlszustand zuzuordnen sind, und versucht so, das entsprechende Gefühl zu erzeugen und wenigstens im Ansatz zu spüren (häufig wird auch gesagt, zu aktivieren oder zu stimulieren). Oft werden damit auch andere Gefühle aktiviert, was aber auch ganz in Ordnung ist.

Durch das Hineinarbeiten (b) kommt man nicht immer an das angestrebte Gefühl heran. Das bedeutet, dass eine Ausdrucksform nicht eindeutig einem Gefühlszustand zuzuordnen ist. Wir können kraftvoll, wütend oder voller Schmerzen schreien, wir können herzlich, bitter oder höhnisch lachen, wir können aus Trauer, Rührung oder vor Freude weinen, wir können aus Angst oder vor Aufregung zittern.

Immer aber können wir durch bewusst ausgeführte Körperbewegungen wie Schreien, Stampfen, Fäuste ballen, Schluchzen, Lachen oder Gähnen Gefühlsreaktionen auslösen. Auf diese Weise lösen wir die Erstarrung der Körperbewegung und geben dem Körper langsam die Ausdrucksvielfalt zurück, die er als Kind besaß. Ziel dieser Übungen ist der Abbau der Gefühlskontrolle bis zum völligen Kontrollverlust. Allerdings kann hierbei nicht genügend betont werden, dass, wenn ein Counseler lernen soll, dies bewusst zu tun und eine Aufmerksamkeit dafür zu entwickeln, es nur im geschützten Rahmen einer Co-Counselling-Sitzung mit der Unterstützung der Co-Counseler passieren sollte. Außerdem ist es bei schweren, chronischen Verkrampfungen und Verhärtungen notwendig, diese in vielen kleinen Schritten langsam und behutsam zu lösen. Die Kontrolle der Gefühle aufzugeben, ohne im Alltag unbeherrscht zu reagieren, braucht wiederum einen eigenen Lernprozess.

Dies klingt kompliziert, ist es anfangs auch, aber es lässt sich lernen und eröffnet damit große Möglichkeiten, mit Gefühlen allgemein und, wie wir im weiteren Verlauf des Buches zeigen werden, vor allem mit aggressiven Gefühlen neu und konstruktiv umzugehen.

Der zentrale Punkt, in dem sich Co-Counselling von allen Therapieformen und jeder anderen Form von Selbsthilfearbeit unterscheidet, ist die selbstständige gezielte Arbeit an der Wahrnehmung und dem Ausdruck von Gefühlen. Wir weisen auch an dieser Stelle noch einmal daraufhin, dass wir in jeder Situation, in der wir uns befinden, etwas fühlen und dass dieses Gefühl sehr häufig eigentlich in eine Bewegung umgesetzt und dadurch abreagiert werden müsste, um den Körper und die Stoffwechselsituation vom aufgebauten Stress zu befreien. Tatsache ist aber, dass wir aus vielen und auch guten Gründen im Verlauf unseres Erwachsenswerdens lernen, Gefühle unter Kontrolle zu nehmen und zu halten und damit im Körper aktuelle Spannung, aber im Verlauf der Jahre auch hohe Dauerspannungspotenziale und chronische Verspannungen aufbauen.

In diesem Stadium können wir, auch wenn wir es wollen, Gefühle nicht mehr so intensiv, so vielfältig und so angemessen ausdrücken, wie es eigentlich möglich und oft notwendig wäre. Diese Fähigkeit muss neu erworben werden, um im Sinne des Co-Counselling wirkungsvoll den Zugang zu sich selbst und die gewünschten Veränderungen vollziehen zu können. Zu diesem Zweck erklärte J. Heron in einem einfachen Modell, welche Körperabreaktionsformen einzelnen wesentlichen Gefühlszuständen zugeordnet werden können. Wir bilden es hier ab, zum einen aus historischen Gründen, aber zum anderen auch, weil es in seiner Grundstruktur natürlich immer noch Geltung hat. „Natürlich" sagen wir nicht ganz ohne Hintersinn, weil darin steckt, dass sich die gefühlsmäßige Reaktionsstruktur des Menschen offenbar seit Jahrtausenden in vieler Hinsicht nicht geändert hat, wie man aus Mythen und Märchen deutlich ablesen kann. Allerdings möchten wir das Modell insofern erweitert sehen, als wir sagen: Es gibt für alle, auch die feinsten Gefühlsregungen angemessene und feine Ausdrucksformen, die zu erforschen und einzuüben ein großer Gewinn sein kann, weil sie im Alltag den nicht sprachlichen Körperausdruck vertiefen und intensivieren, abgesehen davon, dass sie für eine Art von Stressentlastung sorgen, die wirkungsvoll und einfach zu bewerkstelligen ist. In diesem Sinne ist für uns auch die Ausdrucksarbeit des Co-Counselling nicht nur sinnvoll, um alte Denk- und Handlungsblockaden zu lösen, sondern auch zur Befreiung der Person, sich unverkrampft und spontan verhalten zu können und auf diese Weise immer mehr die zu werden, die sie sein könnte.

4.1.5 Die Darstellung der Hauptgefühle und Entlastungs-bewegungen nach J. Heron

Distress & Discharge Diagram

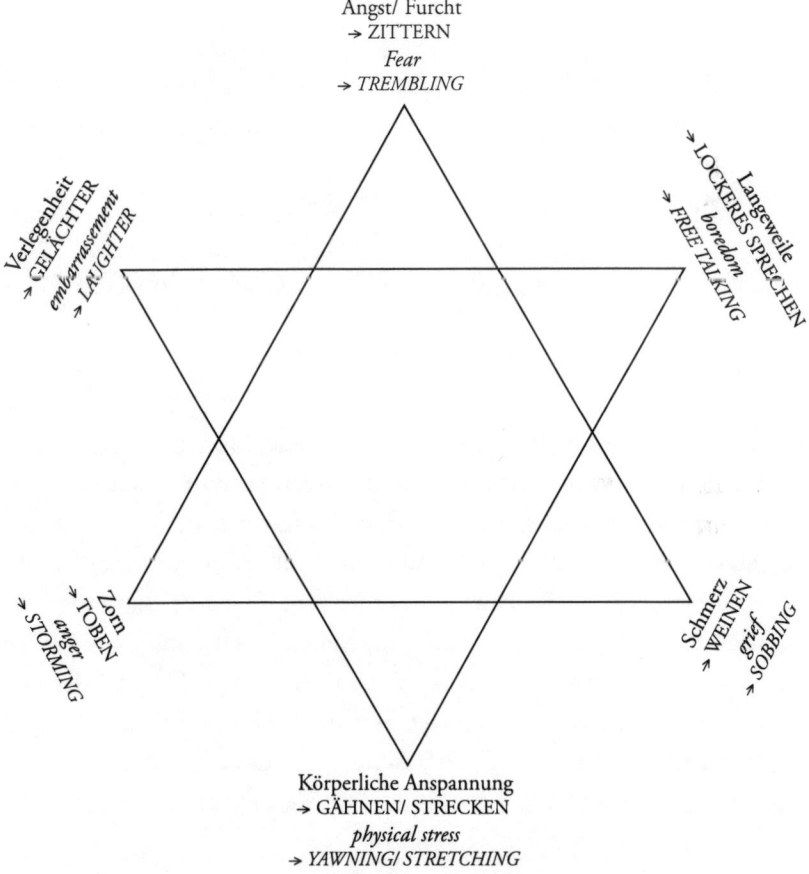

Angst/ Furcht
→ ZITTERN
Fear
→ *TREMBLING*

Verlegenheit
→ GELÄCHTER
embarrassement
→ *LAUGHTER*

Langeweile
→ LOCKERES SPRECHEN
boredom
→ *FREE TALKING*

Zorn
→ TOBEN
anger
→ *STORMING*

Schmerz
→ WEINEN
grief
→ *SOBBING*

Körperliche Anspannung
→ GÄHNEN/ STRECKEN
physical stress
→ *YAWNING/ STRETCHING*

Abb. 3: Die Darstellung der Hauptgefühle und Entlastungsbewegungen nach J. Heron

4.1.6 Die Bedeutung der Stimme

Es gibt drei Kanäle, in denen wir Gefühle ausdrücken können:
- die Körperbewegung
- die Stimme
- die Augen

Wir wollen an dieser Stelle hauptsächlich auf die Stimme eingehen, obwohl die beiden anderen Kanäle bei vielen Übungen mitbenutzt werden.

Die Stimme ist in zweierlei Hinsicht bedeutsam:

Zum einen ist sie schon immer Zeichen für die ganze Person (vergleiche lateinisch: personare - durchtönen). Schon im alten Rom zeichneten Sitz und Stimme den freien Bürger aus. Auch heute noch zählt bei Wahlen die Stimme jeder Person. Damit diese Stimme aber wirklich Ausdruck der Person sein kann, muss man sie wirklich erheben können, und das bedeutet, dass viele Menschen sie zuerst einmal von Verkrampfungen, Hemmungen und Verklemmungen befreien müssen, sodass sie in vollem Umfang zum Ausdruck der verschiedenen Gefühle zur Verfügung steht. Zum anderen ist die Stimme der Entlastungskanal, auf dem eine Gefühlsspannung, die auf den inneren Organen wie Herz, Magen, Darmtrakt oder Nieren liegt, abgeleitet werden kann. Viele Formen von Druck, Missbehagen oder Schmerz sind über die Stimme wirkungsvoll abzubauen, wodurch Krankheiten wie Herzbeschwerden oder Magengeschwüre erleichtert, vielleicht sogar verhindert werden können.

4.1.7 Die Ja-Nein-Übung

Um die Kontrolllockerung einzuleiten, wird im Kursverlauf die „Ja-Nein-Übung" durchgeführt, wenn assoziatives Sprechen, Wiederholung und genaues Beschreiben eingeführt wurden.

Diese Übung eignet sich zum Einarbeiten in die Lockerung der Stimme und Stimmkraft einer Person, zum Einarbeiten in aggressive Bewegungen und Gefühle, in denen oft die Kraft eines Menschen für diesen spürbar wird, und zur Befreiung von angestauten Gefühlen sowie zur Selbstwertschätzung und Einübung von Widerstand in Form konstruktiver Aggression.

Die Durchführung erfolgt in der Weise, dass zwei Teilnehmerinnen, die sich gewählt haben, sich gegenüber stellen, ausmachen, wer zuerst arbeitet und wer unterstützt. Die Counselerin wählt, ob sie ja oder nein sagen will. Die Co-Counselerin schenkt Aufmerksamkeit und sagt in dieser Aufmerksamkeit das entgegengesetzte Wort ein wenig lauter, um der Counselerin zu helfen, dass sie mit ihrer Stimme frei herauskommen kann.

Die Counselerin kann zur eigenen Unterstützung für die Stimme ihre Arme in Schulterhöhe mit geballten Fäusten nach vorne strecken, damit die Verspannungen im Nacken sich lösen können, sie schlägt in die Luft neben den Kopf der Co-Counselerin. Wenn diese das ängstigt, soll sie das sagen, damit die Counselerin aufhören kann, mit den Armen zu schlagen.

Die Counselerin entscheidet, wie oft sie die Übung wiederholen möchte. Danach werden die Rollen gewechselt.

Die nun folgende Übung können Sie selbst ausprobieren:

Nehmen Sie Ihre Fäuste und schleudern Sie sie in die Luft, als wenn Sie einen Sandsack treffen wollen. Begleiten Sie diese Bewegung durch ein „Ja" oder „Nein". Nehmen Sie danach wahr, was für ein Gefühl sich in Ihrem Körper entwickelt hat.

4.1.8 Die Wiederholung

Wenn wir assoziativ sprechend unserer Assoziationskette und den von ihr ausgelösten Gefühlen folgen, kommen wir immer an Stellen, an denen wir spüren, dass etwas in uns lebendig wird, das tiefer geht, das intensiver werden könnte, wenn wir an der Stelle verweilen. Das ist beabsichtigt, denn die „Vertiefung" an derartigen Stellen führt uns oft zu Bereichen unseres Erlebens, die von besonderer Bedeutung für uns sind, sowohl im positiven als auch im negativen Sinn. Hier spielt vor allem die Balance der Aufmerksamkeit, die im dritten Kapitel beschrieben wurde, eine entscheidende Rolle.
Vor allem zeigen sie an, dass es unterschiedliche Ebenen unseres Erlebens gibt, wie

bewusst - unbewusst,

oberflächlich - tiefer,

unverarbeitet - verarbeitet,

alte Erfahrungen - neue Erfahrungen u. a. m.

Diese oben beschriebenen Glieder in unserer Assoziationskette können wie Einstiegslöcher oder Türen sein zu Bereichen unseres Innenlebens, von denen wir keine Ahnung hatten.

Es gibt eine einfache Hilfe, diese Türen zu öffnen, nämlich das Mittel der Wiederholung.

Der Counseler wiederholt das Wort, den Satz, die Körperbewegung noch einmal oder mehrmals, die ankündigt, dass Tieferes anklingt und prüft dadurch, ob dieses sich auftut, ob es sich lohnt, hier zu verweilen, sich zu vertiefen. Wenn dies der Fall ist, folgt man wieder weiter den Assoziationen, die auf die Wiederholung folgen, drückt die begleitenden Gefühle körpersprachlich aus und überlässt sich den Körperreaktionen und -aktionen, die dadurch in Bewegung geraten. Allerdings versucht der Counseler gleichzeitig noch einen Teil seiner Aufmerksamkeit für das, was da abläuft, zu behalten, d. h. er bemüht sich wieder um die Balance der Aufmerksamkeit. Assoziationen und Gefühle steigern sich meist wie eine Welle und ebben, wenn sie getreulich und konsequent ausgedrückt werden, auch wieder ab.

4.1.9 Die Minisitzung

Bevor alle wieder in eine Kleingruppensitzung gehen, kann die Technik des Wiederholens in der Weise ausprobiert werden, dass eine sogenannte Minisitzung vorgeschaltet wird. Als Minisitzung versteht man, dass, aktuell und zeitlich eng begrenzt, d. h. in 2-5 Minuten, eine Entlastung gesucht wird. Sie ist angemessen bei emotionaler Aufgeladenheit, die das Denken blockiert. Sie kann aber auch durch freie Aufmerksamkeit und assoziatives Sprechen thematisch neue Verknüpfungen bewusst machen. Auf jeden Fall bietet eine Minisitzung die Erfahrung, sich in wenigen Minuten in Gefühle und Gedanken zu vertiefen und wieder herauszukommen. Voraussetzung für den Umgang mit der sogenannten Mini ist das Vertrautsein mit der Balance der Aufmerksamkeit, in Gefühle und Gedanken hinein und wieder heraus zu gehen.

Nach der Mini, die immer zu zweit durchgeführt und in der in unserem Fall das Wiederholen eingeübt wird, teilt sich die Gruppe wieder in Kleingruppen auf und versucht in dem oben beschriebenen Sinne zu co-counseln.

Wenn die Zeit des Counselers sich dem Ende nähert, z. B. nach 14 Minuten, wenn 15 oder 20 Minuten zur Verfügung stehen, wird er daran erinnert, dass seine Zeit fast beendet ist, und dass er mit seiner Aufmerksamkeit wieder heraus ins Hier und Jetzt kommen möge. Der oder die Co-Counseler schenken nach wie vor einfach nur freie Aufmerksamkeit, weil der Counseler selbst lernen soll, mit seinen Innenwelten umzugehen. Solange die Grundeinführung läuft, sie umfasst meist zwei Wochenenden von 20 bis 25 Stunden, folgt auf jede Sitzung eine Zusammenkunft der ganzen Gruppe, in der Fragen gestellt und Erfahrungen ausgetauscht werden können.

4.1.10 Genaues Beschreiben (literal description)

Für die nun folgende Sitzung gibt es wieder eine neue Anweisung mit Erklärung, denn es geht darum, den Assoziationsketten folgend weitere Schritte und Hilfen zu finden, die vielfältigen Innenräume zu öffnen und uns co-counselnd weiter in unser Innenleben zu vertiefen.

Wenn wir den Assoziationsketten folgen, stoßen wir auf Worte, Bilder und Gedanken, auf Erinnerungen, auf alte Erfahrungen, die für uns mehr oder weniger bedeutungsvoll waren oder noch sind. Um eine auftauchende Erinnerung auf ihre Bedeutung hin genauer zu prüfen, abzuklopfen, muss man die erinnerte Situation genau beschreiben. Durch diese Technik kann eine vergangene Situation so lebendig werden, als passiere sie augenblicklich. Von daher ist es zu empfehlen, die vergangenen Situationen in der Gegenwart zu erzählen. Beispiel: Ich bin sechs Jahre alt, meine Schwester sitzt auf einem Stuhl im Kinderzimmer und strickt. ... u.s.w.

Es ist eine ganz besondere Fähigkeit des menschlichen Geistes, dass wir Vergangenes so erinnern und ihm bewusst Leben verleihen (es aktivieren) können, als vollziehe sich die Situation jetzt in diesem Augenblick. Auch die Gefühle werden mit der Erinnerung so lebendig, als erlebe man die alte Situation noch einmal, und so kann man ein Gefühl, das man früher nicht ausdrücken, von der emotionalen Spannung nicht entlasten konnte, heute entlasten, sodass von der angesammelten Menge alter, nicht entlasteter Spannung sich etwas lösen kann. Auf diese Weise können

a) alte Erfahrungen von nicht gelebter emotionaler Spannung befreit und

b) Blockaden, die durch die nicht entlastete emotionale Spannung entstanden sind, aufgelöst werden.

Viele Erfahrungen vor allem der Kindheit haben sich ja häufig wiederholt, sodass sich auf diese Weise hohe Spannungspotenziale zu bestimmten Themen wie Mutter- oder Vaterbeziehungen angesammelt haben. Sie können durch viele Co-Counselling-Sitzungen mit der angemessenen Entlastung langsam abgetragen werden.

Wir sind hier noch immer an der Stelle, wo die Möglichkeit des „genauen Beschreibens" wichtiger Situationen eingeführt wird. Es braucht viele Sitzungen, um diese Technik zu beherrschen und ihre öffnenden Möglichkeiten zu entfalten. Oft gelingt es aber auch schon in diesen ersten Sitzungen, eine Ahnung von diesen Möglichkeiten zu bekommen.

4.1.11 Zwei Formen des Rollenspieles zur Entlastung

a) Das Rollenspiel ist die letzte Grundtechnik, den Entlastungsvorgang einleiten und intensivieren zu lernen.

Hier unterscheiden wir zwei Formen, die jeweils vor einer weiteren Co-Counselling-Sitzung eingeführt werden. Die erste Variante ergibt sich aus der genauen Beschreibung. In vielen Situationen kommen Personen vor. Sie haben uns manchmal Dinge gesagt, die uns so betroffen gemacht haben, dass wir sie nie vergessen konnten. Um die Bedeutung einer derartigen Äußerung, die beim genauen Beschreiben auftaucht, auszuloten, können wir einen unserer Co-Counseler bitten, die Rolle dieser Person zu übernehmen und uns den Satz zu sagen, und zwar wirklich nur den Satz wörtlich zu sagen, wie er dem Counseler eingefallen ist, so dass sich dieser darauf konzentrieren kann wahrzunehmen, was der Satz in ihm auslöst, um das auszudrücken und zu entlasten.

Wir kommen noch einmal auf das Beispiel der Kinder im Kinderzimmer zurück. Die Counselerin sagt: „Ich bin sechs Jahre alt, meine Schwester sitzt auf einem Stuhl im Kinderzimmer und strickt. Während wir Schwestern friedlich zusammensitzen, ertönt die Stimme meiner Mutter aus der Küche:`Dicke, komm mal her!` Damit bin ich gemeint und ich fühle wieder den Stich, den mir diese Bezeichnung `Dicke` oft versetzt hat". Jetzt bittet die Counselerin eine Co-Counselerin, ihre Mutter zu sein und ihr genau diesen Satz mehrfach zu sagen. Sie achtet darauf, wie ihr der Satz gesagt werden soll, ob streng oder laut und wie häufig. Sie konzentriert sich darauf wahrzunehmen, was in ihr dadurch lebendig wird. Das drückt sie mit Worten und dem dazugehörigen Gefühl aus.

Wieder wird so lange gearbeitet, wie die Zeit vereinbart wurde, inzwischen sind es 20-25 Minuten pro Sitzung. Muss ein Vertiefungsprozess aus Zeitmangel abgebrochen werden, so wird er beendet im Vertrauen darauf, dass die Bearbeitung von Erfahrungen, die bedeutsam sind, fortgesetzt wird. Wir gehen davon aus, dass es eine emotionale Intelligenz, ein Körperbewusstsein gibt, dass durch das assoziative Arbeiten immer wieder angesprochen ist und auf diese Weise dafür sorgt, dass die Assoziationsketten so lange immer wieder zu bestimmten Erfahrungen und Themen führen, solange diese nicht verarbeitet und abgeschlossen sind. Zu diesem Punkt wird später, unter dem Thema Verarbeitung, noch mehr zu sagen sein.

b) Die zweite Form des Rollenspieles zur Entlastung wird durchgeführt, wenn der Counseler sich mit einer bestimmten Person seiner Vergangenheit oder Gegenwart auseinandersetzen möchte. Dann kann er einen der Co-Counseler bitten, die Rolle dieser Person zu übernehmen und mit folgendem Satz die Arbeit einzuleiten:

„Ich bin die Person X, was hast Du mir zu sagen", oder
„Was möchtest Du mir sagen?"

Daraufhin drückt der Counseler alles aus, was ihm auf diese Frage hin einfällt und in ihm lebendig wird. Wenn die Assoziationswelle abebbt, kann der Co-Counseler wiederum fragen:

„Ich bin die Person X, was hast Du mir noch zu sagen?"

Wieder kommt eine Assoziationswelle.

Im dritten Durchgang kann gefragt werden:

„Ich bin die Person X, was möchtest Du mir am Liebsten sagen?"

Wenn in den Assoziationen Wutreaktionen auftreten, kann der Co-Counseler auch fragen:

„Willst Du mal schauen, welches verborgene Bedürfnis hinter Deinem Zorn sitzt?"

Der Counseler bestimmt, wann das Rollenspiel beendet ist und bearbeitet nach den ihm bekannten Schritten: assoziieren, Gefühle ausdrücken, wiederholen und eventuell wieder genau beschreiben sein Material weiter.

Nach allen Rollenspielen sollten die Mitspieler entrollt werden, d. h., es wird ihnen gesagt: „Ich entrolle dich, Du bist jetzt nicht mehr meine Mutter oder meine Schwester, sondern meine Co-Counselerin X."

4.1.12 Der Aufbau von Selbstwertschätzung

Entsprechend ihrer Bedeutung durchzieht die Arbeit zur Verbesserung der Selbstwertschätzung das gesamte Wochenende. Ob im Anfangs- oder Schlusskreis oder beim Feiern am Ende einer Sitzung, das Einüben, mich selbst zu loben, erfolgt einerseits geplant an festen Stellen des Programms, kann aber von der Leitung auch eingesetzt werden, wenn das Thema besonders aktuell wird, z. B., wenn sich eine Teilnehmerin selbstverständlich abwertend über sich selbst äußert. In der Grundeinführung wird Selbstwertschätzung zuerst in der Weise geübt, dass jeder einmal in den Kreis tritt, den die große Gruppe bildet, und mit Unterstützung durch die freie Aufmerksamkeit der anderen

1. nur im Kreis steht und seinen Namen sagt und
2. im Kreis steht, den Namen sagt und eine positive Eigenschaft über sich selbst, eine Stärke, die er anerkennt, hinzufügt.

Aus dem Alltag kennen wir den Begriff „Selbstlob", das allerdings leider fast immer verlacht, wenn nicht gar verachtet wird. Im Co-Counselling wird systematisch geübt, die Selbstwertschätzung zu verbessern. Dafür gibt es viele Möglichkeiten, die man im Verlauf verschiedener Wochenenden und anderer Übungsmöglichkeiten kennenlernen kann. Grundsätzlich wird es aber auch in jeder Sitzung geübt. Diese sollte man abschließen, indem man formuliert, was man an der Sitzung oder an sich selbst gut fand. Man soll „sich feiern".

4.1.13 Organisatorisches

a) Anfangskreis und Schlusskreis
Wertschätzung für mein Leben und das der anderen einzuüben und auszudrücken, damit beginnt und endet ein Co-Counselling-Tag. Er wird eröffnet vom sogenannten Anfangskreis. Dabei fassen sich alle an den Händen oder legen die Arme um die Schultern der Nachbarinnen. Dieser Körperkontakt kann das Vertrauen stärken. Dann wird möglichst von jeder Teilnehmerin nach Nennung ihres Namens eine positive Erfahrung zum Ausdruck gebracht. Auf diese Weise soll eine Grundlage gelegt werden, offen an sich zu arbeiten. Jede schafft Vertrauen für sich und für die Gruppe.

Am Ende des Tages steht der Schlusskreis. In ihm drückt jede aus, was für sie an diesem Tag wertvoll war, was sie von anderen empfangen hat, was sie gefördert hat in der Arbeit an sich selbst, im persönlichen Wachstum, oder was sie an sich selbst wertschätzen kann. Anfangs- und Schlusskreis sind sozusagen Eingangs- und Ausgangstor eines Tages und eines Kurses.

Außer dieser Grundstruktur können beide Kreise auch inhaltlich sehr unterschiedlich gestaltet werden. So kann z. B. für den Anfangskreis von der Leitung vorgeschlagen werden, jede solle reihum der Nächsten sagen:" Es ist schön, dass es Dich gibt", nachdem sie sie bei ihrem Namen genannt hat.

Eine Möglichkeit für den Schlusskreis ist, dass nach den Wertschätzungen noch gemeinsam gesungen oder mit einem „OM" getönt wird.

Mit einem Lied kann natürlich auch der neue Tag begonnen werden. Je häufiger von Counselern unterschiedliche Workshops besucht werden, desto vielfältiger sind die Formen der Anfangs- und Schlusskreise, die sie kennen lernen.

b) *Aufgaben des Co-counselers*
Wenn die Counseler verstanden haben, dass sie selbst die Aktiven sind, die ihren Prozess führen, und die Co-Counseler verstanden haben, dass sie weder Ratschläge noch Fragen einzubringen haben, dann kann darauf verwiesen werden, dass die Co-Counseler kleine formale Erinnerungen oder Hilfen geben können. Diese bestehen in Fragen, die an die eingeübten Techniken anknüpfen:
Willst Du/möchtest Du
- das noch einmal wiederholen,
- genau beschreiben,
- ein Rollenspiel machen?
Der Counseler kann die Anregung aufgreifen, wenn sie ihm hilfreich erscheint, er kann sie aber auch einfach übergehen, weil er sie nicht hilfreich findet. Er entscheidet.

c) Verträge

Zu Beginn einer Sitzung wird ein Vertrag geschlossen. Er kann klein oder groß sein. Der kleine Vertrag umfasst die Zeit, die jeder hat, die Reihenfolge und die Zeit zur Beendigung sowie das Versprechen, freie Aufmerksamkeit zu schenken. Der große Vertrag umfasst alle Punkte des kleinen sowie die Absprache, dass Hilfen in Form der oben beschriebenen gegeben werden können.

d) Beendigung einer Sitzung

Jede Sitzung sollte in der Weise abgeschlossen werden, dass gefragt werden kann: Bist Du mit Deiner Aufmerksamkeit wieder im Hier und Jetzt oder brauchst Du noch eine Hilfe herauszukommen? Falls jemand noch diese Hilfe benötigt, gibt es die sogenannten „Zurückkommer". Das sind Fragen wie: „Wie viele Finger zeige ich Dir?" Oder „wie viele Farben hat der Teppich?" u.s.w. Unter dem Kapitel „Übungen" finden Sie auch gute „Zurückkommer". Weitere Fragen zum Ende einer Sitzung sollten sein: „Was war wichtig an dieser Sitzung? Was will ich mir vornehmen nach dieser Sitzung? Was war gut an mir in dieser Sitzung? Wie könnte ich mich feiern?"

e) Regelmäßiges Üben

Empfohlen wird, sich in einer Kleingruppe von 3 Teilnehmern wöchentlich oder vierzehntägig zu treffen, um zu üben. Zu empfehlen sind anfangs auch Gruppen von 8-15 Teilnehmern, die unter der Anleitung erfahrener Co-Counseler arbeiten.

f) Sicherheitsregeln

Damit sich jeder Counseler bei seinen Co-Counselern sicher fühlen kann, ist notwendig,

a) dass nicht zu anderen außerhalb der Gruppe über den Inhalt der Sitzungen gesprochen wird;

b) dass auch unter den Teilnehmern einer Kleingruppe nicht über den Inhalt der einzelnen Sitzungen gesprochen wird, es sei denn, der, der gearbeitet hat, wünscht dies oder die anderen fragen ihn, ob sie ihm etwas sagen dürfen, ob er etwas hören möchte;

c) dass im Rahmen einer großen Gruppe nicht über die Inhalte der Einzelsitzungen gesprochen wird, außer von denen, die über ihre eigene Sitzung sprechen wollen oder auf deren Anfrage an ihre Co-Counseler;

d) dass die Co-counseler während der gesamten Dauer einer Sitzung dem Counseler durch An- und Hinschauen freie Aufmerksamkeit schenken und sich ihrer Verantwortung bewusst sind, den Counseler in seinem Prozess zu unterstützen;

e) dass sie bei tiefen Entlastungen darauf achten, dass der Counseler sich nicht verletzt;

f) dass der Counseler von ihnen aufgefordert wird, mit seiner Aufmerksamkeit wieder ins Hier und Jetzt zurück zu kommen;

g) dass die Co-Counseler keine Bitten des Counselers erfüllen, wenn sie sich überfordert fühlen.

Wenn erarbeitet wurde, dass ein Co-Counseler freie Aufmerksamkeit schenken und behutsam Hilfen geben kann; wenn gelernt wurde, die Assoziationen frei laufen zu lassen, Gefühle dabei wahrzunehmen und diese in bloßer Stimme und Körperbewegung oder mit Worten zum Ausdruck zu bringen; wenn das Vertiefen an einer Stelle der Assoziationskette durch Wiederholen, genaues Beschreiben oder Rollenspiel erarbeitet wurde und wenn die Bedeutung von Wertschätzung und Selbstwertschätzung erfahren und angenommen wurde, endet das erste Wochenende der Grundeinführung. Es werden dann Verabredungen zu zweit, zu dritt oder in einer größeren Gruppe bis zu 15 Teilnehmern getroffen, um regelmäßig wöchentlich oder vierzehntägig zu üben, mit sich zurate zu gehen und zu entlasten. Nach einer Zeit des Übens folgt ein zweites Wochenende, das die Möglichkeit bietet, weitere Techniken der Verarbeitung alter Schmerzerfahrungen sowie der Veränderung von Verhalten und Denken, soweit dies nicht durch kathartische Erfahrungen erfolgte, kennen und anwenden zu lernen.

4.2 Arbeit über Katharsis hinaus

4.2.1 Veränderung und Verarbeitung

Nach der Hinführung zu einer guten Entlastung (Katharsis) folgt an einem zweiten Wochenende die Vermittlung der Grundtechniken, die hilfreich sind, Handeln und Denken zu verändern, um Verarbeitung alter, lebenseinschränkender und belastender Erfahrungen zu erreichen, soweit dies nicht durch den Entlastungsprozess allein geschieht. Denn unserer Erfahrung nach kann ein Mensch erst ruhig und gelassen oder auch mit einem neuen Blick auf alte Verletzungen und schwere Einschränkungen zurückschauen, wenn er sein Denken darüber verändern, neues, damals nicht gelerntes Verhalten nachholen und eine Neubewertung der alten Situation vollziehen kann. Diesen Prozess nennen wir „Verarbeitung der alten Erfahrung".

115

An diesem Punkt fand eine deutliche Weiterentwicklung auch des internationalen Co-Counselling (CCI) im Verlauf der nun 35 Jahre seiner Existenz statt.

Hierzu soll noch einmal erklärend in Erinnerung gebracht werden: H. Jackins nahm an, dass der Vorgang der Entlastung von angestauter emotionaler Spannung blockiertes Denken freisetzt und damit einen ganzen Prozess der Befreiung nach sich zieht. Im Verlauf der Entwicklung setzte sich aber die schmerzliche Erkenntnis durch, dass dies zwar in manchen Fällen tatsächlich so passiert, dass aber viele Denk- und Verhaltensweisen, vor allem die starren, automatisierten Muster, auf diesem Weg allein nicht aufzulösen und zu verändern sind. So begab man sich auf die Suche nach weiteren effektiven Hilfen. Man fand in den verschiedenen internationalen Co-Counselling-Gemeinschaften teilweise unterschiedliche Lösungen.

Das zweite Wochenende besteht aus folgenden Schritten:

a) Vertraut machen mit der Gruppe, in der nur Teilnehmer zusammenkommen, die die Grundlagen des ersten Wochenendes kennen gelernt haben, d. h. auch, dass die Grundtechniken zur Entlastung von emotionaler Spannung sowie Aktivierung alter Erfahrung bekannt und eingeübt sind.

b) Vermittelt werden dann an diesem Wochenende drei wesentliche Elemente:
   - das Rollenspiel zur Verarbeitung,
   - die Arbeit mit dem Leitsatz,
   - die Bedeutung eines positiven Aggressionsverständnisses und anderer für eine Neubewertung der alten Erfahrung hilfreicher Strategien.

4.2.2 Das Rollenspiel zur Verarbeitung und die Umsetzung von Vorsätzen in Handeln

a) Folgende Überlegungen liegen der Arbeit mit dem Rollenspiel zur Verarbeitung zugrunde:
Die Erinnerung an Erfahrungen, die mit Gefühlen von Schmerz, Angst und Frustration verbunden sind, werden durch Verhaltensweisen vermieden, die geeignet sind, derartige Gefühle nicht wieder fühlen zu müssen.

Beispiel: Wenn ein Kind, ein Mädchen, immer wieder abwertende Äußerungen erfährt, weil es ein Mädchen ist, kann es Formen von Freundlichkeit, Hilfsbereitschaft und hohem Leistungsanspruch entwickeln, sodass es hierfür Lob und Anerkennung erfährt und damit verbunden positive Gefühle entwickeln kann. Dabei muss es allerdings peinlich vermeiden, einen eigenen Willen zu äußern, sich zu wehren, sich zu verweigern und Anlass für Ärger zu geben, d. h. dieses Kind lernt viele Verhaltensweisen nicht, die es hätte lernen müssen und sollen, um im Leben eine gute persönliche Durchsetzungs- und Abgrenzungsfähigkeit zur Verfügung zu haben. Kurz gesagt: Die alte Schmerzerfahrung und die damit verbundenen Denkblockaden verhindern, dass wichtige Verhaltensweisen gelernt werden können. Menschen haben durch diesen Mangel viele Nachteile in Beruf und Familie oder entwickeln psychische Schwierigkeiten und Krankheiten wie psychosomatische Beschwerden, Depressionen oder Angstzustände. Es ist deswegen notwendig, das nicht gelernte Verhalten nachzulernen. Eben dies soll mit dem Rollenspiel zur Verarbeitung erreicht werden.
Folgendermaßen sind die Schritte:
Die alte Schmerzerfahrung wird

1. genau beschrieben - Gefühle werden entlastet;
2. im Rollenspiel nachgespielt und die damit verbundenen Gefühle werden wieder entlastet.
3. Von den Co-Counselern wird gefragt: „Was hättest du am liebsten gesagt/am liebsten getan?" Die aktivierten Wünsche werden ausgedrückt. Diese Frage ist besonders wichtig, weil mit ihr Urwünsche aktiviert werden, die Kräfte darstellen, die dieser Mensch eigentlich hat, wenn er sich von der Angst, wieder verletzt zu werden, nicht mehr bestimmen lässt. Damit werden oft verborgene Wünsche aktiviert, die der Betreffende gar nicht für möglich gehalten hat, z. B. liebevolle oder vernichtende.
4. Im letzten Schritt wird die Frage gestellt: „Was hättest Du tatsächlich sagen/tun können?" - Einfälle und Ideen werden im Rollenspiel ausprobiert.

Ziel ist es, über die Schritte drei und vier, die immer nach dem assoziativen Prinzip ablaufen, dem Counseler zu helfen, das Verhalten zu finden, das er hätte lernen können und müssen, wenn es dafür förderliche Bedingungen gegeben hätte. Das sind Verhaltensweisen, die wenigstens im Nachhinein gelernt werden können. Die Schmerzerfahrung kann erst als wirklich verarbeitet gelten, wenn die Verhaltensmängel, die Leben behindern oder sogar krank machen, ausreichend abgebaut sind und angemessenes neues Verhalten gelernt ist. Wenn das Rollenspiel dieser Art erklärt und vorgeführt wurde, wird es an diesem Wochenende in verschiedenen Formen und Wiederholungen eingeübt. Eine Facette dieses Rollenspieles soll noch besonders hervorgehoben werden und sie bedarf einer genaueren Erklärung: In der Sprache wird deutlich, dass Menschen verschiedene Seiten haben. So sagt man, jemand sei vielseitig oder er zeige sich von seiner besten Seite. Die beste Seite setzt voraus, dass es auch andere, weniger gute Seiten gibt. So sagt man auch zu Kindern, wenn man zornig wird: „Warte, ich kann auch andere Seiten aufziehen!"

In der griechischen Mythologie gibt es den Janus. Er ist ein Geschöpf mit zwei Gesichtern, der Kopf hat zwei Seiten, eine wunderschöne und eine abstoßend hässliche. In der Interpretation des Märchens von der Unke sprachen wir von Anteilen des Menschen. An unseren Beispielen wird deutlich, dass die Vorstellung, der Mensch habe viele Seiten, sehr verbreitet ist. Als Letztes sei noch erwähnt, dass jeder Mensch in der Zeit seines Lebens, in der er mit den Eltern in Symbiose lebt, d. h. in einer sehr engen Bindung zu den Eltern, lernt, dass man sich so verhalten muss wie sie. Das bedeutet, dass alle Menschen als Erwachsene immer auch eine Seite in sich tragen, die sich so verhält wie die Eltern. Das ist den meisten Menschen nicht bewusst und bezieht sich sowohl auf vorbildliches wie auf abzulehnendes Verhalten. Wenn also eine Mutter sehr fürsorglich ist, dann gibt es im Erwachsenen eine Seite, die ebenfalls fürsorglich denkt und handelt. Wenn Eltern autoritär sind und Angst bei anderen Menschen erzeugen, so können deren Kinder damit rechnen, dass sie diese Tendenz ebenfalls in sich tragen. Es gibt also viele Seiten in jedem Menschen, von denen manche zu pflegen und andere zu verändern sind. Für die Veränderung bietet die vorliegende Form des Rollenspieles die Möglichkeit, mehrere Seiten einer Person miteinander sprechen zu lassen. Hierbei weist der Counseler seine Co- Counseler an, was sie sagen sollen, oder er stellt sich für jede Seite an einen anderen Platz und lässt die Seiten miteinander sprechen.

Beispiel: Der Counseler lässt seine kraftvolle Seite mit der ängstlichen sprechen, indem er sich einmal an eine Stelle stellt, die für die kraftvolle Seite steht, und wenn die ängstliche Seite der Ansprache der kraftvollen antworten will, stellt er sich auf einen Platz für die ängstliche.

Wir wollen das Vorgehen hier nicht ausführlicher beschreiben, da alles, was über das Co-Counselling in diesem Buch gesagt wird und so auch diese Form des Rollenspieles, erst wirklich verständlich wird, wenn man das Verfahren selbst praktiziert hat.

Wie sehr in einem Menschen viele verschiedene Seiten stecken, die wie verschiedene Personen in verschiedenen Lebenslagen handeln, reagieren und zum Zuge kommen, beschreibt Mascha Kaleko so anschaulich, dass wir an dieser Stelle wieder eines ihrer Gedichte sprechen lassen möchten: [20]

Qualverwandtschaft

Neben mir geht eine feine Dame
Unsichtbar tagein, tagaus spazieren
Hat die wohlerzogensten Manieren

Fräulein Alter ego ist ihr Name
Sie erfüllt, was ich bisher versäumte
Und was die Familie sich erträumte.

Während ich die Finger mir verbrenne,
Fasst sie alles nur mit Handschuhn an.

[20] Mascha Kaléko, S. 18

Klug und weise folgt sie einem Plan,

Wo ich Törin mir den Kopf einrenne.
Dem Als-ob konventioneller Sitten
Untertan, ist sie stets wohlgelitten.

Mein Daheim ist bei den Heimatlosen.
Stürme rütteln oft an meinem Zelt.
Aber dornenfrei ist ihre Welt -

Allerdings auch völlig frei von Rosen.
Und ich gönne meiner Qualverwandtschaft
Ihre sanitäre Leidenschaft.

Lieber noch mit dornzerkratzten Händen
Als mit manikürter Seele enden!

Die Schlussfrage des Rollenspiels zur Verarbeitung führt zu einem
wichtigen Punkt des Abschlusses einer Sitzung. So wie die Counseler sich am Ende einer Sitzung „feiern" sollten, so sollten sie sich
auch fragen: „Gibt es eine Idee dazu, was ich mir in dem Zeitraum
bis zur nächsten Sitzung an Verhaltensänderungen vornehmen
könnte?"

Im Englischen wird das „action planning" oder „life action" genannt. Es ist eine gute Möglichkeit, kleine Vorsätze zu formulie-
ren, um etwas im eigenen Verhalten zu ändern. Die Co-Counseler
können dabei behilflich sein, indem eine Vereinbarung mit ihnen
getroffen wird, dass sie nach der Erfüllung des Vorsatzes in der

nächsten gemeinsamen Sitzung fragen dürfen. Das macht Sitzungen besonders wirkungsvoll.

4.2.3 Leitsatzarbeit

Ein besonderes Problem bei dem Bemühen um Verarbeitung alter Schmerzerfahrungen ist die Veränderung von Einstellungen und Denkweisen. Es ist leichter zu lernen, wie man anderen Menschen Grenzen setzt, also ein neues Verhalten zu lernen, als den Gedanken: Ich bin so wertvoll, dass ich mich gegen Übergriffe anderer Menschen wehren darf. Solange dieser Gedanke aber nicht mit Festigkeit gedacht werden kann, solange kann das neue Verhalten, nämlich sich wehren zu dürfen, auch nicht verlässlich in allen wichtigen Situationen zur Verfügung stehen. Da Entlastung allein das Denken nicht verlässlich befreit und ändert, braucht es für die Veränderung des Denkens im Co-Counselling weiterführende Hilfen. Zu diesen gehört die „Leitsatzarbeit."

In einer Co-Counselling-Sitzung kann z. B. ein Gedanke auftauchen, der dem Counseler für die Verarbeitung eines Problems angemessen und passend erscheint. Er kann dann mit der Technik der Leitsatzarbeit diesen Gedanken für sich prüfen und ihn sich aneignen. Es ist aber ebenfalls möglich, dass ein Counseler außerhalb einer Sitzung die Anregung bekommt, einen Gedanken für sich anzunehmen, von dem er meint, dass er zu ihm passt, den er aber nicht überzeugt denken kann. In diesem Fall kann er sich für eine Co-Counselling-Sitzung vornehmen, dass er sich mit der Leitsatzarbeit diesen Gedanken erschließt. Diese kann helfen:

- Gedanken, die zu denken ich Anlass habe, denken zu lernen;
- neue Gedanken, die mir ganz fremd sind, aber einleuchtend und wünschenswert, ebenfalls denken zu lernen;
- Gedanken, die vielleicht passende Lösungen, Sichtweisen und Standpunkte sein könnten, die es mir ermöglichen, alte Schmerzen hinter mir zu lassen oder anderen zu verzeihen, daraufhin zu prüfen, ob sie für diesen Zweck tauglich sind;
- Gedanken, Haltungen und Einstellungen, von denen ich nicht weiß, ob sie zu mir, meinem Selbstverständnis und meinem Weltbild passen, mir aber als wünschenswert erscheinen, im Co-Counselling auszuprobieren und auf ihre Angemessenheit hin zu prüfen.

Der Ablauf des Vorgehens ist folgendermaßen:

A (Counseler)	B (Co-Counseler)
1. A spricht den Satz, den er lernen will laut aus.	B schenkt Aufmerksamkeit
2. A wartet auf Assoziationen wie Gedanken, Bilder, Erfahrungen und Gefühle.	B schenkt Aufmerksamkeit
3. A entlastet und bearbeitet alte Verletzungen mit den bisher beschriebenen Vorgehensweisen.	B schenkt Aufmerksamkeit
4. A wiederholt alle drei Schritte: Er spricht den neu zu denkenden Gedanken wieder aus, äußert alles was ihm dazu einfällt, entlastet und bearbeitet eventuell wieder neue, aktivierte Verletzungen.	

Dieser Vorgang wird von A so häufig wiederholt, bis er das Gefühl hat, er kann den neuen Gedanken besser denken, weil Schmerzerfahrungen ausgeräumt wurden, die A diesen Gedanken nicht denken ließen.

In diesem Prozess können zwei Dinge passieren, bei denen A auf die Hilfe des Co-Counselers B angewiesen ist:

1. Bei den Assoziationen können sehr schmerzhafte Verletzungen auftauchen, die zu einem negativen Denken geführt haben. Diese sind häufig so schmerzhaft, dass dem Counseler A bei deren Durcharbeitung der neu zu lernende Gedanke völlig verloren geht.

   In diesem Fall ist es Aufgabe des Co-Counselers B zu sagen: „Willst Du mal zu Deinem Leitsatz zurückkehren?

A	B
Versinkt in der alten negativen Erfahrung	Kannst du mal zu deinem Leitsatz zurückkehren?

Danach beginnt der Prozess von neuem, bis die Zeit der Sitzung zu ende ist.

2. Es können beim Assoziieren Erfahrungen lebendig werden, die die Richtigkeit des Satzes bestätigen, ohne dass der Counseler A sich diesen Sachverhalt klar macht, und er schnell über die Assoziation hinweggehen will. Dann ist es Aufgabe des Co-Counselers B, A aufzufordern, dass er die positiven Gefühle intensiv ausdrückt und erst dann zu seinem Leitsatz gestärkt zurückkehrt.

A	B
fällt eine Situation ein, die den Leitsatz bestätigt und will darüber hinweggehen	fordert auf, die Situation genau zu beschreiben und die positiven Gefühle zum Ausdruck zu bringen.
	Danach sagt er: Kannst du jetzt zu deinem Leitsatz zurückkehren?

Nach Einführung dieser Technik wird sie ebenfalls, genau wie das Rollenspiel zur Verarbeitung, an diesem zweiten Wochenende der Grundeinführung ausführlich geübt.

4.2.4 Die Bedeutung eines positiven Aggressionsverständnisses und anderer für eine Neubewertung hilfreicher Strategien für die Verarbeitung alter Schmerzerfahrung

In unseren Ausführungen über die Modelle von Schmerzerfahrung und die Bedeutung der aggressiven Energie als Lebensenergie, wiesen wir daraufhin, dass im Rollenspiel zur Verarbeitung die Möglichkeit besteht, aggressive Verhaltensweisen, die durch frühe Verletzungen sich nicht haben entfalten können, neu einzuüben, denn erst wenn ein Mensch über das notwendige Verhalten zu seiner Interessensicherung verfügt, kann er die alte Erfahrung hinter sich lassen und als verarbeitet ansehen. In dieser Hinsicht messen wir dem Training aggressiven Verhaltens in seinen lebenserhaltenden Formen besondere Bedeutung bei.

Allerdings wollen wir nicht den Eindruck erwecken, dass dies die einzige Form der Verarbeitung ist.

Vielmehr können auf die Frage: „Was hättest Du am liebsten gesagt, oder am liebsten getan?" auch Reaktionen sehr liebevoller Gefühle, zärtlicher Wünsche und Sehnsüchte aufbrechen, besonders in der Auseinandersetzung mit Partnern längst vergangener Zeiten oder sogar mit Verstorbenen. Oft werden diese Empfindungen und Bedürfnisse erst lebendig, wenn Zorn- und Vernichtungswünschen Raum gegeben wurde. Mit den positiven Gefühlen, mit versöhnlichen Gedanken kann Verzeihen, Vergeben und Frieden finden als Abschluss der Verarbeitung erfolgen.

Eine besondere Form der Bewältigung schwerer Verletzungen durch die Eltern kann das sogenannte „ Sich-selbst-beeltern" sein. Das soll hier nicht weiter beschrieben werden, es ist aber in einer gründlichen Co-Counselling-Auseinandersetzung mit der Vergangenheit ein guter Weg zur Verarbeitung dieser Erfahrungen. Es endet damit, dass ein Mensch sagen lernt: „Ich habe Erzeuger, werde aber meine eigene Mutter, mein eigener Vater."

Sicher gibt es noch weitere Strategien der Verarbeitung. Die oben beschriebenen werden auf jeden Fall am zweiten Wochenende der Grundeinführung ins Co-Counselling vermittelt.

Dieses schließt ab mit dem Vorschlag an die Teilnehmer, positiv zu co-counseln.

Diese Form des Co-Counselling ist in der Struktur wie jede Co-Counselling-Sitzung, so wie jede auch im „positiv co-counseln" enden kann. Betont wird immer wieder in der Vermittlung, dass es gleichermaßen wichtig ist, positive Erfahrungen genau zu beschreiben und die damit verbundenen Gefühle ebenso intensiv in der Körpersprache zum Ausdruck und zur Entlastung zu bringen wie die schweren und schmerzhaften. Vor Freude zu jubeln, zu jauchzen oder lauthals zu lachen, vor Freude zu schreien oder zu brüllen, fällt uns genauso schwer, wie bitterlich zu weinen oder vor Angst zu zittern. Der Ausdruck positiver Gefühle kann uns deren Bedeutung für ein gelungenes Leben oft erst so richtig ins Bewusstsein rücken. Deswegen ist „positiv co-counseln" von enormer Wichtigkeit.

Abschließend soll zum Thema Verarbeitungsarbeit noch Folgendes gesagt werden:

Grundsätzlich wird in allen Co-Counselling-Sitzungen nach dem Prinzip der Assoziation gearbeitet, d. h. „was fällt mir ein?" und nicht im Sinne zielgerichteten Denkens: „Was nehme ich mir vor oder warum ist etwas so und nicht anders?" Dennoch ist eine zielgerichtete Vorgehensweise im Prinzip des Co-Counselling bei der Verarbeitung möglich. Ich kann mir ein Thema oder einen Leitsatz suchen, um diese dann assoziativ weiter zu bearbeiten.

Außerdem gibt es noch zwei weitere Formen von Leitsätzen. Ich kann

- am Ende einer Sitzung zusammenfassen, was mich in der Sitzung überwiegend bestimmt hat;
- in einer Sitzung einen Satz finden, der mich im Leben geleitet hat oder noch leitet. Dieser kann eine Grundüberzeugung oder Grundeinstellung erfassen, die wesentlich für mein Leben ist.

Das Aufspüren derartiger Grundeinstellungen benötigt oft viele Jahre geduldigen Co-Counsellings. Da derartige Leitsätze krankmachender Natur sein können und damit Ursache für eine psychische Störung, bietet sich das Co-Counselling als Anschlussarbeit an eine Psychotherapie an.

Damit ist die Grundeinführung abgeschlossen.

4.2.5 Scannen - eine alle Elemente umfassende Technik

Eine besonders wirkungsvolle Technik, die alle vorher beschriebenen Elemente umfasst, ist das so genannte „Scannen", auf Deutsch Rastern. Es gibt zwei Formen: das chronologische Rastern und das Zufallsrastern. Ziel ist jeweils das Aufspüren von traumatischen Erfahrungen und von Mustern, die sich aus traumatischen Erfahrungen entwickelt haben.

Chronologisches Rastern bedeutet, das eigene Gedächtnis systematisch zu durchforschen nach früheren, ähnlichen Situationen, Erfahrungen und/oder Gefühlen, so, als ob man einen Aktenschrank durchsucht, vorwärts und rückwärts. Man schaut sich jede Akte mit der etwa gleichen Erfahrung nur an und legt sie dann zurück. Wenn man zu einer Akte kommt, die starke Emotionen weckt, kann man beschließen, daran zu arbeiten.

Man kann auch weiter rastern, bis man an die früheste Erfahrung kommt. Es kann sein, dass man entdeckt, dass nach dem Arbeiten an dieser frühen Erinnerung noch frühere Erinnerungen lebendig werden.

Zufallsrastern bedeutet, das eigene Gedächtnis nach einer bestimmten Art von Ereignis oder Gefühl in zufälliger Reihenfolge zu durchsuchen.

Das Vorgehen verläuft in folgenden Schritten:
Der Co-Counseler stellt Fragen wie:
„Hast Du diese Erfahrung schon früher gemacht?"
„Kennst Du das Gefühl?"
„Und was war vorher?"
„Wann hattest Du schon einmal das gleiche Gefühl?"

„Wann hast Du das zuletzt erlebt?"
„Möchtest Du das rastern?"

4.2.6 Das Phänomen der Übertragung (transference and countertransference) - ID-Check

Es gibt eine Form der Gefühlsreaktion, die ungefähr folgendermaßen abläuft: Ein Mensch A trifft auf einen Menschen B, der ihn in einer oder mehreren Einzelheiten an einen anderen Menschen erinnert, einen Menschen, den es entweder in seinem Leben, oft Mutter oder Vater, gegeben hat oder noch gibt. A entwickelt B gegenüber Gefühle oder Bedürfnisse, als wäre der andere tatsächlich diese Person. Er kann nicht mehr sehen, dass dies nicht so ist. Seine Wahrnehmung ist wie durch einen Schleier getrübt. Er überträgt die Gefühle, die er zu einer bestimmten Person seines Lebens hat, auf den Menschen B. Man nennt diesen Vorgang und Tatbestand im allgemeinen Sprachgebrauch Übertragung. Die Möglichkeit der Übertragung wird in der Therapieform der Psychoanalyse therapeutisch genutzt. Von daher ist der Begriff eng mit dieser Therapieform verbunden. Auch im Co-Counselling und im Alltag findet Übertragung immer wieder statt. Entweder sind die Leiter von Gruppen oder andere Teilnehmer/innen diejenigen, die an jemand erinnern, sodass auf sie Gefühle übertragen werden.

Das können Gefühle von Abneigung, Wut oder sogar Hass sein, sehr oft sind es aber auch Gefühle von Verliebtheit, Liebe, erotischer Anziehung oder sexuellem Begehren. Das Erwidern der Gefühle von B zu A nennt man Gegenübertragung. Für das Co-Counselling gilt, dass es zu begrüßen ist, wenn Übertragungen geschehen und als solche erkannt werden, weil sie die Möglichkeit bieten, dass dem betroffenen Menschen A diese Gefühle und damit verbunden auch Wünsche sowie wichtige Zusammenhänge dieser Gefühle mit Denk- und Verhaltensweisen bewusst werden. Mit Nachdruck zu fordern ist aber gleichzeitig, dass Handlungen, die aus diesen Gefühlen heraus gewünscht oder ersehnt werden, wie sexuelle Kontakte oder Verletzungen und Schädigungen des Menschen B auf keinen Fall stattfinden, weil sie die wirkliche Bearbeitung und damit auch Auflösung der Übertragung und der mit ihr verbundenen Denk- und Verhaltensmuster verhindern. Für diese Be- und Verarbeitung ist das Co-Counselling nun wiederum ein gutes Instrument, da es die Gelegenheit bietet, die Übertragung im geschützten Raum zu erkennen und sich mit ihr auseinander zu setzen. Speziell im Umgang mit sexuellen Übertragungswünschen ist dies außerordentlich sinnvoll und sollte sowohl Anfängern als auch Fortgeschrittenen im Co-Counselling immer wieder ans Herz gelegt werden. Hier sind vor allem die Leitenden gefordert. Leider geschieht dies auf den großen internationalen Treffen, wo 80-100 Teilnehmer eine Woche in einem Zentrum zusammenleben, viel zu selten. Dort wird häufig Übertragung mit der Begründung, es gehe um sexuelle Freiheit, ausgelebt und richtet dann oft großen Schaden an.

Das Vorgehen zur notwendigen Entschleierung der Übertragung kann folgendermaßen aussehen:

- freie Aufmerksamkeit schenken,
- den Betroffenen (Person A) Wünsche, Gefühle und Bedürfnisse vorbehaltlos artikulieren lassen,
- keine Wünsche und Bedürfnisse erfüllen (Person B) aber immer wieder geäußerte Annahme der Person (Abstinenz),

- durch Co-Counselling die Gefühle und Zusammenhänge bearbeiten,
- Gegenübertragung prüfen,
- bei exzessiven Gefühlsausbrüchen und Handlungen der Person A gegenüber B sollte B den Kontakt abbrechen,
- die betroffenen A und B sollten nicht gemeinsam, sondern mit anderen das Problem bearbeiten,
- sich von anderen helfen lassen.

Hilfreich zur Bearbeitung von Übertragungen ist eine Übung, die Identifikationsprobe oder ID-check (identity check) genannt wird. Sie dient dazu, Gefühle und Gedanken, die die Co-Counselnden besonders bewegen oder beunruhigen, genauer kennenzulernen und möglichst aus dem Weg zu räumen, um so offener und freier Aufmerksamkeit schenken zu können.

Vorgehensstruktur:
1. Der Counseler kann die Sitzung mit dem Menschen machen, auf den er die Gefühle überträgt. Er kann aber auch einen Stellvertreter wählen oder mit einem Kissen arbeiten.
2. Wenn er die Sitzung mit der Person direkt machen möchte, fragt er zuerst nach ihrer Zustimmung und macht einen klaren Vertrag, wie die Situation gehandhabt werden soll, wenn die Person sich überfordert fühlt.
3. Der Co-Counseler fragt: An wen erinnere ich Dich?
4. Der Co-Counseler fragt: Was an mir erinnert Dich an die Person? Sag, worin ich ihr ähnlich bin! Beschreibe genau ihre körperliche Erscheinung, ihre Verhaltensweisen, ihre Stimme!

5. Der Counseler drückt nach der genauen Beschreibung seine Gefühle und alles aus, was dabei in ihm lebendig wird.

6. An einer passenden Stelle fragt der Co-Counseler: „Ich bin X, die betreffende Person, was hast Du mir zu sagen?"

7. Der Counseler drückt alles, was kommt, vorbehaltlos aus.

8. Wenn die Frage mehrfach gestellt und bearbeitet ist, fragt der Co-Counseler: „Worin unterscheide ich mich von X? Beschreibe es wieder genau, bis Du wirklich die eine Person von der anderen getrennt hast."

9. Die Sitzung schließt mit der Feststellung des Counselers: „Du bist nicht X, Du bis …"

Da wir diese Übung im Selbsthilfeverfahren für außerordentlich schwierig halten, bestehen wir in der Münsteraner Kultur darauf, dass sie nur unter Begleitung eines erfahrenen Co-Counselling-Lehrers durchgeführt werden sollte.

4.2.7 Abwehr und Widerstand

Es gibt zahlreiche Gründe dafür, dass Menschen es vermeiden, sich mit ihren Gefühlen und darüber auch mit tieferen Bereichen ihrer Person auseinanderzusetzen. Diese werden bei vielen, die eigentlich bereit sind, dies zu tun, im Verlauf der Co-Counselling-Arbeit lebendig.

Hier sollen einige typische Hemmnisse aufgeführt werden, die uns im Verlauf von fast vierzig Jahren Arbeit an uns selbst und mit anderen begegnet sind. Wir wollen sie wenigstens benennen, ohne ausführlich darauf einzugehen, damit diejenigen, die sich durch das

Lesen dieses Buches entschließen, diesen Weg zu beschreiten, ein wenig darauf vorbereitet sind. Sie können ihnen auch bei sich selbst begegnen.

Schon zu Beginn eines Grundkurses taucht oft die Angst auf, dass man doch nicht denken und wünschen darf, was einem in den Sinn kommt; oft auch die Überlegung, ob die heftigen Gefühle, mit denen man konfrontiert ist, wirklich echt sind, oder ob man sich nur in sie hineinsteigert. Man fragt sich: Bin ich das überhaupt? Das bin ich ja gar nicht, so kannte ich mich bisher nicht. Werde ich diese Gefühle oder ausufernden Wünsche wieder unter Kontrolle bringen können, wenn ich erst die Tür zu ihnen öffne? Es ist mir so peinlich, mich so zu erleben und das auch noch anderen zu zeigen, sodass ich lieber wieder alles rechtzeitig wegschließe und verstecke.

Zu all diesen Überlegungen und Fragen ist zu sagen, dass sie ganz natürlich sind und zugelassen werden dürfen, aber dass, wenn wir die Weite und Tiefe unseres Gefühlslebens und all dessen, was daran hängt, zulassen, die Wirklichkeit unserer Art zu sein sehr anders aussieht als bisher erlebt. Co-Counselling bietet ein differenziertes Instrumentarium an, damit umgehen zu lernen. Ähnlich wie die oben beschriebenen Ängste, die sich auf uns selbst beziehen, sind auch die den anderen gegenüber. Es ist peinlich, andere so intim zu erleben. Man fragt sich, ob es möglich ist, dass sie so anders sind, als sie auf den ersten Blick wirkten, dass diese große Andersartigkeit anzunehmen erlernbar ist?

„Ja, das ist so!" ist die Antwort, aber es braucht viele Jahre geduldiger Arbeit dazu und umfangreicher Auseinandersetzung im Austausch mit Co-Counselern oder anderen vertrauenswürdigen Menschen, um diese Antwort anzunehmen. Und dann sind da noch die tiefen existenziellen Ängste, die anzugehen wir scheuen, weil sie

verbunden sind mit alter tiefer schmerzhafter Erfahrung, wie z. B.
mit der Erkenntnis, dass die Eltern nicht so liebevoll und positiv
waren, wie wir es dachten, oder mit der tiefen Einsamkeit, die wir
erleben, wenn wir an bestimmte Erfahrungen von Auf-uns-selbst-
gestellt-sein denken; oder auch die Ängste, die Abgründe unserer
negativen Seiten, unserer destruktiven Aggressivität oder unserer
Maßlosigkeit in Bezug auf Lust und Macht wahrzunehmen. Man
könnte auch sagen, wir erleben ein Erschrecken vor der eigenen Tiefe, wenn wir mit dem Eigentlichen in uns in Berührung kommen.

All dies kann passieren, und es führt uns zu der Frage, ob die
Arbeit an Gefühlen nicht auch gefährlich sei, wie es an anderen Stellen schon anklang.

Darauf ist zu antworten, dass sie es nicht ist, wenn wir Abwehr,
Widerstand und Ängste ausdrücken und ernst nehmen. Sie haben
auch eine Schutzfunktion. Wir sollten weder die Abwehr noch den
Widerstand noch die Ängste brechen, sondern langsam und ge-
duldig in kleinen Schritten auf Veränderung und Verarbeitung hin
arbeiten.

4.2.8 Wann ist Co-Counselling nicht angesagt?

Es gibt allerdings auch Situationen, in denen man nicht co-counseln sollte. Dies sind alle Situationen von psychischer Krankheit wie
z. B. Psychosen, schwere Depressionen oder Angstzustände, tiefe
Persönlichkeitsstörungen wie Borderline- und Suchterkrankungen
sowie schwere Traumatisierungen. Auch bei hoher Selbstablehnung,
Selbstzerstörungstendenzen und Selbstaggression ist Co-Counselling nicht angebracht. Für alle aufgeführten Verfassungen gilt, dass

sie in die Behandlung fachkundiger Psychotherapeuten und Psychiater gehören.

Allerdings ist auch dazu zu sagen, dass in sehr vielen Fällen die Verbindung von Psychotherapie mit Co-Counselling eine wirkungsvolle und heilbringende Möglichkeit ist, weil viele Heilungs- und Lernprozesse, die durch eine Psychotherapie in Gang gesetzt werden, in Eigenverantwortung nach Beendigung der Kerntherapie weitergeführt werden können, wenn Therapeuten und Betroffene mit dem Verfahren vertraut sind. Die Autoren haben gemeinsam mit anderen Kolleginnen in Münster sehr viele erstaunliche Heilerfolge auf diesem Weg erreichen können, und dies bezogen auf alle aufgeführten Krankheitsbilder. Ist Co-Counselling nun gefährlich oder nicht?

Ja, es kann gefährlich sein, wenn es nicht im Rahmen einer ernsthaften und erfahrenen Art vermittelt und praktiziert wird. Aber das gilt wohl für alle Wege von körperlicher und psychischer Veränderung und Heilung.

4.3 Zusammenfassung

Was kann durch langjährige, geduldige Co-Counselling-Arbeit erreicht werden?

Da wir, die Autoren, inzwischen 35 Jahre lang regelmäßig das Verfahren praktiziert haben, wurden wir von einem Teilnehmer eines Grundkurses gefragt, ob wir das denn immer noch nötig hätten. Hinter dieser Frage vermuten wir die Vorstellung, dass man mit Psychotherapie und Co-Counselling Defekte beheben und Krankheit heilen kann. Diese Vorstellung ist für das Verständnis des Co-

Counsellling zu kurz gegriffen. Es versteht sich als „Weg persönlichen Wachstums" und so haben wir es auch erfahren. Wir wollen abschließend zusammenfassen, was für Möglichkeiten dieser Weg erschließt und was seine Ziele sind. Zuvor möchten wir aber noch folgende Überlegung vorausschicken:

Wir beschrieben bereits, dass in jeder Sekunde ca. eine Milliarde Informationseinheiten (bits) auf unseren Körper mit seinen Sinnesorganen treffen, von denen wir nur 16 bewusst wahrnehmen können. Angesichts dieses Zahlenverhältnisses drängt sich der Gedanke auf: Das ist ja verschwindend wenig! [21] Wo bleiben da noch Spielräume zur bewussten Veränderung und Gestaltung unseres Lebens? Wissenschaftler wie G. Hüther weisen aber daraufhin, dass bei entsprechenden Anstrengungen die Spielräume für Veränderungen viel größer sind, als wir meinen und als wir sie nutzen.

Eben hier ist vom Co-Counselling her Folgendes zu ergänzen: Wenn Entlastung ernst genommen wird, sind Bewusstheit und Flexibilität des Denkens und Handelns wesentlich zu erweitern und ebenso die Möglichkeiten von Kreativität.

Wir können durch langjährige, geduldige Co-Counselling-Arbeit erreichen:

1. eine Schulung der Fähigkeit
   - die Welt bewusster wahrzunehmen,
   - mehr Aufmerksamkeit für das „Innenleben", d. h. für psychische Wirklichkeit zu entwickeln,
   - freie, unvoreingenommende Aufmerksamkeit zu schenken.

2. die Schulung
   - eines angemessenen Umganges mit Gefühlen, vor allem mit

---

[21] Tom Sargent formuliert es so: The aware function is statistically insignificant - Die bewusste Verarbeitung ist statistisch gesehen nicht signifikant.

Entlastungsprozessen,
- eines differenzierteren feineren Gefühlsausdruckes,
- eines Verzichtes auf das Ausleben von gefühlsgetriebenen
  Bedürfnissen, wenn diese lebensfeindlich sind.
3. die Stärkung der Fähigkeit, in Eigenverantwortung Denken und
   Handeln zu verändern; es werden Techniken der Veränderungsarbeit gelernt.
4. die Schulung der Fähigkeit, die Andersartigkeit anderer Menschen in großem Umfang wahrzunehmen und weitreichende
   Toleranz dafür zu entwickeln sowie die Schulung der Akzeptanz
   und Toleranz des eigenen Andersseins.
5. in gleichem Maße aber auch Andersartigkeit aufmerksam wahrzunehmen, die es nicht gut meint, so dass in der Grundhaltung
   von Wertschätzung für das „Menschsein"Abgrenzung und Abwehr notwendig sind.
6. Förderung guter Kommunikation durch die Punkte 1-5.
7. Öffnung des Zuganges zu eigenen Heilkräften sowohl im körperlichen wie im seelischen Bereich durch die Bearbeitung alter
   Verletzungen. Diese Arbeit leitet auch an, Abwehr bei sich und
   anderen, die durch die Angst, dass alte Verletzungen sich wiederholen könnten, entsteht, zu erkennen und zu verändern.
8. Grundlegung einer wirkungsvolleren Friedensarbeit durch die
   Punkte 1-7. Unter Friedensarbeit verstehen wir umfassende Bemühungen, in der Beziehung zu sich selbst liebevoll und wert-
   schätzend zu werden, das Zusammenleben von Einzelnen,
   Gruppen und größeren gesellschaftlichen Zusammenschlüssen
   so zu gestalten, dass alle leben können, und auf die Vernichtung
   anderer zu verzichten, ganz gleich, ob es um Abhängigkeiten in

einer Partnerbeziehung, in Familien, bei Scheidungsprozessen, Nachbarschaftskonflikten, im Arbeitsleben oder zwischen Völkergruppen, Staaten oder Religionen geht.

9. eine Schulung der Fähigkeiten, bewusst wahrzunehmen, nachzudenken und sich in andere einzufühlen. Es sind Fähigkeiten, die der amerikanische Entwicklungspsychologe Stanley I. Greenspan [22] als „reflective thinking" und „empathy", als nachdenkliche Bewusstheit und Einfühlungsvermögen, bezeichnet. Von ihnen sagt er, dass ohne deren Pflege und Weiterentwicklung sich das menschliche Gehirn zurückbilden wird.

[22] homepage: http://www.stanleygreenspan.com/biography.html

5.0 Co-Counselling-Arbeit in Münster

Seit 35 Jahren leiten die Autoren im Haus Kloppenburg zu Münster Menschen an, mit sich selbst zurate zu gehen, zu co-counseln. Sie haben in Anlehnung an das, was sie von John Heron übernommen hatten, 20 Jahre lang ihren eigenen Stil entwickelt, den sie danach in Kontakt mit der internationalen Gemeinschaft und gemeinsam mit der augenblicklich aktiven Lehrergruppe ergänzt und weiterentwickelt haben. Es sind auf diesem Wege Formen der Pflege, Vermittlung und Weitergabe des Co-Counselling entstanden, die sich als wirkungsvoll und hilfreich erwiesen haben.

Bisher wurden alle Co-Counselling-Lehrer der Counsel-Initiative-Münsterland(CIM) von den Autoren ausgebildet. Es gibt bis auf einen noch keine jüngeren Co-Counselling-Lehrer, die ihrerseits Lehrer ausgebildet haben, d. h., dass die Co-Counselling-Kultur der CIM ohne tatkräftige Unterstützung der Autoren noch auf schwachen Füßen steht. Von daher ist es uns ein Anliegen, die wesentlichen Elemente der Münsteraner Kultur in diesem Buch zusammenzutragen und zu dokumentieren, sodass Co-Counselling-International (CCI) sich auf dieser Grundlage und damit im Rückgriff auf erprobte Strukturen in Deutschland weiterverbreiten kann.

Für den Leser, der das Verfahren kennenlernen will, bedeutet das, dass sich in diesem Kapitel vieles wiederholt, was er in den vorhergegangenen Kapiteln erfahren hat, sodass er es überspringen kann, wenn er nicht an der Münsteraner Kultur speziell interessiert ist.

Als Erstes werden die Grundprogramme für Grund- und Aufbaukurs beschrieben, die für alle Co-Counselling-Lehrerinnen im Haus Kloppenburg in Münster verbindlich sind. Beide zusammen bilden die Grundeinführung von 40 Stunden, wie sie beim Internationalen Co-Counselling für die großen Treffen gefordert ist.

Da die Begriffe, die wir zur Beschreibung der Programme verwendet haben, bereits erklärt wurden, setzen wir sie als bekannt voraus.

5.1 Standardprogramme für eine Grundeinführung

5.1.1 Grundkurs

Das Thema des Grundkurses ist die Hinführung zur Wahrnehmung von Gefühlen und deren Entlastung.

Ein Kurs wird grundsätzlich von zwei Lehrern geleitet; wenn möglich von Frau und Mann.

Nach der Erklärung einer Übung wird deren Durchführung meistens in einer Demonstration vorgestellt. Als Abkürzung sprechen wir im Text von „Demo".

Die Gruppe sitzt auf Matrazen.

Freitag

15.00   Es erfolgt die Begrüßung durch die Leitung und eine Vorstellungsrunde, in der jeder seinen Vornamen und das, was er von sich sagen möchte, äußert. Dann werden Informationen zum zeitlichen Rahmen, zur Organisation und zu den Räumlichkeiten gegeben.

In der inhaltlichen Einführung wird auf die Entstehung des Verfahrens eingegangen und eine kurze Beschreibung der

Methode mit Hinweis auf die Bedeutung der freien Aufmerksamkeit gegeben.

16:00 Nach einer Demo sucht sich jeder einen Partner und macht die Übung, jeder eine Minute lang.

Die Übungseinheit endet mit einem offenen Gespräch über die Erfahrungen, wobei jeder vor seinem Beitrag seinen Namen sagt.

Pause

16.45 Nach der Erklärung des assoziativen Sprechens und dessen Demo teilt sich das Plenum in Dreiergruppen auf, die sich in einen kleineren Raum zurückziehen. Absprachen werden getroffen bezüglich Festlegung und Kontrolle der Zeit und der Reihenfolge der Arbeitenden. Die Co-Counseler schenken ausschließlich freie Aufmerksamkeit. Jeder hat zehn Minuten.

Im Plenum erfolgt wieder ein offenes Gespräch und Erfahrungsaustausch. Wieder sagt jede dabei ihren Namen.

Abendpause

Nach der Erklärung der Technik der Wiederholung und deren Demo folgt die Einführung der Minisitzung. Jede sucht sich wieder eine Partnerin und beide üben wechselseitig 2 Minuten lang, einen für sie bedeutsamen Satz zu wiederholen und achten darauf, was dabei in ihnen abläuft. Danach werden wieder Gruppen zu dritt gebildet, jede hat 15 Minuten, um die Kette ihrer Assoziationen laufen zu lassen und wesentliche Worte oder Sätze zu wiederholen.

Die Einheit endet mit einem Nachgespräch im Plenum.

21.00 Den Abschluss des Tages bildet die Einführung zur Bedeutung von Wertschätzung und Selbstwertschätzung im Plenum und einer Übung dazu:

Jede geht in den Kreis, sagt ihren Namen, fühlt in den Körper hinein, und kann, wenn sie möchte, auch etwas Positives von sich sagen.

In der Mitteilungsrunde kann jede in einem Wort oder Satz etwas von ihrer Erfahrung mitteilen.

Danach erheben sich alle zum Schlusskreis, äußern noch eine Wertschätzung oder Selbstwertschätzung und beenden den ersten Tag.

Samstag

10.00 Der nächste Tag beginnt mit dem Anfangskreis, in dem jede ihren Namen sagt und etwas, was sie morgens schon an Schönem oder Erfreulichem erlebt hat.

10.15 Dann folgt eine Übung zum weiteren Kennenlernen der Teilnehmer untereinander sowie zum Wahrnehmen von Gefühlen in der Bewegung. Deren genaue Beschreibung findet der Leser bei den Übungen zum Grundkurs.

Im Nachgespräch werden Erfahrungen reflektiert und Fragen beantwortet.

Dann wird gemeinsam zusammengetragen, was am vergangenen Tag vermittelt wurde.

Als nächster Schritt des Co-Counselling wird das genaue Beschreiben erklärt. Situationen, die in der Assoziationskette auftauchen, werden genau beschrieben und zwar in der Gegenwartsform, als wenn die Situation heute wäre.

Die Vorgehensweise wird wieder veranschaulicht in der Demo und dann in einer Mini von 2 Minuten für jeden ausprobiert; d. h., jeder sucht eine aktuelle Situation, die ihm spontan einfällt und beschreibt sie in allen Einzelheiten. Dabei achtet er darauf, was für Gefühle in ihm lebendig werden.

Danach werden wieder Dreiergruppen gebildet, jeder hat 20 Minuten, um den neuen Schritt auszuprobieren. Die Co-Counseler schenken ausschließlich freie Aufmerksamkeit.

Mit einer Mitteilungsrunde für Beobachtungen oder Fragen endet die Einheit.

Der Vormittag endet mit einer Übung im Plenum und zwar der Aufgabe, Gefühle in der Körpersprache ausdrücken. Sie wird mit einer Mitteilungsrunde beendet. Impuls könnte sein: „Was war wichtig an dieser Erfahrung?"

Pause mit Mittagessen und Kaffee trinken

15.30 Um Gefühle, die bisher aktiviert wurden, zu entlasten, wird in der „Ja-Nein-Übung" neben der Körperbewegung die Stimme zur Entlastung eingeführt.

Nach der Demo machen alle Teilnehmerinnen in Paaren die Übung gleichzeitig.

Im Nachgespräch werden die Erfahrungen wieder reflektiert und Fragen geklärt.

Den Abschluss des Gespräches bildet die Vorbereitung der nächsten Kleingruppensitzung. An dieser Stelle des Kurses werden die Hilfen eingeführt, die der Co-Counseler dem Counseler anbieten kann. Außerdem werden die verschiedenen Verträge erläutert, die man abschließen kann und die

Beendigung der Sitzung mit Selbstwertschätzung und Zurückkommer wird genau besprochen.

16.15   Dann erfolgt in Dreiergruppen eine Sitzung von je zwanzig Minuten.

15 Minuten Pause

17.45   Im Nachgespräch werden Beiträge und Fragen ausführlich ausgetauscht und beantwortet.

Abendbrot

Jetzt folgt das erste Rollenspiel zur Entlastung.

Aus der genauen Beschreibung heraus greift der Counseler einen für sich bedeutsamen Satz auf, der ihm von einem Menschen in seinem Leben gesagt wurde, und bittet einen Co-Counseler, ihm diesen noch einmal zu sagen oder auch mehrmals zu wiederholen. Er achtet dabei auf die Gefühle, die dabei lebendig werden, und die drückt er aus.

Wichtig ist es, diese Person anschließend zu entrollen.

19.45   Nach einer Demo erfolgt wieder eine Kleingruppe zu dritt, in der jede 20 Minuten zum Co-Counseln hat.

21.00   Mit einem Nachgespräch und dem Schlusskreis endet der Tag.

Sonntag

9.30   Eine der Leiterinnen beginnt den Tag mit dem Anfangskreis.

9.45   Es folgt eine Körperübung:
Stehen, Rütteln, Zittern, Wilder Hund, Schattenboxen, Stampfen Es folgt das Nachgespräch. Außerdem sollte im-

mer wieder vor einem Beitrag der eigene Name genannt werden.

Für Fragen zum Vortag und eine Wiederholung der vermittelten Inhalte sollte danach Raum zur Verfügung gestellt werden.

10.45 Der letzte Schritt in der inhaltlichen Arbeit eines Grundkurses ist die Einführung in das zweite Rollenspiel zur Entlastung mit einer Demo.

Hier darf nicht der Hinweis fehlen, dass dieses Rollenspiel ein Kernelement der Identifikationsprobe ist. Diese kann an dieser Stelle, wenn Zeit dafür vorhanden ist, auch genauer erklärt werden.

Wichtig ist es wieder, den Co-Counseler nach Beendigung der Sitzung oder des Rollenspieles zu entrollen.

11.05 Um den Teilnehmerinnen genügend Zeit für eine ausführliche Sitzung zu geben, werden Zweiergruppen gebildet und jede hat 25 Minuten oder eine halbe Stunde. Das hängt von vielen Faktoren ab, z. B. von der Größe der Gesamtgruppe.

12.05 Oft wird zu diesem Zeitpunkt kein Nachgespräch mehr benotigt, sondern es reicht eine Mitteilungsrunde mit einem Wort oder einem Satz.

12.30 Pause: Mittagessen und Kaffee

14.30 Der Nachmittag beginnt mit der Übung des Muster-Brechens im Plenum, gefolgt von einer

15.30 Zweiergruppe, in der beide jeweils 25-30 Minuten Zeit zum Co-Counseln haben.

16.30 Die eigentliche Co-Counselling-Arbeit endet mit einem Nachgespräch oder einer Mitteilungsrunde.

17.00 Dann wird das Organisatorische besprochen, z. B. wie jede ihr Üben nach dem Kurs gestalten kann. Dazu wird das Informationsblatt für die Neucounseler verteilt sowie ein Übungsblatt, in dem alle wichtigen Begriffe und Schritte der Methode aufgeführt sind.

Außerdem wird eine Liste der Teilnehmerinnen erstellt mit Adresse und Telefonnummern sowie E-Mail-Adressen, damit sich Kleingruppen bilden können, und es gibt einen Hinweis auf Literatur zum Co-Counselling und auf den Förderverein „Haus Kloppenburg", der die Co-Counselling-Arbeit seit über 30 Jahren tatkräftig finanziell unterstützt. Weiterhin wird auf die Ansprechbarkeit der Lehrenden hingewiesen, falls es Probleme nach dem Kurs gibt.

17.30 Der Kurs wird mit dem Schlusskreis beendet.

5.1.2 Aufbaukurs

Das Thema des Aufbaukurses ist die Aktivierung und Verarbeitung alter Erfahrung zur Veränderung lebensverneinender Muster.

Es soll an dieser Stelle noch einmal betont werden, dass die Wahrnehmung und Entlastung von Gefühlen, wie wir es im Grundkurs geübt haben, nicht ausreicht für eine nachhaltige Veränderung von Denken und Handeln. Von daher sind die Hilfen, die zur Veränderung im Aufbaukurs vermittelt werden, von gleicher Bedeutung wie die des Grundkurses.

Freitag

17.00 Es erfolgt die Begrüßung durch die Leitung und eine Vorstellungsrunde, in der jeder seinen Vornamen und das, was
er von sich sagen möchte, äußert. Dann werden Informationen zum zeitlichen Rahmen, zur Organisation und zu den
Räumlichkeiten gegeben.

Zu Beginn der inhaltlichen Arbeit wird an die Elemente des
Grundkurses erinnert:

Die Grundhaltung der Wertschätzung und freien Aufmerksamkeit mit besonderem Hinweis auf die Balance der Aufmerksamkeit, assoziatives Sprechen, Wiederholen, genaues
Beschreiben, erstes und zweites Rollenspiel zur Entlastung,
sich selbst feiern, Muster brechen.

Es folgt eine Minisitzung mit dem Impuls:

1. Was habe ich vom Co-Counselling umgesetzt?

2. Was fehlt mir noch oder erwarte ich von diesem Kurs?

Für jede Frage stehen 3 Minuten zur Verfügung.

Diese Einheit endet mit einer Mitteilungsrunde.

17.30 Einführung in die Grundelemente des Aufbaukurses:

- Einarbeiten in alte Erfahrung: Es wird erläutert, dass dies
wichtig ist, damit alte, belastende Gefühle bearbeitet werden
können.

- Erklärung der Begriffe „Veränderung" / „Verarbeitung"
und Einführung der Verarbeitungstechniken

- Rollenspiel zur Verarbeitung und die Umsetzung von Vorsätzen in Handeln (action planing)

- Leitsatzarbeit

- die Bedeutung eines positiven Aggressionsverständnisses, (Kraft zum Leben, pain to power) und anderer für eine Neubewertung hilfreicher Strategien.

18.00 Danach folgt eine Sitzung zu zweit, jeder hat 25 Minuten.

19.00 Mitteilungsrunde

19.15 Abendpause

20.15 Nach der Einführung des Rollenspieles zur Verarbeitung und einer Demo erfolgt eine Kleingruppensitzung.

20.30 Sitzung zu dritt, jede hat 20 Minuten
Die Aufgabe für diese Sitzung ist:
„Welche Erinnerung fällt mir ein aus der Zeit zwischen dem dritten und zehnten Lebensjahr oder welche nicht so weit zurückliegende Erfahrung?"

21.30 Mitteilungsrunde
Schlusskreis

Samstag

10:00 Anfangskreis
Der Samstag beginnt mit einer Körperübung zum Ausdruck aggressiver Gefühle wie z. B. Stand finden, durchrütteln, Schattenboxen, Handtuch wringen.
Nachgespräch und Wiederholung vom Freitag

11:00 Zur weiteren Aktivierung alter Erfahrung werden im Plenum Spiele der Kindheit gespielt.
Die Erfahrungen dieser Übung werden in einem ausführlichen Nachgespräch zusammengetragen.

12.15 Sitzung zu zweit, jede Person 30 Minuten
Mitteilungsrunde

13.30   Mittagspause

15.00   Zu Beginn des Nachmittags wird die Durchführung des Rollenspieles zur Verarbeitung in Gruppen zu ca. 6 Teilnehmern geübt, um dieses zentrale Element des Aufbaukurses zu vertiefen.

Dazu erfolgt noch einmal ein Hinweis auf die Rolle der Aggressivität.

Die Einheit schließt mit einer Mitteilungsrunde im Plenum ab.

17.00   Pause

Es folgt die Einführung in die Arbeit mit einem Leitsatz, um lebensbehindernde Gedanken abzubauen und durch angemessene neue zu ersetzen.

Es werden drei verschiedene Formen von Leitsätzen beschrieben:

- der zusammenfassende Gedanke einer Sitzung,

- der beherrschende Gedanke eines Themas und

- der Vorsatz zur Veränderung.

17.30   Dies wird wieder in einer Demo vorgeführt und dann folgt eine Kleingruppe zu zweit; jede hat 20 Minuten

18.30   Mitteilungsrunde

18.45   Abendpause

20.00   Der Tag endet mit einer Übung zum Leitsatz in der großen Gruppe:

Jede Teilnehmerin sucht sich ein Bild, das für sie Leitfunktion haben könnte, z. B.: „Ich bin wie ein Baum."

Mitteilungsrunde

21.15   Schlusskreis

Sonntag

9:30   Anfangskreis

Körperübung zur Lebensfreude und Stimmlockerung

Nachgespräch oder Mitteilungsrunde

10:30   Wiederholung vom Samstag

10:45   Zweiergruppen mit dem Impuls zu einem Leitsatz der Selbstwertschätzung, jede hat 30 Min.

Mitteilungsrunde

12:30   Organisatorisches:

Wie geht es weiter?

- Adressenliste für Co-Counselling-Verabredungen
- Merk- und Übungsblatt für den Aufbaukurs
- Literaturhinweise
- Ansprechbarkeit der Lehrer

12:15   Schlusskreis

5.2 Körperübungen

Im Geheimnis eines Seufzers
kann das ungesungene Lied des Friedens keimen [23]

5.2.1 Die Bedeutung der Körperübungen

Es ist an verschiedenen Stellen darauf hingewiesen worden, wie wichtig die Entlastung von festgehaltenen und unverarbeiteten Schmerzen und Verletzungen ist. Es wurden die Möglichkeiten aufgezeigt, die das Co-Counselling anbietet, um starre Denk- und Verhaltensmuster deutlich zu machen, die Flexibilität und Anpassung

---

[23] Nelly Sachs, S.62

150

des Denkens und Handelns an die Herausforderungen wechselnder Lebenssituationen verhindern. Wir wiesen daraufhin, dass diese Prozesse notwendigerweise im Körper geschehen, sie haben immer eine körperliche Seite. Alle Gefühle sind immer auch Bewegungen im Körper. So sind nicht entlastete Gefühle auch immer nicht vollzogene körperliche Bewegungen. Hier ist die Frage, wie können diese Bewegungen bewusst aktiviert werden, um den nicht entlasteten Gefühlen einen körperlichen Ausdruck zu ermöglichen. Die in Reaktion auf Verletzungen entstandenen muskulären Verspannungen sollen „gelockert" werden durch neu zu lernende Bewegungen, damit sich neues Denken und Fühlen eröffnen kann. Hier wird die leibseelische Einheit des Menschen ernst genommen und erfahrbar gemacht. Für diesen Zusammenhang aufmerksam zu werden, ist das Grundanliegen jeder Sorge um menschliches Wachstum in Freiheit. Es wird auf diese Weise jeder mit sich selbst konfrontiert und zur Antwort, zur Verantwortung gerufen. Es wird hier wieder deutlich, dass freie Aufmerksamkeit das Ziel hat, die eigene Wahrheit zu finden, wahrzunehmen. Die Konfrontation mit den eigenen Bewegungsmustern und ihre Umformung durch Neulernen kann Veranderungsarbeit am eigenen Selbst bewirken.

Um dies zu ermöglichen, gehören zu jedem Co-Counselling-Kurs Körperübungen, die diese Veränderung anstoßen sollen.

Die Sprache drückt in vielen Worten den aus körperlicher Erfahrung stammenden, geistigen Inhalt aus. Es zeigt sich die Einheit von Körper und Geist in einem Wort. Sprache und Wort, Bewegung und Körperhaltung spiegeln unsere persönliche und allgemeine Erfahrung wieder. Ein Beispiel ist das Wort „Standpunkt". Es handelt sich dabei um einen von Körper und Geist her festen Stand des Körpers und der inneren Einstellung. Durchstehen, durchsetzen, vergeben, vernehmen, verhalten, erfahren - die Sprache bietet einen großen Erfahrungsschatz, durch den sie selbst auch entstanden sein könnte: Erfahrungen wurden in Begriffe geprägt. In Sprache und Körperhaltung eines Menschen haben sich viele seiner Erfahrungen niedergeschlagen. Von daher empfiehlt es sich, viel freie Aufmerksamkeit dafür zu haben, deren Botschaften zu hören und zu verstehen. Wir versuchen daher im Co-Counselling, immer wieder neue körperliche Ausdrucksformen zu finden, um Assoziationen zu mir, bezogen auf Gegenwart, Vergangenheit und Zukunft, zu aktivieren. Es gibt mich nicht ohne meinen Körper. Er ist mein Lebensausdruck, mein „Spielfeld".

Jede Umformung des Menschen, wenn sie Bestand haben soll, ist ohne Umbildung der körperlichen Bewegungsmuster und der Verhaltensgewohnheiten nicht möglich. Der ganze Mensch ist gefordert mit Leib, Geist und Seele. Es wird verständlich, dass Muster und deren Auflösung und Entlastung meistens erst möglich sind bei muskulären Umbildungen. Hierzu braucht die Leitung eines Kurses ein Repertoire von Körperübungen, die diese Veränderung anstoßen können und damit den Umformungsprozess unterstützen. Allerdings ist nicht die Übung an sich das Entscheidende, sondern ihre Beziehung zu dem zu verarbeitenden Material, das im Einzelnen oder in der Gruppe lebendig geworden ist.

Immer ist freie Aufmerksamkeit die Grundlage, mich authentisch zu erleben und mir nichts vorzumachen. Es gibt Übungen für die Auflösung muskulärer Verspannungen, die die Teilnehmer als Hilfen im Alltag mit nach Hause nehmen können.

Das Ziel, Bewegungsmuster aufzulösen, um größere Lebensqualität zu erhalten, bietet auch die Feldenkraismethode. Mose Feldenkrais [24] entwickelte sie aus der Erfahrung an sich selbst. Er löste seine Gehbehinderung auf durch größere Bewusstheit für sich im Versuch, neue Möglichkeiten von Bewegungen für sich zu finden und sich dabei der Gesamtheit des Körpers bewusst zu bleiben. „Veränderung ist nur möglich, wenn mir bewusst ist, wie es ist", sagte er. Dabei schloss er die Veränderung von Denken, Fühlen und Handeln mit ein. Sein Schwerpunkt aber liegt auf der Auflösung von Bewegungsmustern. Seine Beschreibung der Bewusstheit entspricht der Haltung der freien Aufmerksamkeit im Co-Counselling. Es ist das Lernen in Bewusstheit und durch Erfahrung mit sich selbst, die der Ausgangspunkt für seine Methode wird. Er nennt sie Bewusstheit durch Bewegung. Auch Harvey Jackins geht von der Erfahrung mit sich selbst aus, wenn er erlebt, daß der kathartische Prozess Denken, Fühlen und Handeln von überlagerten Schmerzerfahrungen befreit und so dem Menschen seine eigentlichen Möglichkeiten wieder zur Verfügung stellt. So entwickelte er mit seinen Mitarbeitern, wie schon beschrieben, das Co-Counselling.

Im Folgenden stellen wir Körperübungen vor, die in den Co-Counselling-Trainings angeboten werden. Sie stammen aus Bioenergetik, Eutonie und anderen Körpertherapieverfahren sowie aus eigener Erfindung. Alle sind sie eine Auseinandersetzung mit der Schwerkraft. Das Fundament ist der Bodenkontakt, von ihm her nur können wir Erfahrungen machen. Er gibt Halt, öffnet für alle Erfahrungen im Körper. Er schenkt uns uns selbst. Von ihm gehen wir aus, und kehren zu ihm zurück, indem wir Aufmerksamkeit für die Unterschiede haben, die sich aus den Übungen ergeben.

Eine besondere Form der Körperübungen sind jene, die uns helfen können, Bewegungsmöglichkeiten neu zu öffnen, die wir als

---

[24] M.Feldenkrais, S. 109

Kinder selbstverständlich ausführten, weil sie bestimmten Gefühlen zuzuordnen sind, die kleine Kinder noch unkontrolliert ausdrücken. Mit der Kontrolle der Gefühle kontrollieren wir auch die Bewegungsformen, die diese ausdrücken wie weinen bei Trauer, zittern bei Angst, schreien bei Schmerz, schlagen, mit den Fäusten trommeln und stampfen bei Wut. Indem wir die Bewegungen wieder machen, öffnen wir wieder die Ableitungskanäle für die oft über Jahre festgehaltenen und gestauten Gefühle. Man nennt diese Übungen „Übungen zum Einarbeiten in ein Gefühl".

Übungen hierfür sind:

- die Zitterübung eingeleitet durch die Rüttelübung und, für den Fall, dass starke Angstgefühle lebendig werden, gegengesteuert und beruhigt durch aggressiven Körperausdruck;
- die Ja-Nein-Übung zum Ausdruck von Kraft und aggressiver Energie im positiven und negativen Sinn;
- die Lachübung zur wirklich umfassenden Entlastung.

Diese Übungen werden an späterer Stelle ausführlich beschrieben.

5.2.2 Die wichtigsten Übungen

Wir unterscheiden Übungen, die für die Ziele des Grundkurses hilfreich sind von denen, die wir im Aufbaukurs verwenden.

- Übungen des Grundkurses
- Freie Aufmerksamkeit schenken

Zwei Teilnehmerinnen, die sich gewählt haben, setzen sich gegenüber. Sie machen aus, wer zunächst Aufmerksamkeit schenkt und wer sie empfängt. Die Aufmerksamkeit Gebende nimmt die Hände der Anderen und schaut sie an, ohne sie zu bewerten, eben frei. Die Aufmerksamkeit Empfangende kann hinschauen, wohin sie will. Sie bekommt ja ohne Bedingung Aufmerksamkeit. Beide schweigen bei dieser Übung. Nach einer Minute werden die Rollen gewechselt. Wer Aufmerksamkeit bekommen hat, schenkt sie nun und wer sie vorher geschenkt hat, bekommt sie. Neben diesen technischen Anweisungen werden die Teilnehmerinnen gebeten, offen zu sein für alles, was in ihnen ausgelöst wird. Vor allem sollte auf die unterschiedliche Erfahrung als Schenkende und Empfangende geachtet werden.

Ziel: Freie Aufmerksamkeit einüben und dabei die Balance der Aufmerksamkeit für das halten, was außen wahrzunehmen ist und was innerlich geschieht.

In die Mitte treten und den eigenen Namen sagen

Die einzelne Teilnehmerin tritt in die Mitte der Gruppe, die ihr freie Aufmerksamkeit schenkt. Sie spricht ihren Namen aus und nimmt in der Balance zwischen Innen und Außen wahr, wie sie sich fühlt, was sie denkt und wie sie handelt.

Ziel: Selbstwertschätzung üben

Wertschätzung - durch in die Mitte gehen und etwas Positives sagen

Die einzelnen Gruppenteilnehmer gehen nacheinander in die Mitte der Gruppe. Jeder nimmt seine Gefühle wahr. Dann sagt er seinen Namen, und was er an sich selbst schätzt. Die Gefühle, die dabei entstehen, drückt er durch eine Körperbewegung aus.

Ziel: Selbstwertschätzung aufbauen

Kennen lernen und neue Bewegungsmöglichkeiten ausprobieren

Die gesamte Gruppe wird aufgefordert, schweigend durch den Raum zu gehen und keinen Blickkontakt zu den anderen aufzunehmen.

Danach werden folgende Vorschläge gemacht mit der Aufforderung, bei jedem neuen Schritt die eigene Befindlichkeit aufmerksam wahr zu nehmen:

- Geht weiter, aber nehmt Blickkontakt auf!
- Begrüßt den, der Euch begegnet, indem Ihr die rechte Hand gebt!
- Nun gebt die linke Hand!
- Schreitet nun wie eine Königin, ein König!
- Bewegt Euch nun wie ein Bettler!
- Hüpft wie ein Kind!
- Springt wie ein Känguruh!
- Geht nun zu jemand hin, der Euch an eine Person aus Eurem Leben erinnert. Sagt ihr: Du erinnerst mich an ... Du bist aber ...

Ziel: Kennen lernen der Teilnehmer untereinander, neue Bewegungsmöglichkeiten ausprobieren, Zusammenhang von körperlicher Haltung und Gefühl erleben. Die letzte Aufforderung soll auf Übertragungen aufmerksam machen.

Gefühle in der Körpersprache ausdrücken

Die einzelnen Teilnehmer gehen nacheinander in die Mitte der Gruppe, die Aufmerksamkeit schenkt, und drücken ihr Gefühl in einer Körperbewegung aus. Man kann sich auch ein Gefühl suchen, das man dann in einer Körperbewegung ausdrückt.

Ziel: Beziehung von Körperbewegung und Gefühl besser wahrzunehmen.

Ja - Nein Übung

Diese Übung wurde bereits im Kapitel III ausführlich beschrieben.

Ziel: Die Kraft der Stimme erfahren, Befreiung von angestauten Gefühlen, Selbstwertschätzung stärken, Widerstand in konstruktiver Aggression erfahren und Einarbeiten in aggressive Gefühle.

Stehen - Stand

Stelle dich hin, die Beine beckenbreit auseinander, die Knie leicht eingeknickt (nicht durchgedrückt), die Schultern über den Hacken, die Arme hängen locker von den Schultern herab, die Augen sind

157

auf den Horizont gerichtet, die Nase nicht hoch, die Brust nicht verspannt, den Bauch locker. Auch die Gesäßmuskeln sollen der Anziehungskraft der Erde nicht entgegenarbeiten. Über den Hacken aufgerichtet kann man sich vorstellen, man würde an einem Faden an der Fontanelle hochgezogen und gleichzeitig überlässt man sich der Schwerkraft. Der Halt kommt von der Erde, aus dem Kontakt mit den Fußsohlen. Atme tief aus und ein, lass alles zu, wie es jetzt geht. Erkenne deine Grenzen, lass sie zu.

Ziel: Der Übende kann über die Körperhaltung die Festigkeit der inneren Standhaftigkeit und damit ein Gefühl von „wertvoll zu sein" erfahren.

Durchrütteln

a) Stehe wie oben beschrieben, und mach die Bewegung des Springens, ohne zu springen, beachte, wo du Spannungen wahrnimmst, und lass sie los. Überlass Dich der Anziehungskraft der Erde in allen Organen, die innerlich mitschwingen.

b) Stehe wie oben, jetzt springe, aber nur ein wenig und komme mit der ganzen Fußsohle auf. (Beachte: nicht bei Rückenbeschwerden). Lass die Erschütterung im ganzen Körper zu, indem Du Dich der Schwerkraft überlässt.

Ziel: Lockerung der gesamten Muskulatur

Sich in Angst hineinarbeiten (Zitterübung)

Stehe wie oben beschrieben. Beginne erst mit den Fingern zu zittern, dann mit den Händen, dann mit den Unterarmen, dann mit den Oberarmen, dehne die Zitterbewegung auf Kopf und Rumpf aus. Schließlich beziehe die Beine mit ein: erst die Unterschenkel, dann die Oberschenkel, sodass der ganze Körper zittert. Nimm auch den Unterkiefer dazu und versuche das Zittern die Wirbelsäule auf und ab laufen zu lassen. Man kann oder sollte die Übung „wütender Hund" (s. u.) anschließen, um gegenteilige Gefühle zu aktivieren - Aggression baut Angst ab.

Ziel: Die Körperbewegungen neu lernen, die Angstgefühle in Bewegung abreagieren lassen, anstatt vor Angst zu erstarren.

Wütender Hund oder Lehmklumpen am Bein

Stell Dir vor, dass ein wütender Hund sich in deiner rechten Ferse festgebissen hat oder Du einen Lehmklumpen dort hängen hast. Versuche ihn abzuschütteln, tritt weit nach hinten aus und setze auch die Stimme ein (z. B. schreie: „weg").

Ziel: Aggressive Gefühle entlasten

Befreiung von einer Last

Hebe die Arme in Schulterhöhe, stoße die Ellenbogen nach hinten und schreie dabei: „Weg", als ob Du eine Last von deinem Rücken abwirfst.

Ziel: Aggressive Verspannungen zu lösen und Abwehrverhalten einzuüben.

Muster brechen

Die Teilnehmerinnen werden aufgefordert, einzeln in den Kreis zu gehen und pantomimisch ein Verhalten darzustellen, das in immer gleicher Weise mechanisch in ihrem Alltag abläuft und das sie als unerfreulich, ärgerlich oder sogar für sie selbst schädlich empfinden. Sie können sich in der Gruppe auch Mitspielerinnen suchen, die sich gemäß ihrer Instruktion verhalten. Der Kreis hat die Aufgabe, ohne Kommentare freie Aufmerksamkeit zu schenken, um den Spielenden Gelegenheit zu geben, die Gefühle und Assoziationen wahrzunehmen, die durch das Spiel lebendig werden. Nach Beendigung der Darstellung des Musters hat die Spielerin die Aufgabe, auch wieder pantomimisch darzustellen, wie sie sich verhalten will, wenn sie das Muster durchbricht und durch ein neues konstruktives Verhalten ersetzt. Natürlich werden Gefühle, die während der Übung lebendig werden, entlastet.

Ziel: Erweiterung und Vertiefung des Ausdrucks durch Körperbewegung und Stimme. Außerdem üben die Teilnehmerinnen, Verhaltensmuster wahrzunehmen. Sie sind auch damit konfrontiert, dass man manchmal über seinen Schatten springen muss, um etwas zu verändern.

Zurückkommer

Ein Co-Counseler stellt eine einfache Rechenaufgabe oder fordert den Counseler auf, seinen Namen rückwärts zu buchstabieren.
Weiterhin kann gefragt werden:
Wieviel Bilder hängen an der Wand?
Welche Farben siehst du auf dem Bild?
Über welche Fußböden bist du heute schon gegangen?
Ziel: Die Aufmerksamkeit des Counselers in das Hier und Jetzt zurückholen.

Übungen des Aufbaukurses

Schattenboxen

Stehe wie oben unter „Stehen - Stand" beschrieben. Schiebe den Unterkiefer vor und balle die Fäuste. Bringe Deine Arme auf Schulterhöhe, die Unterarme sind waagerecht zum Boden nach hinten. Stoße bei lautem Ausatmen beide Fäuste gleichzeitig oder nacheinander nach vorne. Lass einen Laut oder ein Wort dabei zu; achte, dass der Stoß aus den Schulterblättern kommt, nicht nur aus dem Unterarm!
Ziel: Aggressionsabfuhr

Handtuchwringen

Nimm einen festen Stand ein und schiebe das Kinn nach vorn. In dieser Haltung wringe ein Handtuch, das Du in Brusthöhe hältst nicht zu weit vom Körper entfernt. Nimm die Stimme mit und achte auf deinen Stand während der ganzen Übung.

Ziel: Aggressionsabfuhr

Wütender Hund (siehe bei den Grundkursübungen)

Ziel: Aggressive Gefühle entlasten

Lebensfreude

Nimm einen festen Stand ein. Führe nun deine Arme bis zu den Schultern vorne hoch, die Finger zur gegenüberliegenden Wand gestreckt und atme dabei ein. Strecke auf Schulterhöhe Deine Arme und habe die Vorstellung, die Fingerspitzen berührten die gegenüberliegende Wand, atme dabei aus; hebe dann Deine Arme mit den gestreckten Fingern zur Decke und atme dabei ein; streck Dich dann, indem Du Dir vorstellst, die Fingerspitzen berührten die Decke, achte aber auf deinen Stand und atme aus; dann lass die Arme bis in Schulterhöhe seitlich mit gestreckten Fingern herunter, atme dabei wieder ein; in Schulterhöhe verweile und streck Dich wieder. Stell Dir vor, die Fingerspitzen berührten die gegenüberliegenden Wände, atme dabei aus; lass dann die Arme herunter, sodass die Fingerspitzen zum Boden zeigen, atme dabei ein, zeigen die Fingerspitzen zum Boden, dann stell dir vor, sie berührten den Boden, streck dich und atme dabei aus. Der Rhythmus besteht aus Einatmen bei der Bewegung und Ausatmen beim Strecken, denn beim Einatmen spannt der Körper an, beim Ausatmen entspannt er, sodass die Dehnung leichter und weiter geht.

Wiederhole die Übung 3x in deinem Atemrhythmus. Achte in der ganzen Zeit auf Deinen Stand.

Ziel: Aktivierung des gesamten Körpers.

Stimmlockerung durch leichtes Rütteln des Brustkorbes

Für diese Übung wählen sich zwei Teilnehmerinnen; sie entscheiden, wer zuerst arbeitet und wer unterstützt. Die Arbeitende legt sich auf den Boden. Die Unterstützende schenkt Aufmerksamkeit.

Beide sammeln sich zunächst in Achtung vor der Person der anderen. Die Liegende öffnet den Mund weit und versucht, beim Ausatmen einen Ton hervorzubringen. Nach einiger Zeit legt die Unterstützende aus dieser Sammlung heraus die Hand auf die Brust der Liegenden (der Mittelfinger endet am Halsgrübchen), die andere Hand legt sie mit der Handfläche auf den Handrücken der Hand auf der Brust. Die Arbeitende atmet mit einem leichten Ton aus. Dabei rüttelt die Unterstützende den Brustkorb der Liegenden und hilft so der Stimme und dem Atem freier zu werden. Sie tut das für kurze Zeit, so dass die Arbeitende die so herbeigeführte Verstärkung und Befreiung selbst weiterführen kann. Die Übung wird einige Male wiederholt. Nach einer Pause werden die Rollen gewechselt.

Ziel: Entspannung von Brust- und Bauchraum, Entfaltung des vollen Stimmvolumens.

Allgemeine Übungen, die an verschiedenen Stellen hilfreich sind, wenn Zeit dazu ist.

Sich in Lachen hineinarbeiten

Versuche, in deinem Körper Bewegungen und Laute zu machen, wie Du sie machst, wenn Du lachst. Warte was passiert. Wiederhole diese Laute und Bewegungen mehrmals. Beteilige den ganzen Körper an der Lachbewegung; entspann den Unterbauch. Wegen der gegenseitigen Stimulierung ist es gut, die Übung in der Gruppe zu machen. Man kann zum Beispiel mit allen Vokalen lachen, man kann lauthals mit weit aufgerissenem Mund lachen, man kann mit hoher oder mit tiefer Stimme lachen.

Ziel: Befreiung der Person von einengenden Mustern, Selbstwertschätzung, Lockerung aller Facetten von Lachbewegung zu intensiver Entlastung.

Bogen

Stand wie bei „Stand-Stehen". Bringe dann den Unterkörper (Becken und Bauch) langsam nach vorne, dabei sind die Schultern über den Hacken, sodass eine Art von Bogen entsteht. Entspanne den Kopf und lass die Augen offen. Die Arme können mehrere Positionen einnehmen (z. B. Fäuste in Kreuzbeingegend stemmen und sich darüber legen oder die Arme gestreckt mit geöffneten Händen über den Kopf heben). Lass die Stimme frei, achte auf Deinen Stand, lass Zittern in den Beinen oder Kribbeln zu und drück Deine Gefühle mit der Stimme aus.

Ziel: Öffnen des Brustkorbes und Einüben von Standfestigkeit

Elefant

Stehen wie bei „Stehen-Stand". Beuge vom Hals ausgehend Wirbel für Wirbel den Oberkörper nach vorn in Richtung Boden, bis die Fingerspitzen den Boden berühren, die Knie sind leicht eingeknickt, atme in den Unterbauch. Achte auf Deine Atmung, lass den Kopf hängen ohne Anspannung im Hals; richte Dich dann Wirbel für Wirbel wieder auf, den Kopf zuletzt.

Ziel: Öffnung des Rückens, Befreiung des Nackens.

Mit den Fersen schlagen

Leg Dich auf eine Matratze und schlage die Fersen auf die Matratze in kleinen Wechselschlägen links rechts, links rechts, öffne den Mund und nimm die Stimme mit. Tu das so lange, bis Du nicht mehr kannst. Lass alles zu, was lebendig wird, drück es mit der Stimme aus. Wenn Du die Bewegung beendest, nimm Deinen Körper wahr und alles, was lebendig geworden ist. Sprich es aus, drück es aus.

Ziel: Lockerung von Spannungen mit den dazugehörigen Gefühlen.

Baumübung

Stelle die Füße parallel und beckenbreit auseinander. Die Knie sind leicht eingeknickt (Spannung herausnehmen), das Becken ist mit den Knien über den Fersen, der Oberkörper ist mit dem Rücken locker aufrecht (nimm Verspannungen wahr), der Kopf ist gerade, die Augen schauen auf den Horizont (nicht hochnäsig und nicht in die Brust werfend, der Halt ist in den Füßen am Boden), die Arme und Hände hängen locker neben dem Rumpf.

Schließe nun die Augen und spüre der inneren Bewegung nach, lass sie in Körperbewegungen sich ausdrücken; nicht machen, sondern geschehen lassen. Achte immer auf Deinen Stand und Deine Auseinandersetzung mit der Schwerkraft. Lass Verspannungen los. Stell Dir vor, Du bist ein Baum, dessen Zweige der Wind bewegt. Dem Wind entspricht die innere Bewegung.

Ziel: Der inneren Bewegung Ausdruck geben

5.3 Organisation der Arbeit nach der Grundeinführung

Wichtig ist, dass die Teilnehmerinnen nach einer Grundeinführung in Kleingruppen regelmäßig das Gelernte anwenden und einüben und auf die Weise lernen, für ihr psychisches Wohlbefinden und den persönlichen Wachstumsprozess zu sorgen. Im folgenden Informationsblatt, das am Ende von Grund- und Aufbaukurs verteilt wird, sind die Möglichkeiten, die der Counselinitiative Münsterland im Haus Kloppenburg zur Verfügung stehen, aufgeführt. Das Haus Kloppenburg ist ein altes Bauernhaus am nördlichen Stadtrand Münsters, in dem eine Praxengemeinschaft von Psychotherapeuten arbeitet, in dem es aber auch spezielle Räume für Kleingruppen zum Co-counseln und große Räume für die Durchführung der Grundeinführung gibt.

Liebe Neu-CounsellerInnen!

Im Folgenden findet Ihr einige kurze Informationen zu den Möglichkeiten, im Haus Kloppenburg zu counseln:

1. Es besteht die Möglichkeit, hier im Haus unabhängig von einem Kurs zu counseln. Folgendes sollte beachtet werden:

- Vier Räume stehen als Counsel-Räume zur Verfügung.
- Für jeden der Räume liegt ein Kalender als Belegungsplan aus, in den man sich für folgende Zeiten eintragen kann:
  a) 18-20 Uhr
  b) 20-22 Uhr
  c) am Wochenende in der Zeit von 10.00 bis 22.00 Uhr
- Diese Zeiten bitte einhalten, um eine optimale Nutzung der Räume zu gewährleisten.
- Wenn Ihr verhindert seid, die Termine bitte umgehend wieder ausstreichen, damit andere die Räume nutzen können.
- Wenn Kurse stattfinden, sind die Counselzeiten eingeschränkt, bitte beachten!
- Für jede Nutzung der Räume ist ein Kostenbeitrag für Heizung und Unterhaltung in Höhe von Euro 1,- pro Person zu entrichten, dafür steht in jedem Raum ein Glas.
- Auch bei intensivem Counseln bitte daran denken, das Mobiliar der Räume zu schonen.

Es kann regelmäßig (wöchentlich, vierzehntägig u. ä.) gecounselt werden, aber auch unregelmäßige Termineintragungen sind möglich.

2. **Folgende Möglichkeiten, im Anschluss an ein Counseltraining weiterzumachen, bestehen:**
   - Sich eine/n CounselpartnerIn suchen - über Kurs(-leiter), Aushang am schwarzen Brett, Liste im Sekretariat oder bei der CIM*.
   - Nachtreffen der Kurse (von Leitern organisiert)
   - regelmäßig/unregelmäßig mit PartnerIn counseln
   - Sonntagstreffen der CIM* (1. Sonntag im Monat, 17.00 Uhr)
   - Jahresgruppe, die sich vierzehntägig trifft und 8-16 Teilnehmerinnen umfasst (Info am schwarzen Brett).
   - Weitere Kurse im Haus Kloppenburg besuchen.
   - An CIM*-Wochenenden teilnehmen oder sie mit organisieren (Info am schwarzen Brett).
   - Inhaltliche Informationen zum Counseln sind erhältlich bei: Clemens Hagemeyer, 02501-262136), E-Mail: clemens.hagemeyer@arcor.de

* CIM = Counsel-Initiative-Münsterland, offener Zusammenschluss aller Counseler, die einen Grundkurs nach den Regeln des CCI absolviert haben (Infos am schwarzen Brett)

Merke: Die CIM ist kein Verein, es gibt keine Verpflichtung und keine Beiträge!

Jede/r kann mitmachen, der an einem Einführungskurs teilgenommen hat. Einführungs- und Aufbaukurs hört sich vielleicht nach Leistungsklasse an, sodass man sich vielleicht fragt, sollte ich nicht lieber beides gemacht haben, damit ich mich am Übungssonntagnachmittag nicht blamiere? Nein!!!! Komm, damit Du übst und etwas für Dich tust!!

Außerdem könnt Ihr natürlich die ganze Woche lang in den kleinen Räumen üben.

AnleiterInnen des Sonntagnachmittags sind Co-CounsellehrerInnen, AnwärterInnen für die Co-Counsellehreranerkennung oder Co-CounsellerInnen, die den Wert des Co-Counselns schätzen und es deswegen für sich und andere betreiben.

Außer diesem Informationsblatt bekommen die TeilnehmerInnen nach dem Grundkurs auch verschiedene Blätter, die helfen können, beim Üben nach dem Kurs die verschiedenen Techniken und Hilfen zu erinnern.

Es folgt ein weiteres Beispiel:
Erinnerungen an einen Counsel-Grundkurs

Freie Aufmerksamkeit:
Offen sein für mein Inneres und das Äußere, was auf mich zukommt, dazwischen Balance halten, wie eine Wippe; geben und empfangen

Assoziatives Sprechen:
Das erinnert mich an, dazu fällt mir ein; möglichst freies Aussprechen dessen, was mir durch den Kopf geht und dabei Aufmerksamkeit (siehe Balance) für das, was mich bewegt, berührt, wo Assoziationsketten sind

169

Wiederholen:
Aus der Balance der Aufmerksamkeit heraus bewusst wiederholen
zur tieferen Erfahrung

Genaues Beschreiben:
Durch genaue Darstellung einer inneren Situation, Begegnung,
Räumlichkeit etc. und deren genaue Beschreibung sich öffnen für
neue Assoziationen und Gefühle.

Balance von Selbst- und Fremdwertschätzung als Grundlage für
Vertrauen in mich und die anderen dazu Übung in den Kreis gehen;
mich im Körper ausdrücken.

Vertrag vor einer Sitzung:
Kleiner Vertrag - nur Aufmerksamkeit und zeitliche Begrenzung
festlegen.

Großer Vertrag - formale Hilfen wie z. B. magst Du das wiederholen; magst Du das lauter sagen; magst Du das einmal genauer beschreiben; möchtest Du das einmal im Körper ausdrücken; was sagt
Dir die Körperhaltung?

Rollenspiel zur Entlastung:
a) Aus dem Counseln heraus: Kannst Du mal zu mir sagen: ... oder
   vom Co-Counseler im großen Vertrag: „Soll ich Dir das mal
   sagen?"
b) Entweder bewusst eine Person wählen oder aus dem Counseln
   heraus beim großen Vertrag : „Ich bin ... was hast Du mir zu
   sagen?" Abarbeiten von Verletzungen und Störungen, die durch
   eine Person erfolgten.
   Entrollen!!!

Beenden einer Sitzung:
Ausgemachte Zeit angeben und möglichst einhalten. Sich selbst fragen: Was war wichtig für mich; was ist mir bewusst geworden; was möchte ich noch von meinen Partnerinnen? Mir einen Zurückkommer geben lassen, mich feiern für Begegnung mit mir.

Bei großem Vertrag der Co-Counseller erinnert an die Punkte, wenn der Counseler die Punkte oben vergessen hat.

Aggressionsverständnis:
Counseln bedeutet an das Leben heranzutreten, es befreien; dazu wird die Kraft positiver Aggression gebraucht (aggredi, im Lateinischen: herantreten) als Übung: Ja-Nein-Übung; ich hole mir und Du holst Dir zum Leben, was Du brauchst; Prinzip der Gleichwertigkeit.

5.4 Das Programm der LehrerInnenausbildung

Das Curriculum der Weitergabe und Vertiefungsgruppe (WUV)

Wir sprechen in Münster bewusst nicht von einer Lehrerausbildung, sondern von Weitergabe und Vertiefung des Co-Counselling, da wir uns im Team der jetzigen Co-Counselling-Lehrer einig sind, dass die Entwicklung einer geregelten und zufriedenstellenden Form einer derartigen Ausbildung noch lange nicht abgeschlossen ist, ja vielleicht im Sinne des Prozesshaften des Co-Counselling auch gar nicht abgeschlossen werden kann.

171

Die Grundlage des gemeinsamen Lernens ist die von John Heron entwickelte Methode der „co-operative inquiry". Wir haben den Begriff übersetzt mit „gemeinsames Erforschen". Bei diesem Vorgehen setzen sich jeweils zwei Partner nach den Regeln des Co-Counselling zusammen und erforschen co-counselnd, was sie zu einem bestimmten Thema schon wissen, bei sich an Denken und Meinungen vorfinden oder was für Vorstellungen sie zu bestimmten Fragen haben. Die Ergebnisse dieser persönlichen Erforschung der verschiedenen Mitglieder einer Gruppe werden dann zusammengetragen und ausgetauscht.

Weitere Elemente, die im Augenblick (2010) gelten und der bisherigen Qualifizierung von Co-Counsellehrern zugrunde gelegt wurden, sind:
- Kompetenzen in Gruppenleitung/Inhaltsvermittlung
- dreimalige Leitung von GK und AK oder zweimalige Leitung von GK und AK plus Jahresgruppenleitung
- einstimmige Empfehlung der jeweils aktiven Co-Counselling-Lehrerinnen. (auch Intervisionsgruppe genannt)
- Zustimmung aller Beteiligten in der Zwischen- und Endreflexion, die nach dem ersten und dem zweiten Jahr der theoretischen Ausbildung für jeden Teilnehmer innerhalb der Ausbildungsgruppe sowie der Gruppenleitung stattfindet.

Die Auswahl der Teilnehmer für die Weitergabe- und Vertiefungsgruppe erfolgt nach folgenden Kriterien:
- Teilnahme an einer Grundeinführung,
- 2-3 Jahre eigenes, regelmäßiges Co-Counselling,
- Bereitschaft zu Selbsterfahrung und Selbstreflexion,
- Interesse, Lehrer werden zu wollen,

- Interesse an der Vertiefung des Co-Counselling.

Die Motivation der einzelnen Bewerber wird vorab geklärt, sie kann sich aber während des Kurses auch wandeln.

Die Qualitätssicherung erfolgt dadurch, dass
- zwei Co-Counselling-Lehrer immer gemeinsam unterrichten; gegenseitige Supervision und Austausch in der Intervisionsgruppe für die Co-Counselling-Lehrerinnen verbindlich ist; d. h. dass die Co-Counselling-Lehrerinnen sich zweimal im Jahr treffen und Fragen miteinander erörtern, die sich aus problematischen Situationen eines Co-Counselling-Kurses ergeben, Situationen, die die Einzelnen erlebt haben. Die gegenseitige Supervision, also Intervision, hat zum Ziel, das eigene Verhalten zu überdenken (reflektieren), verschiedene Sichtweisen eines Problems und seiner möglichen Lösungen zu hören, für Probleme Empfehlungen und Hilfen zu bekommen sowie eventuelle Schwächen abzubauen. Sie ist das wesentliche Element der Qualitätssicherung bei der Co-Counselling-Vermittlung.

- eine regelmäßige Überprüfung der Kriterien für die Befähigung zum Co-Counselling-Lehrer stattfindet;
- eine Festlegung von Kriterien für die Zertifizierung als Co-Counselling-Lehrer besteht;
- die Zulassungsvoraussetzungen für die Teilnehmer einer Weitergabe- und Vertiefungsgruppe regelmäßig überprüft werden.

Bedingungen für die Zertifizierung als Co-Counsellehrer sind:
- die regelmäßige Teilnahme an der WUV-Gruppe,

- eine erfolgreiche Hospitation, Assistenz und Leitung von Grund- und Aufbaukurs unter Supervision,
- die Zustimmung der Mehrheit von Teilnehmern und der Leitung der WUV-Gruppe nach den zwei Jahren theoretischer Beschäftigung mit den Elementen des Co-Counselling in der abschließenden Selbsteinschätzungs- und Feedbackrunde.

Bedingungen für Co-Counselling-Lehrer, um Supervision zu geben, sind, dass sie „Kollegiale Supervision" und „Faires Streiten" (s. u.) in der Intervisionsgruppe geleitet haben und die Zustimmung aller Co-Counselling-Lehrer dieser Gruppe für diese Aufgabe bekommen.

Die Organisation der Weitergabe- und Vertiefungsgruppe ist folgendermaßen: Über den Zeitraum von 2 Jahren findet einmal monatlich samstags, von 10-17 Uhr, die theoretische Beschäftigung mit einem Thema statt. Anschließend erfolgen Hospitation und Assistenz in Grundkurs (GK) und Aufbaukurs (AK) bei zertifizierten Co-Counselling-Lehrern, dann werden Grundkurs und Aufbaukurs unter Supervision durchgeführt, und wenn dieser positiv verlaufen ist, wird das Zertifikat erteilt.

Es gibt zwei Schwerpunkte für die Inhaltsvermittlung, die gleichzeitig durchgeführt werden, und zwar die Theorie und Praxis.

Zur Theorie gehören
- eine Einführung in die „Cooperative inquiry" (gemeinsames Erforschen) nach J. Heron,
- die Beschäftigung mit dem Menschenbild der humanistischen Psychologie,

- das Erarbeiten von Energiekonzepten sowie Modellen von „Denken-Fühlen-Handeln,"
- die Klärung von Begriffen wie Muster, Emotion, Entlastung/ Katharsis, Balance der Aufmerksamkeit und Widerstand,
- die Beschäftigung mit der Bedeutung von Schmerz, die Vermittlung des Aggressionsmodells,
- das Verständnis von Verarbeitung und Neuorientierung,
- das Erlernen offener Kommunikation und verschiedener Konfliktmodelle,
- Information zu den Problemen von Übertragung und Gegenübertragung,
- die Abgrenzung der Selbsthilfe von Therapie,
- Theorien internationaler Co-Counselling-Lehrer wie Heron oder Jackins, deren philosophischer Hintergrund und spirituelle Aspekte,
- die Geschichte des Co-Counselling,
- die Bedeutung der Körperübungen,
- ein intensives Training des Rollenspieles zur Verarbeitung,
- das Einüben der Identifikationsprobe,
- Beschäftigung mit der Frage, wann Co-Counselling nicht angesagt ist,
- ein Training der Leitsatzarbeit.

Zur Praxis gehören:
alle Methoden, Techniken und Übungen aus GK und AK.

Dazu kommt eine Lehreinheit zu Methoden des CCI wie scannen und die Videotechnik sowie die Erarbeitung von methodisch/ didaktischen Fähigkeiten wie:

- Gruppenleitung und Inhaltsvermittlung (Einführung geben, Körperübungen anleiten usw.)
- Rollenspiele im Kurs
- Kriseninterventlon
- Werbung von und Kontaktpflege mit den Teilnehmern.

Zum Abschluss dieses Teiles möchten wir ein Gedicht sprechen lassen, das in der Münsteraner Kultur aus der Co-Counselling-Arbeit heraus entstanden ist.

A propos „ counseln"

Was ist eigentlich counseln?
Also counseln ist:
- den Knigge vergessen
- aus dem Häuschen geraten
- den Verstand entschärfen
- Stimmurgewalt auslösen
- endlich prügeln
- windelweich wimmern
- jede Lust entbinden

und counseln ist
- nach deinem Kompass gehen in wildfremde Regionen
- nachtschwarze Schattenschluchten finden
- Nebel und Morast durchseufzen
- lichtblaue Meere der Hoffnung erfahren.

Und counseln ist:

- dreistimmig jubeln aus einer Kehle
- ein Körpergebet orgeln in allen Registern
- Frieden schließen mit deinem Leben.

Hildegard Beusker

6.0 Anwendungsbereiche des Co-Counselling

6.1 Co-Counselling und Psychotherapie

Vorbemerkung: Zu diesem Thema ist im Teil A des Buches bereits viel gesagt worden. Dennoch wollen wir noch einmal gesondert und konzentriert an dieser Stelle das Thema behandeln, damit der Leser einen Überblick über das Zueinander der beiden gewinnen kann.

Um das Verhältnis von Co-Counselling und Psychotherapie zu beschreiben, wird hier zuerst kurz unser Verständnis von Psychotherapie dargestellt. Psychotherapie ist für uns ein Prozess, bei dem man drei Phasen unterscheiden kann.

1) Ein Mensch sucht aufgrund eines Leidensdruckes die Hilfe eines Fachmannes, der ihn anleitet, seine Beschwerden im Zusammenhang seines Denkens, Fühlens und Handelns zu betrachten. Er lernt zu fragen: „Wer bin ich? Was für Eigenschaften habe ich, was für Stärken und Schwächen, wie verhalte ich mich, um die Anforderungen des Lebens zu bewältigen und Situationen im Sinne meiner Interessen zu gestalten; was für Denkweisen, Einstellungen und Wertungen bestimmen mich bewusst und unbewusst in meinem Handeln?"

2) In der zweiten Phase geht es oft darum, sich zu erinnern, ins Bewusstsein zu heben und nachzuempfinden, über welche Erfahrungen, Einflüsse und Beziehungen ich der geworden bin, der ich jetzt bin.

3) Im dritten Abschnitt endlich ist die Frage zu beantworten, was in meinem Denken und Handeln zu verändern ist, weil es vielleicht in früheren Phasen notwendig erschien, so zu denken und sich

zu verhalten, im Heute aber krankmachend und lebenshinderlich ist. Im lebendigen psychotherapeutischen Prozess überschneiden sich diese Phasen vielfältig, aber dennoch ist es hilfreich, sie zum Verständnis des Ganzen zu unterscheiden. Ziel der Therapie ist es, zur Freiheit einer selbst bestimmten, bewussten Lebensführung zu gelangen, in der die möglichst unvoreingenommene Wahrnehmung der eigenen Person sowie die der anderen möglich ist, weil keine blockierenden und hemmenden Denk und Verhaltensmuster dies verhindern.

In der Therapie wird der gesamte Prozess geleitet und begleitet vom Fachmann oder der Fachfrau, die von ihrem speziellen Wissen her eher den Überblick haben, was von Sitzung zu Sitzung in diesem Prozess mit dem Menschen geschieht und die dies Geschehen auch fachkundig steuern können.

Die Prinzipien sind im Co-Counselling die gleichen, der Unterschied aber ist, dass im Co-Counselling als Selbsthilfeverfahren die betroffene Person lernt, die Vorgehensweisen der Veränderung eigenständig auf ihre Situation anzuwenden.

Wie ist nun das Co-Counselling der psychotherapeutischen Arbeit zuzuordnen? Unserer Meinung nach kann es in sehr vielen Fällen eine sehr wirkungsvolle, unterstützende Funktion für eine Psychotherapie haben.

Wesentlich dafür ist der Zeitpunkt im Therapieverlauf, an dem der Klient oder Patient das Co-Counselling kennen lernt.

a) Man kann Co-Counseln gelernt haben und muss dann feststellen, dass die Probleme, die dadurch deutlich werden, Ursachen haben und Zusammenhänge, die nur mit fachkundiger Hilfe zu lösen sind, sodass dem Counseler zu empfehlen ist, sich in Psychotherapie zu begeben. Es hängt dann von der Art der Therapie und dem Therapeuten ab, ob die Fertigkeiten des Co-Counselling in die therapeutische Arbeit einbezogen werden.

b) Wenn eine Therapeutin selbst Co-Counselerin ist, kann sie im Verlauf der Therapie an einem ihr günstig erscheinenden Zeitpunkt dem Menschen empfehlen, Co-Counseln zu lernen, damit der Betreffende den Lernprozess in möglichst großer Selbstständigkeit durchlaufen kann und die Prinzipien des Erkennens, Durchlebens und Veränderns selbst anzuwenden lernt. Dies ist besonders günstig im Zueinander von Co-Counselling und Verhaltenstherapie. Beide sind auch in therapeutischen Sitzungen der Art zu verbinden, dass bei starker gefühlsmäßiger Betroffenheit der Therapeut dem Klienten anbieten kann, eine Co-Counselling-Sitzung einzuschieben, die dann allerdings einseitig ist, d. h. der Klient counselt und die Therapeutin, die aber selbst Co-Counselerin sein sollte und in anderen Situationen sich streng selbst an das Co-Counselling-Prinzip der Gleichwertigkeit hält, in diesem Fall nur die Rolle des Co-Counselers übernimmt. Die Selbstständigkeit des An-Sich-Arbeitens und die Fertigkeiten, die der Klient vom Co-Counselling mitbringt, ermöglichen Formen des Zugangs zu emotionalen Prozessen und zu unbewusster Erfahrung, die in der konventionell vollzogenen Verhaltenstherapie unseres Wissens nicht möglich sind.

c) Auf jeden Fall ist zu empfehlen, gegen Ende einer Psychotherapie oder nach deren Beendigung, Klienten mit der Co-Counselling-Methode vertraut zu machen, da der durch die Therapie begonnene Veränderungsprozess von Denken, Fühlen und Verhalten oft mindestens in einigen Aspekten lebenslänglich weitergeführt werden sollte. Die Selbstständigkeit und das Wissen des

Co-Counselnden um die Entstehung, Entwicklung und die Veränderung bestimmter krankmachender Strukturen geben ihm durch das Selbsthilfeverfahren lebenslang ein Instrument in die Hand, den persönlichen Entwicklungs- und Wachstumsprozess in möglichst weitgehender Selbstbestimmtheit und bewusster Gestaltung seines Lebens zu führen. In diesem Sinne lassen sich Co-Counselling und Psychotherapie hervorragend verbinden.

6.2 Co-Counselling, Liebe, Sexualität und Beziehung

> ... dass sich die Kraft zur Liebe mir nicht versagt
>
> H. Oosterhuis[25]

Über die Frage, was ist Liebe, ist schon unsäglich viel nachgedacht und geschrieben worden.

Uns geht es darum, Liebe einmal als Gefühl, dann als tragende Gefühlsverfassung für eine Beziehung und zum dritten als Grundhaltung anderen Menschen sowie dem Leben gegenüber in ihrer Bedeutung für das Co-Counselling zu betrachten.

1. Liebe als Gefühl ist in der Kunst vielfältig dargestellt, gefeiert und verflucht worden. Damit zeigt sich, dass sie ein Gefühl ist, das sehr positive Kräfte im Menschen aktiviert, das aber auch unsägliches Leid zur Folge haben kann. Sie ist ein auf Handlung ausgerichtetes Gefühl, das einerseits sehr stark mit Sexualität und Beziehungsaufnahme verbunden ist, das andererseits aber auch Einsatz und Handlungsbereitschaft für andere Menschen fördert sowie auf umfassendere Ziele bezogen sein kann.

[25] H. Oosterhuis, S. 34

182

Als Gefühl ist sie häufig kurzzeitiger Natur, ausgelöst und gebunden an das Objekt der Liebe.

2. Über die Kurzlebigkeit, Unbeständigkeit und Abhängigkeit von Situationen der Liebe als Gefühlsreaktion hinaus sprechen wir von Liebe, wenn es um ein liebevolles Grundgefühl in Verbindung mit Annahme und Verbundenheit in der Beziehung zu einem anderen Menschen, einer Sache oder einer Idee geht. In der Beziehung zu Menschen tritt dieses liebevolle Grundgefühl häufig in der Verbindung mit Sexualität auf.

Die kurzzeitige, spontane Gefühlsaufwallung von „heißer, glühender, brennender Liebe", zu einem anderen Menschen könnte wie ein Kredit, ein Startkapital für eine Beziehung angesehen werden, das durch viele positive Erfahrungen, Bemühungen und Konfliktbewältigungen über einen langen Zeitraum umgewandelt werden kann in ein tragfähiges, lang andauerndes Grundgefühl von Liebe.

Dies lässt sich erleben, wenn die Bereitschaft besteht, eine verbindliche Beziehung einzugehen. Aber selbst für eine langjährige von Grund auf liebevolle Beziehung gilt, was H. Oosterhuis in seinem Gedicht sagt: „... der Du weißt, wie zerbrechlich, fast nichts zwei Menschen sind, und dass ihr Herz unruhig ist und unbeständig wie das Wetter." Wenn Andersartigkeit sich zu sehr reibt, kann auch starke Liebe in ihr Gegenteil umschlagen.

Auf jeden Fall lässt sich sagen, dass liebevolle Gefühle häufig auf Beziehung und Dauerhaftigkeit ausgerichtet sind. Eben dieser Wunsch nach Dauerhaftigkeit, Beständigkeit und Verlässlichkeit bereitet den Schmerz, wenn Liebe verweigert wird oder Hoffnungen darauf bitter enttäuscht werden. Aus dieser Tatsache erwächst die Wahrheit, dass „Liebe Leiden ist."

3. Von Liebe sprechen wir auch, wenn es um eine Grundhaltung anderen Menschen, Aufgaben innerhalb menschlicher Beziehungen und Vielfalt der Lebenserscheinungen geht verbunden mit annehmenden, wertschätzenden, auf Respekt und Achtung vor der Andersartigkeit des Anderen und der Schöpfung bezogenen Gedanken und Gefühlen. Um diese Form der Liebe geht es in diesem Zusammenhang allerdings nicht.

Im Co-Counselling streben wir bewusst die Öffnung und die Aktivierung unserer Gefühle an, und das bedeutet auch Aktivierung, Wahrnehmung und Ausdruck liebevoller Gefühle.

Dies ereignet sich besonders an den Wochenenden, an denen Co-Counselling in Gruppen gelernt wird. Aber auch für die Eins-zu-Eins-Einführung, wie sie in manchen Co-Counselling-Kulturen praktiziert wird, gilt alles, was an dieser Stelle gesagt wird.

Da Liebe ein Gefühl ist, das

a) sehr handlungsbezogen,

b) beziehungsbezogen und

c) in vieler Hinsicht stark mit Sexualität verbunden ist,

ergeben sich daraus, anders als bezüglich anderer Gefühle, besondere Herausforderungen beim Co-Counselling.

Zwar gelten für den Umgang mit diesem Gefühl die gleichen Regeln wie bei anderen Gefühlen, aber diese sind im Fall der Liebe nicht gleichermaßen konsequent einzuhalten. Der Ausdruck von „Ich habe liebevolle Gefühle", das heißt z. B. zu einem anderen Co-Counseler, ist nicht das Gleiche wie „Ich bin traurig". „Ich liebe" drängt nach Beziehung, „Ich bin traurig" oder „ich habe Angst", nicht in gleicher Weise. Und wenn „Ich liebe dich, weil du so starke sexuelle Gefühle in mir weckst," im Co-Counselling zum Ausdruck kommt, ist der Druck, dies nicht nur verbal zum Ausdruck zu bringen, sondern in Handlung umzusetzen, viel größer als bei anderen emotionalen Befindlichkeiten, außer vielleicht der Wut. Bei intensiver Wut fällt der Verzicht auf die Ausführung von Handlungen oft genau so schwer wie bei tiefer liebevoll-sexueller Bewegtheit.

Da es aber beim Co-Counselling um die Bearbeitung alter Verletzungen und das Hinterfragen bestehender, fragwürdiger, problematischer Verhaltensmuster geht, also um Arbeit an mir selbst, muss für alle Beteiligten einer Co-Counselling-Sitzung oder eines ganzen Kurses klar sein, dass liebevoll-sexuelle Wünsche und Gefühle nicht in Handlungen umgesetzt werden sollen, um deren Bearbeitung zu ermöglichen. Leider wird diese Forderung, die eigentlich nur in der Form einer Empfehlung ausgesprochen werden kann, häufig missachtet. Dabei passiert es immer wieder, dass Menschen neu schwer verletzt werden, entweder, weil ihnen Hoffnungen auf eine liebevolle Beziehung und nicht auf ein kurzzeitiges Abenteuer gemacht wurden oder weil sie kurzsichtig auf ein verlockendes Angebot eingingen, um einer kurzfristigen Lusterfüllung willen, die aber zur bitteren Schmerzerfahrung wird, wenn danach deutlich spürbar wird, dass man nur einer oder eine auf der Liste vieler Partner war und vielleicht sogar eine Ehe oder langfristige Partnerschaft dadurch infrage gestellt oder zerbrochen ist.

Dazu könnte man natürlich sagen, und das wird auch oft gesagt: „Es sind doch zwei erwachsene Menschen, die selber wissen müssen, was sie tun."

Dagegen ist zu halten, dass die bewusst angestrebte gefühlsmäßige Öffnung innerhalb der Co-Counselling-Arbeit eine Situation schafft, die neu und ungewohnt ist und deren bewusst angestrebte Offenheit zwar teilweise in den Alltag hinein überführt werden soll, aber der Umgang mit dieser Offenheit erst gelernt werden muss - also eine sehr schwierige, vielschichtige Situation, wie wir sie aus der Psychotherapie auch kennen. In ihr ist nur für die Leiter von Kursen juristisch geregelt, dass jede sexuelle Handlung im Zuge dieses Veränderungsprozesses unterbleiben muss, da sie sonst als Missbrauch strafbar ist. Die Tatsache, dass beim Co-Counselling durch die gefühlsmäßige Aufgebrochenheit eine Abhängigkeit untereinander für die Zeit der gemeinsamen Arbeit entsteht oder sogar eine Übertragung, wie wir sie schon im Kapitel zur Übertragung angesprochen haben, macht es notwendig, dass es bei dieser Arbeit bleibt und nicht Co-Counselling-Arbeit und Alltagswirklichkeit vermischt und verwechselt werden.

Außer der Verbindung von Liebe, Sexualität und Beziehung gibt es noch eine zweite Verbindung, in der das Gefühl Liebe beim Co-Counselling zum besonderen Problem werden kann:

Jeder Mensch hat nach unserem Verständnis das Recht, von seinen Eltern als Säugling, Kleinkind, Heranwachsender überhaupt grundsätzlich als deren Kind geliebt zu werden. Jeder Mensch trägt unserer Auffassung nach den Wunsch in sich, mindestens einmal im Leben ganz tief und als ganze Person, geliebt zu werden. Viele Menschen tragen die Sehnsucht in sich, zu lieben und geliebt zu werden und das heißt, dauerhaft liebevolle Gefühle bei sich selbst zu fühlen und von einem anderen Menschen zu empfangen.

Viele Menschen erfahren aber die Erfüllung dieser Sehnsucht und dieses Wunsches nicht, weder als Kinder noch als Erwachsene. Mit der allgemeinen Aktivierung der Gefühle sowie des unbewussten Erlebens im Co-Counselling werden diese Wünsche oft in besonders intensiver Weise lebendig. Die Beziehungen zu den Co-Counselling-Partnern erscheinen in der Gruppe wirklich liebevollen Beziehungen täuschend ähnlich. Sie täuschen aber insofern, als eine Co-Counselling-Beziehung immer eine Arbeitsbeziehung ist, wie schon mehrfach gesagt, in der alle Beteiligten sich an die Arbeitsregeln halten sollten. Aber es ist eben sehr schwer, in einem Co-Counseler nicht die neue wirklich liebevolle Mutter oder den wirklich neuen Vater zu sehen und die wach gewordenen liebevollen Gefühle nicht an ihn oder sie zu binden. Ebenso schwer ist es, im Zusammenhang mit sexuellen, liebevollen Gefühlen den anderen nicht zu umarmen, zu küssen oder mit ihr oder ihm ins Bett zu gehen. Daher legen wir großen Wert darauf, dass nach einem Rollenspiel der Co-Counseler entrollt wird.

Es wurde ein gutes Regelwerk in verschiedenen Co-Counselling-Kulturen zum Umgang mit Liebesgefuhlen entwickelt, aber dessen Einhaltung ist schwer und eine besondere Herausforderung.

So wie das Co-Counselling Probleme birgt mit Liebesgefühlen so birgt es aber auch große Chancen.

Wenn es Menschen gelingt, ihre liebevollen Gefühle, die beim Co-Counselling entstanden sind, in eine Beziehungsaufnahme und -pflege im Alltag zu überführen, so kann daraus eine tiefe, sehr gute Beziehung werden, da gemeinsam in einer Partnerbeziehung oder Freundschaft zu co-counseln gegenseitige, rückhaltlose Offenheit bedeutet.

Ebenso ist es Paaren zu empfehlen, gemeinsam co-counseln zu lernen, wenn sie ihrer Beziehung ein vertrauensvolles, rückhaltlos ehrliches, liebevolles Fundament schaffen wollen. Manchmal sollte man dann mit fremden Partnern beginnen, bevor man in die tiefe, gemeinsame Co-Counselling-Arbeit eintritt.

Grundsätzlich und abschließend lässt sich sagen:

Da das Co-Counselling die Grundhaltung vertritt, dass jeder Mensch schön und liebenswert ist und unsere volle Aufmerksamkeit verdient, folgt daraus, dass jeder Counseler erwarten darf, dass liebevoll mit ihr oder ihm umgegangen wird. Das aber fordert von allen Beteiligten viel Kraft und Willen zu Entwicklung und Reifung und persönlichem Wachstum.

6.3 Co-Counselling als Weg zu spiritueller und religiöser Erfahrung

Das Selbsthilfeverfahren des Co-Counselling versteht sich als Weg zu persönlichem Wachstum, zur Vertiefung und Befreiung menschlichen Lebens. Wir möchten aufzeigen, wie die Grundelemente des Co-Counselling Hilfe sein können, einen Zugang zu spiritueller und religiöser Erfahrung zu bekommen.

Das Verständnis und die Verwendung des Begriffes „Spiritualität" sind vielfältig. Wir schließen uns der Darlegung Bernhard Groms [26] an, der sich auf die Bedeutung des englischen Wortes „spiritual" als seelisch, ideell, nicht materiell, übernatürlich bezieht. Für ihn folgt daraus, dass jede Art von Sinnsuche, jede Beschäftigung mit den „übernatürlichen, nicht materiellen Dimensionen des Menschen" unter diesem Begriff zu fassen ist. In diesem Sinne möchten wir den Begriff Spiritualität als Bezeichnung für die Wirklichkeit des Geistigen im Leben des Menschen verwenden.

Der Begriff der Religiosität hingegen bezeichnet für uns die Spiritualität, die sich auf einen ganz bestimmten Glauben an Gott, an

[26] Groms, S. 145

188

ein göttliches Wesen, an Formen des Göttlichen bezieht, die an ein geschichtlich objektives und soziales Geschehen gebunden sind und sich in persönlicher Erfahrung wieder finden lassen.

Um das Verständnis beider Begriffe und der Wirklichkeit, die sie erfassen wollen, haben sich schon viele Menschen gemüht. Wir zitieren im Folgenden zur weiteren Klärung einige dieser Versuche, die unserem Verständnis dieses Lebensbereiches entsprechen, um dann zu verdeutlichen, wie Co-Counselling zu diesen Bereichen menschlichen Erlebens einen Weg öffnen kann.

M. Plattig [27] definiert Spiritualität als „die fortwährende Umformung eines Menschen, der antwortet auf Gottes Ruf". Spiritualität wird hier verstanden als Prozess, ein Geschehen. P. Eicher [28] formuliert: „Spiritualität ist kein Zustand und kein Sammelbecken von Programmen, Schlagworten und Idealen. Sie ist ein Tun, ein Gehen, ein Atmen, ein Leben. Und doch ist sie nicht selber das Leben und auch nicht das entscheidende Tun." Sie verhilft zum Leben, ermöglicht und vertieft Leben. Jörg Zink [29] beschreibt sie als einen „Weg von äußeren Ereignissen, denen wir mit dem Kopf nachdenken mögen, solange wir wollen, hin zu Wandlungen, die aufgrund dieser äußeren Ereignisse in uns selbst geschehen sollen. Sie ist ein Weg vom Argumentieren und Diskutieren und vom äußeren Bejahen oder Kritisieren einer Geschichte weg und hin zu einer Erfahrung dessen, was durch sie in uns selbst neu entstehen oder neu werden soll."

---

[27] Plattig in „Zuspruch für Pfr. Wernsmann"
[28] Eicher, CiG 38
[29] J. Zink, S. 45

Gotthard Fuchs [30] umschreibt den Begriff folgendermaßen: „Jedem Menschen sein Geheimnis glauben, so kann Spiritualität umschrieben werden - als Achtsamkeit auf das, was jeden Menschen auf seine Weise zu innerst bewegt."

Und Bonaventura, ein bedeutender Theologe des 13. Jahrhunderts, sagt:

„Wenn Du fragst, wie die höchste Gotteserkenntnis geschieht, dann befrage nicht die Gelehrsamkeit, sondern die Gnade, nicht den Verstand, sondern die Sehnsucht."[31]

Von solchem Verständnis her ist es leicht zu verstehen, in welcher Weise die Selbsthilfe durch Co-Counselling den Zugang zu spiritueller Erfahrung öffnen kann.

Co-Counselling versteht sich ja als Weg zur Umformung des Menschen, der nicht weiter in seinen Lebensmustern verharren und sich durch Entlastung und Aufarbeitung zu neuer Lebendigkeit befreien will. Es ist offensichtlich, dass jeder, der diese Absicht hat und daran arbeitet, über seine hier und jetzt vorgegebenen Grenzen hinausgeht und dabei auf etwas stoßen kann, das er als mehr empfindet und über sich selbst hinausgehend. John Heron spricht in Abgrenzung zu H. Jackins vom Paradigmenwechsel des Co-Counselling. Er meint damit, dass der Counseler mit der Möglichkeit rechnen muss, bei seiner Arbeit mit sich an den göttlichen Urgrund des eigenen Ichs und des Universums zu stoßen.

Zu den Grundelementen, die die Tür zu Spiritualität und damit auch zu Religiosität öffnen können, gehört als Wichtigstes die freie Aufmerksamkeit. In der Offenheit für alles, was uns begegnet, in-

---

[30] G. Fuchs, S. Christ in der Gegenwart
[31] zitiert nach einem Spruch auf einem Kalenderblatt

nen und außen, und nur über diese Offenheit, können wir Seiten der Wirklichkeit außerhalb unserer selbst und innerhalb erfahren, wahrnehmen und erkennen. Die Bereitschaft, Gefühle wie tiefes Erstaunen und Erschrecken, Ehrfurcht und Grauen, andächtiges Verstummen und Ergriffenheit wahrzunehmen und zu durchleben, öffnet Erfahrungsbereiche, die uns im Alltag verschlossen sind, ja, die wir in unserem Leben oft nicht erleben wollen, weil sie uns zuviel Angst machen; sie können uns aber eine Ahnung davon vermitteln, dass es Wirklichkeiten gibt, die über unser Denken in Raum und Zeit hinausgehen.

Schon der Philosoph N. Malebranche (1638-1715) [32] nennt die Aufmerksamkeit das „natürliche Gebet der Seele" und er wird in diesem Sinn von Paul Celan [33] zitiert. Beide stehen nicht in der Co-Counselling Tradition, aber sie zeigen, welchen Wert die Aufmerksamkeit hat, die ja Grundlage des Co-Counselling ist. Malebranche spricht von der Aufmerksamkeit als dem natürlichen Gebet der Seele, insofern sie Grenzen überschreitet, indem die Wahrheit erwartet wird und sie sich an die innere Wahrheit wendet, dass diese sich enthüllt. Auf diesem Hintergrund wird deutlich, wie sehr Co-Counselling mit der Einübung von freier Aufmerksamkeit eine Hinführung zu Spiritualität ermöglicht.

Das zweite Grundelement des Co-Counselling in dieser Öffnungsarbeit ist die Wahrnehmung, das Erleben und die Entlastung von Gefühlen.

Tiefe emotionale Berührtheit und Betroffenheit ist vielen spirituellen und religiösen Erfahrungen gemeinsam. Unserer Meinung nach gibt es Hinweise darauf, dass lebendige, auf Erfahrungen be-

---

[32] Malebranche, zitiert nach B. Waldenfels S. 266
[33] ebd. S. 267

ruhende Religiosität nur möglich ist, wenn ein tiefer Zugang zum Gefühlsleben besteht, ja, dass dieser Zugang häufig erst durch tiefgreifende emotionale Betroffenheit entsteht. Darauf verweist z. B. das Sprichwort: Not lehrt beten.

Das dritte Element ist die Erfahrung, die der Counseler mit sich selbst durch die Vertiefung in sein Innenleben und die Erfahrung von Angenommensein und Unterstützung durch den Co-Counseler macht. Viele sogenannte Worthülsen oder Formulierungen, die wir als leere Worte empfinden, wie z. B. „neu geboren werden, Befreiung von Schuld, Erlösung durch Vergebung erfahren, den Menschen von seiner Schuld befreien, die Schuld des anderen auf sich nehmen", lassen sich in Co-Counselling-Sitzungen erfahren und geben damit den leeren Worten lebendige Bedeutung und ihren tiefen Sinn zurück.

Wenn ich mich depressiv, kalt, dunkel und versteinert fühle und in der Co-Counselling-Sitzung langsam einen Vulkanausbruch von Wutgefühlen zulasse, sodass ich mich danach warm, lebendig, weich und entspannt wiederfinde und manchmal sogar an die Stelle von Hass liebevolle Gefühle der Person gegenüber aufkommen, der gegenüber ich vorher den Hass empfand, dann kann dies wie die Erfahrung eines „Neu geboren Werdens" erlebt werden.

Wenn mir beim Co-Counselling Erfahrungen intensiver Liebe, großzügiger Hilfeleistung, tiefster Dankbarkeit für „wundervolle" Naturerlebnisse oder menschliche Begegnungen bewusst werden, die intensiv nach zu erleben ich mir vorher nicht die Zeit genommen hatte, so kann der Gedanke aufkommen: Das könnte gemeint sein mit Worten wie: „Das ist ja unfassbar, das ist ja wie ein Wunder!" Die Intensität der bewussten Konfrontation und Begegnung mit der außergewöhnlichen Erfahrung kann eine Tür sein zum Erleben der eigenen Spiritualität oder Religiosität.

Wenn ich im Co-Counselling mit einem Toten spreche und ihm einmal alles sage, was ich ihm so gern noch gesagt hätte, dann kann daraus ein Gefühl von Erlösung oder Befreiung erwachsen, das alltäglich erlebte Befreiung oder Erlösung weit übersteigt.

Wenn der Co-Counseler dem Counseler ermöglicht, ihm glühenden Hass und Verachtung, die er einem Menschen gegenüber empfindet, ins Gesicht zu schreien, als sei er jener Mensch, dann mag er das manches Mal so empfinden, als nehme er dem Counseler die Last der schrecklichen Vernichtungswünsche und -gefühle ab und nehme sie auf sich, ohne aber selbst daran zu leiden. Er ermöglicht auch damit dem Counseler Befreiung durch Stellvertretung.

In den Kleingruppen und den großen Gruppen der Co-Counselling-Seminare entsteht oft durch die Radikalität und Intensität der Ehrlichkeit ein Staunen über die gemeinsame Menschlichkeit, ein intensives Vertrauen und intensive Nähe, so dass sich in manchen Situationen Begriffe wie „heilige Situation", oder „Gott mitten unter uns" fast aufdrängen.

Das letzte wesentliche Element ist die „freie Assoziation" als Grundlage des Zuganges zur eigenen Innerlichkeit. Die Unberechenbarkeit einerseits und andererseits die Verlässlichkeit der freien Assoziation, ehrliche Auskunft und Kenntnis über das, was in einem Menschen ist, zu geben, macht sie zu einem besonderen und kostbaren Instrument bei der Öffnung von Spiritualität und Religiosität.

Wie sehr das Co-Counselling die Beschäftigung mit religiös ausgerichtetem Glauben intensivieren kann, wurde uns, den Autoren, am Beispiel des Psalmen-Betens deutlich. Die Psalmen sind 4000

Jahre alte Zeugnisse jüdischen Glaubenslebens. Sie gehören auch heute noch zur alltäglichen christlichen liturgischen Praxis. Durch Assoziationen in Co-Counselling-Sitzungen sind wir auf die Ähnlichkeit von Co-Counselling und Psalmen gestoßen. Es sollen hier die Möglichkeiten dargestellt werden, die das Co-Counselling bietet, den übermittelten uralten Worten der Psalmen neues Leben zu geben und dem Beter Anregungen.

In den Psalmen drückt der Mensch sein Leben vor Gott aus, er trägt seine innersten Regungen vor Gott. Wenn im Co-Counselling das Ziel ist, dass der Mensch sich ausdrückt in der Gegenwart eines oder mehrerer Menschen, dann sehen wir darin ein vergleichbares Verhalten. Der Mensch, der aus der Überzeugung lebt, dass die absichtslose, freie Gegenwart eines Menschen ein Bild für die Gegenwart Gottes ist, findet sich auch im Co-Counselling mit seinem Ausdruck vor Gott wieder. Für ihn ist sein Ausdruck Gebet. So könnte man auch sagen: Es schreibt dieser Mensch in einer Co-Counselling-Sitzung seinen eigenen Psalm und er findet umgekehrt in den übertragenen und schriftlich fixierten Psalmen Anstöße und Beispiele für seinen eigenen Ausdruck. Er kann durch eine Erfahrung im Co-Counselling erleben und begreifen, was es heißt, in der freien Aufmerksamkeit Gottes zu stehen. Seine Glaubensüberzeugung wird zum Glaubensausdruck. Er erspürt, dass die Worte der Psalmen menschliche Erfahrungen sind und nicht nur Gedanken und dass sie in umfassender Weise Schmerz, Klage und Freude des menschlichen Lebens Ausdruck verleihen.

Die Grundhaltung des Beters der Psalmen und dessen, der cocounselt, ist gleichermaßen die freie Aufmerksamkeit. Natürlich drückt sich diese Haltung bei einem Beter anders aus als bei jemandem, der in sich hineinhört, ohne an einen Gott außerhalb und innerhalb von sich zu glauben. Aber es ist so, dass beide den gleichen Weg zur Erkenntnis haben: die hinnehmende, freie Aufmerksamkeit als natürliches Gebet der Seele. Um dies auszudrücken, heißt es immer wieder in den Psalmen: „Verbirg nicht dein Gesicht!" oder „Blick doch her!", „Erleuchte meine Augen, sonst muss ich entschlafen zum Tod!"

Das, was mich behindert und nicht leben lässt, ist wie ein blinder Fleck, es ist zum Muster geworden, würden wir im Co-Counselling sagen. So bedarf es der Bereitschaft, hinzuschauen mit offenen Augen und der Entscheidung, mich öffnen zu lassen. Dies aber ist die Grundhaltung eines Beters und des Co-Counselers.

Hinzuschauen mit offenen Augen ist die Suche nach der Wahrheit, die Öffnung für die Welt.

Neben der Aufmerksamkeit bedarf es des Ausdrucks dessen, was aufgemerkt wird. Das gleiche formuliert der Psalmist, wenn er sagt: „Schüttet Euer Herz vor ihm aus." Auch das Verfahren der Bilderketten in den Psalmen ist vergleichbar dem assoziativen Sprechen des Co-Counselling.

Als Beispiel nennen wir Psalm 62, 6-7
   nur zu Gott sei still meine Seele
   denn von ihm her ist meine Hoffnung
   nur er ist mein Fels, meine Befreiung,
   mein Hort - ich kann nicht wanken.
Ein heutiger Beter des Psalms, Pierre Stutz [34], assoziiert zu diesen Versen:
   „Ich will nicht mehr außen suchen
   was ich mir in meinem Innern schenken lassen kann

[34] Stutz, S. 74

Meine Unruhe werde ich überwinden,
wenn ich es wage, die Stille zu ertragen.
Ich werde zur Ruhe kommen,
wenn ich lerne, einen neuen Umgang mit mir zu suchen
Im Dasein
im Ausruhen
im Genießen
im Entdecken meiner Schöpferischen Fähigkeiten.
So kann ich mein Leben durch Dich vertiefen lassen
Jeden Tag neu.

So oder ähnlich könnte eine Co-Counselling-Sitzung aussehen, wenn ein Counseler durch die Worte des 62. Psalms angeregt wurde. Der Betende und der Co-Counselnde gehen von sich aus und gehen über sich hinaus. Bei aller Unterschiedlichkeit der Ziele, nämlich der Beziehung zu Gott auf der einen und der eigenen Entwicklung auf der anderen Seite, ist der Weg doch ähnlich.

So wie sich uns durch jahrelange eigene Co-Counselling-Arbeit ein neuer Zugang zu den Psalmen erschlossen hat, so haben wir durch sie auch viele Aussagen unseres christlichen Glaubens ganz neu erfahren, weil uns klar wurde, dass Wort und Erfahrung zusammen gehören. Alle in Worten überlieferte Erkenntnis wird von den Empfängern dieser Worte verstanden, wenn sie ihre eigene Erfahrung zuordnen können. In den oben aufgeführten Beispielen haben wir schon darauf hingewiesen, wie Erfahrungen in der Co-Counselling-Arbeit Worte nahe legen und assoziativ aufkommen lassen, die wir dem spirituellen und religiösen Sprachgebrauch zuordnen können. Man könnte sagen: Die Erfahrung suchte das Wort, um Erkenntnis zu erschließen. Anschließend an diese Entdeckung suchten wir zu Aussagen der überlieferten Glaubenslehre Erfahrungen aus der Co-Counselling-Arbeit, fanden sie und stellten fest, dass sich auf diese Weise eine erhebliche Erweiterung des Verständnishorizontes einstellte.

In den folgenden Beispielen versuchen wir, das Gesagte zu veranschaulichen:

Wenn wir wiederholt sagten, dass Co-Counselling ein Weg zu persönlichem Wachstum, zur Umformung des Menschen sein kann, dann bekommt die Aufforderung des Evangeliums: „Kehrt um!" eine ganz neue fassbare und konkrete Bedeutung.

Ebenso ist es mit Aussagen des christlichen Glaubens zur Menschwerdung. So antwortet Jesus dem Nikodemus: „Amen, Amen, ich sage Dir, wenn jemand nicht von Neuem geboren wird, kann er das Reich Gottes nicht sehen." „Nikodemus antwortete daraufhin: „Wie kann ein Mensch, der schon alt ist, geboren werden?" (Joh. 3,3 ff) Diese Frage kann selbst ein Siebzigjähriger aus der Erfahrung mit seiner Co-Counselling-Arbeit beantworten.

Ein Gedanke von Erich Fromm [35] kann gleichermaßen als Antwort dienen: „Die Geburt ist nicht ein augenblickliches Ereignis, sondern ein dauernder Vorgang. Das Ziel des Lebens ist es, ganz geboren zu werden und seine Tragödie, dass die meisten von uns sterben, bevor sie ganz geboren sind."

Diese Erfahrung lässt sich in vielen Co-counselling-Sitzungen vielfältig machen und so ermöglicht sie häufig erst das Verständnis für derartige Aussagen und ihren spirituellen oder religiösen Hintergrund.

Ein letztes Beispiel sei hier angeführt, in dem deutlich wird, wie für uns die Körperarbeit des Co-Counselling hilfreich wurde für das

---

[35] zitiert nach „Hospiz Forum", Ausgabe Februar 2005

Verständnis zentraler Glaubensaussagen. Im Hebräerbrief ist zu lesen: Christus spricht bei seinem Eintritt in die Welt: „Einen Leib hast du mir bereitet, siehe, ich komme, deinen Willen zu erfüllen." (Hebr. 10,5 ff). Die Basis des christlichen Glaubens und Lebens ist die Menschwerdung Gottes, und der Auftrag des Christen ist, in diesem Glauben sich auf den Weg zu machen, ein „neuer Mensch" zu werden. Leben ist in dieser Welt nur möglich im Körper. Das Co-Counselling, wie wir es in Münster praktizieren, hat uns erfahren lassen, wie der körperliche Ausdruck von ungelebtem Leben und Schmerzen uns in Denken, Fühlen und Handeln befreit. Das heißt aber auch, dass es immer wieder um den Körper mit seinem Fühlen und Reagieren aus den bewussten und unbewussten Anteilen heraus geht und damit auch um dessen Grenzen. Oft will er nicht, wie wir es für richtig halten, oft reagieren wir in einer Weise, die unserem eigentlichen Selbstverständnis widerspricht. John Heron machte uns vor Jahren darauf aufmerksam, dass der Geist unendliche Möglichkeiten denken kann, dass der Umgang mit der Begrenzheit des Körpers aber eine Quelle von Frustration und Schmerzerfahrung ist, die im Co-Counselling bearbeitet werden kann. So bietet dieses Selbsthilfeverfahren uns die Möglichkeit, immer wieder die Brüche in unserer Person zu bearbeiten und abzubauen, immer wieder zu versuchen, neu geboren zu werden, um ein anderer, ein neuer Mensch zu werden. Wie der aussehen wird, wissen wir nicht, aber wir lernen über unsere jetzige Form hinaus zu denken, in welche Richtung auch immer. Über derartige Erfahrungen erschließt sich für den Satz: „einen Leib hast Du mir bereitet, siehe ich komme Deinen Willen zu erfüllen, o Gott!" ein ganz neues Verständnis.

Es ist die Grundüberzeugung der Autoren, die durch das Co-Counselling verstärkt und gefördert worden ist, dass Gott im Miteinander, in der Beziehung zum anderen Menschen erfahrbar, dass er selbst Beziehung ist.

Die Entwicklung einer eigenen, lebendigen Glaubensposition kann im Sinne der aufgeführten Beispiele durch regelmäßige Co-Counselling-Arbeit und den Austausch mit anderen Co-Counselling-Partnern erfolgen. Wer zu seiner eigenen Glaubensform gefunden hat, der kann in dieser Hinsicht mit sich selbst in Frieden sein und kann dadurch auch zur Schaffung von Frieden unter den Menschen beitragen. Herausragende Beispiele hierfür finden sich unter den vielen Menschen, die ihren Widerstand gegen die Nazidiktatur durch ihre Glaubensüberzeugung getragen leben konnten, ja sogar dafür sterben. Jaap Sickenga, dessen Testament wir diesem Buch voranstellten, ist einer von ihnen.

6.4 Co-Counselling und Kommunikation

„Ein Co-Counselling-Training ist kein Kommunikationstraining. Wenn Du Probleme und Konflikte im Kurs und mit der Gruppe hast, so bearbeite sie in Deinen Sitzungen!" Das haben wir immer wieder zu Beginn einer Grundeinführung gesagt. So hatten wir es von John Heron verstanden und übernommen und viele Jahre hindurch nicht hinterfragt. Das war sicher als Ausrichtung richtig, aber diese allein wird akuten Konfliktsituationen, die in einem Co-Counselling-Kurs auftreten können, nicht gerecht. Im Verlauf vieler Jahre, in denen wir die Co-Counselling-Methode gelehrt haben, wurde immer klarer, dass eine gute, offene Kommunikation für die Pflege des Co-Counselling unabdingbar notwendig ist. Das ergibt sich allein schon aus der Tatsache, dass Co-Counselling zwischen Menschen erfolgt. Diese müssen sich kennen lernen und müssen dafür Beziehung aufnehmen, um zu prüfen, ob sie wirklich vertrauensvoll miteinander arbeiten können. Um Menschen für eine regelmäßig tagende Kleingruppe finden zu können, braucht es eine Gruppe oder Gemeinschaft, die aus Menschen besteht, die co-counseln können. Damit das Co-Counselling beständig und fortdauernd gelehrt werden kann, braucht es Lehrer, die von anderen Lehrern ausgebildet werden, es braucht Räume, die für die Lehre, für die Kurse und Treffen größerer Gruppen zur Verfügung stehen. Diese müssen gemietet oder zur Verfügung gestellt werden. Das kostet oft Geld. Es braucht Flyer, die verteilt werden und andere schriftliche Information, die Menschen vom Co-Counselling erzählt, auch das kostet Geld. Für das Sammeln von Geld benötigt es Menschen, die dies und seine Vergabe organisieren. Die Liste dessen, was zur Aufrechterhaltung und Weitergabe des Co-Counselling notwendig ist, ist lang, und all dies ist nur möglich durch gute Kommunikation. Last not least soll die Notwendigkeit der Konfliktbearbeitung noch einmal angeführt werden, auf die wir uns zu Anfang des Kapitels bezogen haben. Es gibt viele und häufig auch schwere Konflikte, wo immer Menschen zusammen kommen und leben. Deren Bearbeitung in Co-Counselling-Sitzungen ist eine wunderbare Einrichtung, die viele Konflikte überhaupt erst lösbar macht, aber sie reicht in vielen Fällen allein nicht aus. Verbunden mit guten, differenzierten Vorgehensweisen offener Kommunikation, deren Elemente im Kapitel 6 genau beschrieben werden, eröffnen sich allerdings ganz neue Wege zur Erstellung einer wirkungsvollen Konfliktlösekultur.

Beginnen wir mit dem Erlernen des Co-Counselling. Teilnehmer haben nach jedem neuen Schritt Fragen, und häufig möchten sie auch Erfahrungen mitteilen und austauschen. Deshalb ist es in der

Münsteraner Kultur Brauch, dass nach jeder Sitzung Zeit ist, Fragen zu stellen und Erfahrungen mitzuteilen. Dies läuft ab im Rahmen zweier Regeln:

1. Ich sollte immer nur von mir sprechen, von meinen Erfahrungen, meine Fragen stellen, meine Meinung sagen usw.
2. Ich sollte nie jemand anderen persönlich erwähnen oder über ihn sprechen, wenn ich ihn nicht um Erlaubnis gefragt habe.

Zur internationalen Regel gehört, dass man sich auf eine Co-Counselling-Sitzung in keiner Weise beziehen darf. Wir halten das nicht für richtig, da Anfänger mit Recht viele Fragen haben.

Allerdings gilt auch für uns, dass über die Inhalte der Sitzung nicht mehr gesprochen werden sollte außer nach Rücksprache mit den anderen und natürlich nur über das eigene Material. Reaktionen der Gruppe auf das Gesagte sind bei uns auch erlaubt, allerdings ganz streng als Ichbotschaft, nicht belehrend und nicht abwertend.

Um Diskussionen und Streit auszuschließen, können Gespräche auch in der Weise ablaufen, dass eine Mitteilungsrunde durchgeführt wird, in der jeder eine Stellungnahme, einen Satz oder ein Wort mitteilt. Die Mitteilungsrunde ist hervorragend dazu geeignet, die große Vielfalt unterschiedlichen Erlebens und Wahrnehmens, manchmal der gleichen Situation, intensiv kennen zu lernen.

Unsere Abweichung von den internationalen Regeln ist folgendermaßen begründet:

Durch das Co-Counselling wird Sprechen und Denken deutlich gelöster und weitsichtiger.

Wir lernen vieles von dem, das sonst unbewusst abläuft, besser wahrzunehmen und in Sprache zu fassen. Außerdem werden Mimik, Gestik und Gefühlsausdruck spontaner und lebendiger. Das bedeutet, dass Counseler den Reichtum ihres Innenlebens auch gut in die Kommunikation einbringen können und Gespräche auf diese Weise tiefer und reicher werden. Natürlich wird auch durch die Andersartigkeit das Trennende klarer. Unsere Erfahrung ist, dass um der Vermeidung von Konfliktsituationen willen nicht der rege Austausch unter Menschen, die sich bereichern können und voneinander lernen, verhindert werden sollte.

Co-Counselling bereichert offene Kommunikation in hohem Maße, ja, ermöglicht diese teilweise erst.

Das aber übt andererseits ein in Toleranz und Verständnis großer Andersartigkeit und bildet so unter anderem ein wichtiges Grundelement für Friedensarbeit.

Das gilt besonders auch für die Gefühlsbelastung von Gesprächssituationen und Streitgesprächen.

Für diesen Fall gibt es im Co-Counselling die Maßnahme, eine Minisitzung durchzuführen, das heißt, wenn jemand der Meinung ist, dass ein Gespräch auf Grund sehr starker Gefühle der Beteiligten nicht mehr möglich ist, kann er eine „Minisitzung" einfordern.

Die Beteiligten teilen sich dann in Zweiergruppen auf und nehmen sich drei bis zehn Minuten für jeden Zeit, intensiv die belastenden Gefühle zu entlasten. Es zeigt sich immer wieder, dass dies eine sehr wirkungsvolle Weise ist, Aufmerksamkeit für das Zuhören und Aufeinandereingehen zurück zu gewinnen.

Für die Kommunikation in Konfliktfällen gilt als oberste Regel, dass alle Beteiligten mehrere oder auch viele Co-Counselling-Sitzungen mit nicht betroffenen Partnern machen, um sich zu fragen:
1. Welche alten Verletzungen werden durch den Konflikt bei mir angesprochen?

2. Wie entlaste ich mich so, dass ich aufgeschlossen in ein Gespräch gehen kann?
3. Was kann ich an konstruktiven Vorschlägen für eine Konfliktlösung entwickeln?

Danach stehen verschiedene Modelle der Konfliktbearbeitung zur Verfügung. In der Co-Counselling-Kultur Münsters wird das „Faire Streiten" angewendet.

Zusammenfassend lässt sich sagen, dass Co-Counselling die Fähigkeit, Gespräche zu führen enorm verbessern und vertiefen kann, vor allem, wenn es um Streit und Konfliktlösung, also um Friedensarbeit geht. Aber auch gegenseitige Bereicherung und Voneinanderlernen werden intensiviert.

7.0 Co-Counselling als Grundlage der Arbeit für Frieden

Der Kampf um Frieden, setzt den Kampf um die Freiheit voraus und der Kampf um die Freiheit ist ein Kampf um die Grenzen, innerhalb derer Freiheit möglich ist, denn Deine Freiheit ist meine Chance und meine Bedrohung zugleich, wo beginnt meine Freiheit und wo endet sie, wo beginnt Deine Freiheit und wo endet sie?   *Karl Rahner*

7.1 Auseinandersetzung mit dem positiven Aggressionsverständnis

Um nachvollziehbar darlegen zu können, dass für eine wirksame Friedensarbeit die Nutzung und Einbeziehung von Co-Counselling-Arbeit eine große Hilfe sein kann, soll im Folgenden zuerst einmal beschrieben werden, wie die Ausstattung des Menschen mit Aggressivität notwendigerweise immer wieder zu „kriegerischen" Auseinandersetzungen führen muss, wobei der Begriff „kriegerische Auseinandersetzung" in einem sehr weiten Sinn zu verstehen ist. Kriegerisch meint hier, dass gekämpft wird mit dem Ziel, Sieger zu sein über einen Verlierer, die Macht über Situationen zu gewinnen, um sie nach eigenen Interessen gestalten zu können und das Maß der Rücksichtnahme auf den Verlierer ausschließlich in der Hand des Siegers liegt. Derartige Durchsetzungskämpfe finden auf allen Ebenen menschlichen Miteinanders statt, zwischen Personen, in Familie und Partnerschaft, Beruf und Freizeit, zwischen Gruppen in den gleichen Bereichen und zwischen Staaten oder politischen Gruppen sowie Staatenbünden. Die Prinzipien, nach denen das Kampfgeschehen sowie die Befriedungsmöglichkeiten ablaufen, sind immer die gleichen.

Eine tiefe Angst belastet die Beziehungen der Menschen untereinander. Man könnte sie in der Klage zusammenfassen: „Ich habe Angst, dass Du mir wegnimmst, was ich brauche; dass Du besser, schneller, fähiger bist als ich, dass Du mich überfährst, an die Wand spielst, mir meine Chancen für ein gelungenes Leben raubst." Für den Philosophen J. G. Fichte ist das Du in gewisser Weise der Feind des Ich. Bedauerlicherweise verlieren wir dabei leicht aus dem Blick, wie viele Chancen für die Gestaltung und den Vollzug unseres Lebens in der Begegnung mit dem anderen liegen. Der Klärungsprozess für Durchsetzungs- und Verteilungsfragen ist mit einem Ringkampf zu vergleichen. Die Sprache sagt anschaulich: Es wird um eine Lösung der Frage gerungen. Das Besondere von Ringkämpfen ist, dass man sich mal oben, in der überlegenen Position befindet, dass man aber auch auf weit überlegene Partner treffen kann und dann eben unterlegen ist. Über- und Unterlegenheit sind die Begriffe, die uns an dieser Stelle unseres Aggressionsmodells beschäftigen. Sie sind das Tor zum Verständnis von Macht und Gewalt, aber auch zum Verständnis von Konflikten allgemein. Diese können wir nicht vermeiden oder aus unserem Leben verbannen. Sie entstehen natürlicherweise, weil wir Menschen verschieden sind und weil sich unsere Interessen und Ansprüche oft mit denen anderer Menschen reiben.

7.1.1 Über- und Unterlegenheit

Überlegenheit wird von jedem gewünscht, Unterlegenheit wird gefürchtet.

Überlegenheit gibt ein Gefühl von Sicherheit, dass man
- zu dem kommt, was man braucht und möchte,
- Macht über Situationen hat, seine Interessen durchzusetzen,
- Bedingungen so gestalten kann, dass sie einem zum Vorteil und Nutzen gereichen.

Überlegenheit gibt ein Gefühl von Stärke, Wert und Recht darauf, das zu bekommen, was man zur eigenen Lebensentfaltung und Selbstverwirklichung benötigt.

Unterlegenheit dagegen macht oft Angst,
- nicht zu bekommen, was man braucht und möchte,
- zu kurz zu kommen,
- an die Wand gespielt und überfahren zu werden,
- klein gemacht, gedemütigt und verletzt zu werden,
- unter Umständen in der gesamten Existenz bedroht zu sein,
- hilflos der Willkür anderer ausgeliefert, dem Spott anderer Menschen preisgegeben zu sein.

Es gibt zwei Gesichtspunkte, unter denen die Rolle von Über- und Unterlegenheit zu betrachten ist:
1. der unseres alltäglichen Handelns, in dem jeder Augenblick eine Durchsetzungsfrage und damit verbunden einen Durchsetzungskampf bringen kann und

2. der der psychischen Vorraussetzungen. Ein gutes Selbstwertgefühl oder Minderwertigkeitsgefühle sind entscheidend dafür, ob
ein Mensch sich gut durch- und auseinandersetzen kann oder
nicht.

Da Obensein gute Gefühle mit sich bringt und Untensein Angst,
gibt es ein grundsätzliches Streben in jedem Menschen, die überlegene Position zu gewinnen und in ihr zu bleiben. Die Angst vor
der Unterlegenheit ist der Schlüssel zum Verständnis des Strebens
nach und des Festhaltens an Machtpositionen. Wie einmal ein jun-
ger Mann laut in der Öffentlichkeit verkündete: „Man muss immer
einen haben, auf den man runtergucken kann!"

Dieses Zitat als Beleg für unsere These mag in manchem Leser
eine Reaktion des Protestes hervorrufen, etwa in der Weise:

„Na, das gilt aber nicht für alle! Es gibt auch Menschen, die dem
anderen Menschen, vielleicht ihrem Nächsten, auf Augenhöhe begegnen möchten." Dazu ist zu sagen: Ja, die gibt es, und genau sie
entsprechen der Zielvorstellung, die anderen Menschen durch Co-
Counselling vermittelt werden soll, damit friedliches Miteinander
gelingen kann. Diese Haltung ist allerdings nur den Menschen möglich, die sich mitfühlend in die Lage eines anderen Menschen hineinversetzen können, fähig sind zur Empathie.

Tatsächlich ist diese so grundlegend wichtige Fähigkeit zur Empathie in der Anlage angeboren. Es ist experimentell nachgewiesen,
dass das menschliche Auge schon im frühen Kindesalter, wenn es
bestimmte Reizkonstellationen wahrnimmt, erkennt, ob das, was es
sieht, ein handelnder Mensch ist oder eine mechanische Attrappe,
ob der Mensch hilft oder behindert.

Wir möchten außerdem die These wagen, dass ernsthafte Friedfertigkeit nur möglich ist, wenn Menschen über ihr Einfühlungsver-

mögen denken und empfinden gelernt haben, dass jeder Mensch um sie herum das gleiche Recht auf die Befriedigung und Erfüllung seiner elementaren Bedürfnisse und Interessen hat, wie sie selbst, dass also jeder nicht nur weiß, die anderen haben die gleichen Rechte wie ich, sondern ihnen das auch fühlend und handelnd zugesteht.

7.1.2 Andersartigkeit und Gleichberechtigung aller Bedürfnisse

Genau wie Aggression und Gewalt ist Macht positiv und negativ. Erst wenn sie zur Absicherung der eigenen Interessen auf Kosten anderer missbraucht wird, wenn sie mit Mitteln erworben wird, die anderen Menschen definitiv schaden, ist sie zu hinterfragen. Was heißt „schaden" in diesem Fall? Diese Frage lässt sich immer nur mit Blick auf eine konkrete Konstellation beantworten. Denn es gibt im Ringkampf um Verteilung und Durchsetzung meist keinen Ringrichter. Das macht die Verständigung im Konfliktfall besonders schwierig. Teilweise können Regeln und Gesetze diese Funktion übernehmen, aber die vielen Verteilungsfragen des Alltags sind nicht alle in Regeln zu fassen. Wer sagt, wieviel jemand von einer Sache braucht? Wer weiß von sich selbst genau zu sagen, wieviel Liebe, Anerkennung, Geld oder Besitz er wirklich benötigt? Für jeden Menschen haben seine eigenen Bedürfnisse Vorrang vor denen des anderen, jedem Menschen muss zugestanden werden, dass seine Bedürfnisse im Zusammenspiel seiner körperlichen und seelischen Existenz vor denen der anderen von vorrangiger Bedeutung sind. Denn wer sollte für eine Person noch besser sorgen als sie selbst? Erst wenn sie sicherstellen kann, dass ihre Bedürfnisse verlässlich ihr Recht erfahren, kann sie aufmerksam für die Bedürfnisse anderer sein, ohne sich zu schaden.

Demnach haben mit Blick auf die Andersartigkeit jedes Menschen alle Bedürfnisse aus psychologischer Sicht eine Existenzberechtigung. Wenn wir von uns selbst ausgehen, jeder Einzelne für sich, dann sind alle Bedürfnisse mindestens verständlich und im jeweiligen individuellen Zusammenhang erklärbar.

Um die Vielfalt der Situationen, die aus diesen Zusammenhängen heraus entstehen, meistern zu können, benötigt es Kraft:

- energisch zuzupacken, auf die Umwelt zuzugehen und sich verfügbar zu machen, was man braucht,
- sich gegen den Willen des anderen durchzusetzen,
- sich gegen den Zugriff des anderen zu wehren,
- zu kämpfen,
- den anderen niederzuringen.

Diese Kraft nennen wir „aggressive Energie" oder Aggressivität, die konstruktiv und destruktiv sein kann. Konstruktiv ist sie, soweit sie dem Einzelnen zu seiner Lebensführung dient im Zusammenspiel mit den Bedürfnissen der anderen, die den gleichen Anspruch haben. Destruktiv ist sie, weil sie ein unendliches Konfliktpotenzial mit sich bringt, das ein friedliches Zusammenleben schwer oder sogar unmöglich macht. Da viele Bedürfniserfüllungen des einen Menschen die des anderen ausschließen, muss um Lösungen und Kompromisse gerungen werden. Man könnte z. B. sagen: Barmherzigkeit ja, aber für wen? Oder: Gleichheit aller bedeutet in dieser Hinsicht oft schon Gewalt am Einzelnen. Auf diesem Hintergrund wird auch die Aussage Carl Friedrich von Weizäckers verständlich, der in einem Fernsehinterview formulierte: „Gleichheit ist nur durch Anstrengung zu erreichen und ihre Aufrecherhaltung braucht noch größere Anstrengung."

7.1.3 Selbstverständliche Durchsetzung

Wer stark ist im Einfordern seines Rechtes auf Selbstbestimmung, der setzt sich durch und lebt auch von denen, die durchaus darüber nachdenken, was ihnen entgeht oder sie verpassen, oder worauf sie verzichten, aber weniger stark sind. Sie lassen dem Stärkeren die Macht über die Situation. Wer schwach ist in der Durchsetzung, lernt mit dem Gefühl zu leben, dass er eben nicht so viel Recht hat auf Macht. Er lernt vielleicht, dass er stark sein kann im Verzichten, in Höflichkeit, Rücksichtnahme und Friedfertigkeit, oder er greift zu Waffen wie List, Lüge, Betrug oder auch Gewalt.

7.1.4 Gewalt

Wie wir oben bereits sagten ist auch Gewalt positiv und negativ. Denn negativ ist die Kraft zu bewerten, die eingesetzt wird, um eine überlegene Position um jeden Preis zu gewinnen oder zu behaupten, egal mit welchen Mitteln, ohne Rücksicht auf negative Folgen für andere Menschen und häufig auch für den gewalttätig Handelnden selbst.

Positiv ist die Kraft zu bewerten, die dem destruktiv Handelnden Einhalt gebietet, die dafür sorgt, dass unrechtmäßig erworbene Überlegenheit aufgegeben werden muss, die den Friedlichen vor „gewalttätigen" Übergriffen schützt.

Der Vorgang der Entstehung von Gewalt ist unserer Auffassung nach folgendermaßen zu beschreiben:

Ich bin in einer unterlegenen Position, fühle mich klein, verletzt und mein Leben bedroht. Ich will in eine bessere Position kommen, koste es, was es wolle; so halte ich es nicht mehr aus. Ich werde aktiv mit den Mitteln, die mir zur Verfügung stehen und von denen ich weiß, dass ich durch sie stark bin wie z. B.:

- Intellektuelle Überlegenheit,
- Fähigkeit zu moralischer Argumentation,
- Wortgewandtheit,
- Charme - List - Lüge,
- Skrupellosigkeit,
- Unterwürfigkeit,
- Körperliche Kraft.

Ich erlebe Überlegenheit, fühle mich gut, entspannt, erleichtert, ich triumphiere.

Ich entwickele Lust an der Macht, werde süchtig nach diesem positiven Gefühl.

Ich bekomme Angst, die überlegene Position zu verlieren. Ich mache Anstrengungen, sie zu sichern und diese Sicherheit auszubauen.

Kleine Zeichen von Bedrohung dieser Überlegenheit lösen Angst aus. Ich fühle mich klein und will wieder in eine überlegene Position kommen, notfalls unter Anwendung von Gewalt.

7.1.5 Wertungen und die Interpretation der Wirklichkeit

Im Umgang mit Angst, Macht und Gewalt spielen vor allem Wertungen eine große Rolle, die mit der Entstehung von Gefühlsreaktionen eng verbunden sind, wie wir im ersten Teil des Buches ausführten. Häufig sind Interpretationen bestimmend, wie wir das Verhalten anderer Menschen, die Dinge, die passieren, oder die Bedürfnislage in uns selbst einschätzen. Ob wir zu wenig oder genügend haben, ob unsere Grenze überschritten wurde, ob eine Position als unter- oder überlegen zu interpretieren ist, wir uns angegriffen und bedroht fühlen, das entscheidet letztlich jeder für sich selbst. Wir können in bestimmten Konstellationen eine Überlegenheit der anderen hineindeuten und uns deshalb klein fühlen, wir können zu hohe Ansprüche an das Leben, die Gutmütigkeit anderer oder auch an unsere eigene Leistungsfähigkeit stellen und dadurch unzufrieden sein. Wir können dadurch in uns die Bereitschaft schüren, uns angegriffen zu fühlen und deswegen aggressiv werden zu müssen. Hier spielt die in der Kindheit geprägte oben beschriebene Charakterstruktur eine große Rolle. „Ich habe Angst, zu verhungern", sagt eine Frau, die über einen Großgrundbesitz verfügt und ein kleines Stück Land durch Verkauf abgegeben hat. „Unsere Demut ist unser Stolz," sagte eine Ordensschwester und interpretierte damit eine Situation von Unterlegenheit in Überlegenheit um. Jede Situation, jedes Ereignis, jede Handlung, alles, was passiert, ist vielfältig deutbar, und so können wir immer etwas finden, was unsere Unterlegenheit beweist und uns legitimiert, uns angegriffen zu fühlen. Wir können aber auch Situationen so interpretieren, dass wir in irgendeiner Form souverän werden über sie. Das hängt wesentlich von der geistigen Beweglichkeit, vom Willen zum Frieden und vor allem vom eigenen Selbstwertgefühl und Selbstverständnis ab. Diese sich zu erarbeiten, ist nicht leicht, aber, wie wir hoffentlich überzeugend darlegen konnten, möglich.

7.1.6 Faszination durch Macht und Gewalt

Wir Menschen haben Lust auf Konstellationen, in denen ein Mensch der Größte, Schnellste, Beste ist, am liebsten wir selbst. Viele haben Lust, Zuschauer zu sein, wenn es um Zerstörung, Lebensbedrohung oder Vernichtung geht. Spannend wird es in allen Geschichten, Dramen im Theater und im Film, wenn „der Gute" und „der Böse" definiert sind, wenn der Böse versucht, den Guten zu vernichten und statt dessen selbst besiegt und vernichtet wird. „Blut muss fließen", dann gucken viele hin. Es gibt eine Lust an Gewalt, die anderen widerfährt. Man darf nur selber nicht in der unterlegenen Position, in der Opferrolle sein, dann hört der Spaß auf.

7.1.7 Scham und Verdrängung

So faszinierend wie Gewalt für uns ist, so schamhaft gehen viele mit ihrem eigenen Gewaltpotenzial, ihrer eigenen Gewaltbereitschaft um. Sie wollen diese Seite des Menschseins weder verstehen, noch erkennen, noch überdenken. Sie haben mächtige Widerstände, sich in dieser Hinsicht mit sich selbst auseinanderzusetzen. Es geht immer um andere, die gewalttätig sind: „Ich doch nicht!" Dies wird besonders deutlich an der Art und Weise, wie Möglichkeiten der Entwicklung von Bewusstheit für das eigene Handeln z. B. durch

Selbsterfahrung oder Psychotherapie in der Gesellschaft diskriminiert sind. Etwas überspitzt könnte man sagen: Solange kein öffentliches Bewusstsein gewachsen ist, dass jeder Mensch seine Gewaltbereitschaft genau so zur Kenntnis nehmen sollte wie seine schlechten Zähne, solange gibt es keine Hoffnung, dass sich an den bestehenden Gewaltstrukturen Wesentliches ändern kann. Die Fähigkeit des Menschen, unliebsame Anteile seines Erlebens verdrängen zu können, macht es möglich, dass wir im Brustton der Überzeugung sagen können: „Ich doch nicht!" Es ist schwer und braucht fachkundige Hilfe, wenn Verdrängungen aufgelöst und ihre Inhalte ins Bewusstsein gehoben werden sollen. In diesem Zusammenhang kann das Co-Counselling wichtig und hilfreich sein, da es auch den Laien in die Lage versetzt, diese Arbeit bis zu einem gewissen Grad selbst zu tun.

7.1.8 Übertragung alter Gefühle auf neue Situationen

Eine letzte Gegebenheit, die den Umgang mit unserer Aggressivität so schwierig macht, ist, wie wir bereits ausführten, die Tatsache, dass wir alte Erfahrungen aus Kindheit und Jugend im Körper gespeichert haben. Teile dieser Erfahrungen wie das Gefühl oder ein Geruch oder ein anderes Detail werden in uns lebendig, wenn wir in der Gegenwart etwas erleben, das an die alte Erfahrung erinnert. Manchmal wird auch die gesamte alte Erfahrung aktiviert, manchmal tritt sie ins Bewusstsein, meistens nicht. Es kann dann geschehen, dass wir auf eine Situation reagieren, als sei sie die alte, auch wenn sie in vieler Hinsicht anders ist. Da derartige Übertragungen meist unbewusst laufen, ist es auch in diesem Zusammenhang sehr,

sehr schwer, Konflikte zwischen Partnern zu klären und zu lösen, wenn sie nicht in der Lage sind, diese Vorgänge bei sich zu erkennen. Aus diesem Grund ist es außerordentlich hilfreich, wenn man über Co-Counselling-Sitzungen und gute Entlastung alter Gefühle Erkenntnisse über diese Zusammenhänge bei sich selbst erschließen kann.

7.1.9 Die Rolle des Co-Counselling für die Gestaltung aggressiver Energie

Die letzten drei Abschnitte machen besonders deutlich, warum im Rahmen wirkungsvoller Friedensarbeit Co-Counselling in großem Stil zur Kenntnis genommen, kennengelernt und großen Teilen der Bevölkerung zugänglich gemacht werden sollte:

- Zum einen macht es die „unblutige" Abreaktion der in den drei Abschnitten beschriebenen aggressiven Wünsche und Gefühle möglich.

- Zum anderen kann durch eine regelmäßige Co-Counselling-Arbeit eine Schulung und Sensibilisierung des Einzelnen für das eigene innere Erleben erreicht werden.

- Zum dritten wird die Empathiefähigkeit durch die wechselnden Rollen von „selbst arbeiten" und „dem anderen Aufmerksamkeit und Unterstützung schenken" gestärkt.

7.2 Soziale Kompetenzen als Grundlage für demokratisches Denken und Handeln.

Für eine wirksame Friedensarbeit, eine Umsetzung der Menschenrechte sowie Pflege und Aufrechterhaltung demokratischer Strukturen in einer pluralistischen Gesellschaft ist es erforderlich, dass in einer breiten Öffentlichkeit viel mehr Bewusstheit und Bereitschaft für das Ringen um Lösungen wachsen. Obwohl bereits vielfältige Formen zum Umgang mit Konflikten und zur Regelung von Durchsetzungs- und Verteilungsfragen entwickelt wurden, erfahren diese sehr wenig Anwendung im alltäglichen Zusammenleben.

Für diese Situation möchten wir außer dem Verweis auf die Möglichkeiten des Co-Counselling weitere Lösungsvorschläge anbieten. Unser Verständnis von Friedensarbeit basiert auf den Grundsätzen einer humanistisch-demokratischen Verfassung, wie sie im Grundgesetz der BRD festgehalten sind.

Das bedeutet:

1. jeder Mensch hat das gleiche Recht auf die Verwirklichung seines Lebens,
2. jeder Mensch hat ein Recht auf seine eigene Meinung und Lebensform,
3. jeder Mensch hat das Recht, sich das zu holen, was er zu dieser Lebensgestaltung braucht.

Wenn jeder Mensch dem anderen und sich selbst diese Rechte einräumt, dann bedeutet dies:

a) dass jeder seine Stärke zum Zuge bringen darf,
b) dass jeder seine Stärke zurücknehmen können muss,

217

c) dass jeder die Fähigkeit erlernen muss, seine Position und die des anderen gleichmäßig und gleichzeitig in den Blick zu nehmen und nachzuvollziehen.

Der Respekt vor der Andersartigkeit fordert, dass bei Durchsetzungsfragen

a) nicht grundsätzlich mit „richtig" oder „falsch" zu werten ist,

b) Handlungsstrategien und -konsequenzen mit gegenseitiger Zustimmung auszuhandeln sind, da alle Interessen Anspruch erheben, gleichwertig zu sein.

Die Auseinandersetzungsform, die daraus resultiert, könnte man die „Fähigkeit zum fairen Streiten", nennen, und sie könnte eine Alternative zu den Modellen: Gefecht - Kampf - Krieg sein. Hierzu bedarf es allerdings des Aufbaus einer regelrechten Streitkultur, deren Elemente in den Kommunikationswissenschaften, besonders in der Friedens- und Konfliktforschung, entwickelt wurden. Sie stellen eine in gewisser Weise zwangsläufige Fortführung der Co-Counselling-Arbeit dar, da diese nur auf der Basis von Gemeinschaften gelingen kann, die wiederum nur dauerhaft Bestand haben können, wenn es ihnen gelingt, gute, offene Kommunikationsformen und eine konstruktive Konfliktlösekultur zu entwickeln.

7.2.1 Elemente offener Kommunikation

a) Das Sprechen in Ich-Botschaften

Wenn freie Aufmerksamkeit für die Andersartigkeit der eigenen und der fremden Existenz vorhanden ist, dann kann sich diese Haltung nicht nur im Hinschauen ausdrücken, sondern auch in einer bestimmten Form des Sprechens. Ich sage, was ich denke, wie ich Dinge und Menschen bewerte, was ich möchte, wie ich Situationen erlebe. Ich spreche von mir und stelle keine alle einbindenden Behauptungen auf. Ich gebe Auskunft über das, was ich wirklich wissen kann, was ich ablesen kann, wenn ich meiner selbst bewusst lebe. Keiner braucht sich durch meine andere Sicht oder unterschiedliche Position verletzt zu fühlen. Sie oder er weiß auf jeden Fall, woran er ist und kann sich dementsprechend einstellen, kann zustimmen, widersprechen oder auch einfordern, dass ich meine Sicht ändere. Ob ich das tue, entscheide wiederum ich allein. Das Sprechen in Ich-Botschaften trägt der Tatsache Rechnung, dass uns klar ist, dass wir alle anders sind in vieler Hinsicht, anders als wir nach außen hin wirken; anders, als wir durch unser Reden erscheinen, anders als gestern in der gleichen Situation, unbewusst anders als unser Bewusstsein meint.

b) Spiegeln

Um der Andersartigkeit konstruktiv begegnen zu können, wird in vielen Kommunikationssituationen auch das sogenannte Spiegeln angewendet. Es bedeutet, dass der Kommunikationspartner das Gesagte wörtlich oder sinngemäß wiederholt. So kann Verständnis oder Unverständnis festgestellt werden. Bei Aktionen, von denen oft das Leben von Menschen abhängt, war das immer schon Pflicht. Befehle, Anweisungen, Strategien sind zu wiederholen, um sicherzustellen, dass sie richtig weitergegeben und durchgeführt werden können. Unter dem Namen „aktives Zuhören" ist diese Vorgehensweise im therapeutischen Rahmen bekannt.

c) Fordern und Verweigern

Fordern und Verweigern [36] sind zwei elementare Fähigkeiten, die für eine faire Verhandlung benötigt werden. Unter der Fähigkeit zu fordern ist zu verstehen, dass ich in der Lage bin, ausdrücklich mit Kraft dem anderen Menschen zu sagen und zu vermitteln, dass ich etwas will und entschlossen bin, es mir zugänglich zu machen, allerdings unter Verzicht auf die Anwendung von Gewalt.

Zum Fordern gehört Entschlossenheit für mich einzustehen, klar zu artikulieren, was ich will, Geduld, meine Forderung immer wieder an den anderen heran zu tragen, geistige Beweglichkeit und Kreativität, mir Argumente und neue Strategien einfallen zu lassen, und Beharrlichkeit, immer wieder mit meiner Forderung „vorstellig zu werden".

Mit Verweigern ist die Fähigkeit bezeichnet, „Nein" zu sagen, und damit die eigenen Grenzen klar zu kennzeichnen. Es gibt einen Raum physisch und psychisch, der als der intime Raum jedes Ein-

---

[36] Titel einer Übung aus dem Aggressionstrainingsprogramm von G. Bach und Y. Bernhard, S. 105

zelnen gilt. In ihn muss man sich zurückziehen, „bei sich sein" können und dürfen. Wie groß dieser Raum sein muss, kann nur jeder Mensch selber wissen, und sicher ist dies Verständnis des eigenen Raumes, den es gegen andere abzugrenzen gilt, das Ergebnis vieler Auseinandersetzungen mit anderen Menschen von Kindheit an. Das bedeutet, dass diese Grenzen immer wieder neu zu verhandeln sind. Das passiert, wenn man sich einlässt auf diesen Vorgang des Forderns und Verweigerns.

Um fair streiten zu können, muss ich meine Wünsche klar artikulieren und eine kraftvolle Forderungshaltung vollziehen können. Ich muss ebenso „Nein" sagen können in der Vielzahl von Argumenten und Strategien, die es für mich gibt.

d) Nachgeben, Zurücknehmen der eigenen Stärke, Rücksichtnahme und Kompromissfähigkeit

In Auseinandersetzungen ist wichtig, dass jeder der Partner prüft, was an Positionen gehalten werden muss und was aufgegeben werden kann. Es sind in jedem Konflikt Teile einer Position verhandelbar, und diese sind herauszufinden, um Lösungen zu entwickeln.

Das bedeutet, dass jeder Mensch nicht nur fähig sein muss, sich zu holen, was er zum Leben braucht, sondern auch auf das zu verzichten, was er nach eingehender Prüfung nicht braucht. Nachgeben, die eigene Stärke zurücknehmen, weil man merkt, man kann auch ohne diese oder jene Bedürfniserfüllung leben, sie ist eigentlich gar nicht wichtig, sie dient nur der Absicherung des eigenen Raumes, dem Aufbau einer Machtposition, ist genau so zu beherrschen wie das Ausleben der aggressiven Kraft und Energie. Die Position des Forderns oder Verweigerns ganz oder teilweise aufgeben zu können, ist notwendig, um in Kommunikation und Kontakt zum anderen Menschen bleiben zu können. Man könnte auch sagen: Die Fähigkeit, Kompromisse zu entwickeln, gehört zu den Basiselementen demokratischen Zusammenlebens.

e) Umdenken, Umdeuten, Umwerten

Hilfreich für die Fähigkeit nachzugeben sind die Möglichkeiten umzudenken, umzudeuten und umzuwerten. Situationen und Gegebenheiten haben immer viele Seiten, die je nach Sachlage einmal negativ und einmal positiv sein können. Nichts ist immer nur gut und nichts ist immer nur schlecht. Es ist meist möglich, der Situation oder Entwicklung, die wir nicht ändern können, eine Sichtweise abzugewinnen, eine Deutung zu geben, die für den Betroffenen konstruktiv ist. So ist es z. B. möglich, Krankheiten als Chance zu sehen oder zu bedenken, dass etwas, was wir als Stein des Anstoßes verstehen, vielleicht auch „ein Stein zum Sitzen" sein könnte. Die Fähigkeit, in dieser Weise beweglich zu denken, ist intensiv zu üben, um die Fähigkeit, nachgeben zu können, zu stärken.

f) Wertschätzung und Selbstwertschätzung

Um den anstrengenden Ringkampf von Durchsetzung und Rücksichtnahme, der mit dem anderen Menschen und immer auch mit sich selbst zu führen ist, durchzuhalten, ist ein ausreichendes Maß an Wertschätzung für den anderen Menschen sowohl als auch der eigenen Existenz notwendig. Da in der Gesellschaft Bestes gefragt ist, wird Mangelhaftes und Unvollkommenes als „zweite Wahl" eingestuft. In brutaler Weise gelten unter Kindern, Jugendlichen und Erwachsenen Hierarchien von Zeichen, die bestätigen, dass man gut genug ist, dazuzugehören oder nicht. Zwei Beispiele sollen dafür aufgeführt werden: Man muss Markenartikel tragen und man muss dünn sein, dann hat man wenigstens eine Chance, akzeptiert zu werden. Diese Art, miteinander umzugehen, erzeugt in jedem Menschen Minderwertigkeitsgefühle, die oft auf erschreckende Weise kompensiert werden durch großspuriges, gewaltbereites oder selbstaggressives, zerstörerisch gegen sich selbst gerichtetes Verhalten. Soll die Spirale von Angst, Macht, Gewalt also überflüssig und faires Streiten als gesellschaftliche Selbstverständlichkeit angenommen werden, bedarf es einer intensiven Förderung der Wertschätzung von Höflichkeit, Freundlichkeit, Hilfsbereitschaft und vieler anderer Tugenden sowie Selbstwertschätzung. Wertschätzung für andere haben viele Menschen, ohne sie zu äußern, ja häufig vielleicht zuviel Bewunderung oder sogar Verherrlichung, aber Selbstwertschätzung fehlt sehr vielen. Sie zu lernen, ist in unserer Kultur ein schwerer Umdenkprozess, der viel Zeit und Bemühungen braucht, obwohl es schon so viele Bücher über „die Kraft des positiven Denkens" gibt. Ohne Selbstwertschätzung gibt es keine Kraft, für sich einzustehen, und noch weniger Kraft, die Position des anderen, dessen Recht auf Leben, mitzudenken, ohne sich selbst zu vergessen. Wenn der Theologe K. Rahner sagt: Der Kampf um Frieden setzt den Kampf um Freiheit voraus, dann müssen wir ergänzen: Und der Kampf um die Freiheit setzt den Kampf um die Grenzen voraus, und der kann u. a. im fairen Streit zweier selbstbewusster, sich selbst und den anderen wertschätzender Partner gewonnen werden.

g) Kritisches Feedback (Rückmeldung)

Wenn in der Kommunikation zweier Menschen Störungen auftreten, wird oft getan, als wenn es sie nicht gäbe und versucht, auf vielerlei Weise mit der Störung zu leben, bis es nicht mehr geht, weil über Zornausbrüche, Racheaktionen, Schikanen oder andere Verletzungen deutlich wird, wie belastet oder sogar schon zerstört die Beziehung inzwischen ist. Grund für diese Situationen ist die weitverbreitete Unfähigkeit, Störungen rechtzeitig zu benennen und in Formen anzusprechen oder entgegenzunehmen, die nicht verletzend sind, sondern den Willen zum Ausdruck bringen, die Störung zu benennen, um sie zu beheben. Man nennt diese Fähigkeit, Störungen zu benennen auch „kritisches Feedback oder kritische Rückmeldung geben." Man kann wertschätzende Rückmeldung geben, um die Selbstwertschätzung eines Menschen zu stärken und man kann kritische Rückmeldung geben, um Störungen rechtzeitig zu beheben. Wenn ein Auto einen Kratzer hat, von dem aus es rosten könnte, fahren viele sofort zur Werkstatt, um den Schaden zu beheben und weiteren Schaden zu verhindern. Mit Beziehungen wird leider nicht so verfahren, obwohl dies dringend zu empfehlen ist. Je kleiner die Störung, desto eher lassen sich Lösungen finden.

h) Entlastung von gestauter aggressiver Energie

Jede Grenzsetzung, die ein Mensch durch einen anderen erfährt, löst eine emotionale Spannung aus und das Bedürfnis, diese zu entlasten. Meist schlucken Menschen Ärger, Enttäuschung, Frust, Zorn und ähnliche Gefühle, bringen sie nicht zum Ausdruck ebenso wenig wie Angst, weil emotionaler Ausdruck Ehrlichkeit voraussetzt und diese gereicht in Durchsetzungs- und Konfliktsituationen schnell zum Nachteil. Strategische Klugheit und Kreativität im Kampf um die Durchsetzung eigener Interessen sollten beherrscht werden, wenn man damit rechnen muss, dass es der andere nicht gut mit einem meint. Faires Streiten ist nur möglich, wenn beide Partner eine friedliche Lösung wollen. Dies ist eine Situation, die zwar häufig gegeben ist, für die aber vielen Menschen die Mittel fehlen, sie zu bewältigen. Aus diesem Grund wird im Folgenden ein Konzept des „fairen Streitens" dargestellt. Der erste Schritt in diesem Vorgehen besteht in der Abreaktion der aggressiven Gefühle. Erfolgt diese nicht, so setzt sich die Spannung im Körper in vielen Muskelgruppen, wie Rücken-, Nacken- oder Magenmuskulatur fest und blockiert das Denken. Die Sprache sagt: „Wir werden blind vor Wut, wir sehen rot, wir kriegen einen dicken Hals, so dass uns der Kragen platzen möchte".

Also ist es für faires Streiten notwendig, Möglichkeiten zu suchen, aggressive Spannung so zu entlasten, dass sie entweder frühzeitig ein Ventil findet, indem man schimpfen oder seine kritische Meinung ungehindert äußern darf, oder dass man sich intensiv aber unblutig nicht in Gegenwart des Konfliktpartners von der gestauten aggressiven Spannung befreit. Das könnte in lautem Schreien im Wald oder im Auto, in einem Wutausbruch einer unbeteiligten Person gegenüber, in einem Kissenschlagen, Holzhacken oder Fußballspielen bestehen, oder eben, wie es die Botschaft dieses Buches ist, in Co-Counselling-Sitzungen. Der Kopf muss frei und in den Vollbesitz seiner kreativen Möglichkeiten zurückversetzt werden, um einen fairen Streit zu einem konstruktiven Ende bringen zu können.

7.3 Das Ritual „Fair Fight" (Faires Streiten)

G. Bach und Y. Bernhard haben schon 1971 eine Form der Konfliktarbeit entwickelt, aus der in unserer dreißigjährigen Arbeit zur Verbesserung von Kommunikation das sogenannte „Faire Streiten" geworden ist. Viele Menschen können lernen, fair Konflikte zu lösen, ohne dass immer eine vermittelnde Person zugegen sein muss. Je eher man anfängt, diese Fertigkeit zu erwerben, desto erfahrener wird man im Umgang mit Konflikten und in der Kunst, sie nicht eskalieren zu lassen.

Das Vorgehen des fairen Streitens beginnt damit, dass man dem Konfliktpartner eine Störung sagt und ihn bittet, das Gesagte zu wiederholen, eventuell mit eigenen Worten, um sicherzustellen, dass man verstanden wurde. Wer die Störung angesagt hat, macht dann einen Änderungsvorschlag, der vom Konfliktpartner ebenfalls wiederholt wird. Wenn klar ist, dass Störung und Änderungsvorschlag verstanden wurden, kann der Konfliktpartner Stellung nehmen, indem er zustimmt oder ablehnt oder Veränderungen des Vorschlags verhandelt. In seiner Urfassung endete das Ritual an diesem Punkt. Die Autoren haben es um den folgenden Schritt ergänzt: Lehnt der Konfliktpartner den Änderungsvorschlag ab, sollte er seinerseits einen Vorschlag machen. Ziel ist es, über eine Vielzahl von konstruktiven Vorschlägen eine Lösung zu finden, die der Interessenlage beider Partner möglichst weitgehend Rechnung trägt. Man kann dies unter Anleitung lernen, man kann im Anfang mit Vermittlern arbeiten, beide Konfliktpartner können sich aber auch ein Tonband aufstellen, um ihren Verhandlungsprozess reflektieren zu können. Es gibt viele Möglichkeiten, dieses Vorgehen zu lernen. Vorraussetzung ist allerdings, dass man entschlossen ist, Lösungen in gegenseitigem Einverständnis zu finden. Wenn im Treffen der Regierungschefs in Biaritz am 14.10.2000 ein Politiker sagte, er fühle sich wie auf einem Basar, dann kann man nur sagen: Ja, das ist so, Durchsetzungskämpfe sind oft nur wie auf einem Basar in langen, zähen Verhandlungsprozessen zu lösen. Je größer unser Respekt vor der Andersartigkeit, je größer unsere Kreativität, Lösungen zu erfinden, je zäher unsere Entschlossenheit zu friedlicher Koexistenz, desto ausdauernder werden wir verhandeln. Denn wie gesagt: Eine der wesentlichsten Voraussetzungen demokratischen Zusammenlebens ist die Kompromissfähigkeit. Gut ist es, wenn der Partner das Verfahren schon kennt, aber notwendig ist es nicht. Wichtig ist, dass einer sicher ist in der Vorgehensweise und der andere bereit, sich auf den Prozess einzulassen. Viele Konflikte lassen sich in kleine Einheiten aufteilen und so Schritt für Schritt bearbeiten. Bei tiefen, schweren, existentiellen Konflikten sollte man allerdings einen Vermittler (Mediator) hinzuziehen, der von beiden Konfliktpartnern akzeptiert ist. Besonders wichtig ist faires Streiten für Beziehungen, denen man wünscht, dass sie liebevoll sind, also für Partnerschaften und Familien. Liebevolle Beziehungen sind nicht frei von Durchsetzungskämpfen. Das Nachgeben fällt zwar häufig leichter, aber schnell können leichtfertig verharmloste Durchsetzungsprobleme liebevolle Beziehungen zerstören. Dann beginnt oft ein grausamer Überlebenskampf, der meist unter Ausschluss der Öffentlichkeit stattfindet und in dem die Schwächeren oft schwersten Schaden leiden.

Was also brauchen wir an verbesserten Rahmenbedingungen, um Friedensarbeit in der Beziehung des Einzelnen zu sich selbst, in Ehen und Familien sowie im politischen Bereich wirkungsvoller zu leisten?

1. Systematische Arbeit des einzelnen Menschen an sich selbst durch offene Kommunikation / Psychotherapie / Selbsterfahrungsgruppen / Yoga / Meditation / Beten und viele andere Wege, um sich seiner eigenen Denk-Verhaltens-, Gefühls- und Erlebnisweisen bewusst zu werden und zu erkennen, wo diese die Interessen anderer Menschen zu wenig oder zuviel berücksichtigen. Co-Counselling ist unserer Meinung nach in dieser Hinsicht besonders wirksam, weil es Reflexionsfähigkeit, Sprachfähigkeit, Empathie und die Fähigkeit umzulernen und sein Verhalten zu verändern direkt und gezielt schult.

2. Die Fähigkeit, auf die eigenen Werte zu reflektieren, denn spontan bewerten wir danach, wieweit etwas unseren Interessen dient, für uns hilfreich ist. Dabei kann aber das Interesse des anderen oft nicht in angemessener Weise in seiner Bedeutung Berücksichtigung finden. Wir benötigen von daher ein allgemein verbindliches, tragendes Wertesystem, das die Akzeptanz von Werten wie
   - Respekt vor dem Leben,
   - Unverletzlichkeit der physischen und psychischen Existenz,
   - Respekt vor der Andersartigkeit, der eigenen und der des anderen,
   beinhaltet.

3. Kompromissfähigkeit,

4. Akzeptanz der Tatsache, dass Freiheit für den Einzelnen nur so weit reicht, wie die Freiheit des anderen gewährleistet ist, was bedeutet, dass beide sich in vielen Fällen zu Einschränkungen gezwungen sehen,

5. soziale Fertigkeiten, die im Denken und Handeln eine Wirklichkeit schaffen, in der jede Person ihr Recht auf Leben leben kann. Das bedeutet nicht, dass jede machen kann, was sie will, sondern

dass, soweit keine Regeln bestehen, Regelungen unter den Betroffenen zu verhandeln sind.

Im Einzelnen sind die sozialen Fertigkeiten zu entwickeln und einzuüben, die wir bereits ausführlich beschrieben haben.

7.4 Wahrnehmung und Wahrheit

Um die Fähigkeit, in Ich-Botschaften zu sprechen, schulen zu können, erscheint es uns hilfreich, dem Leser einige Informationen über die Beschaffenheit der menschlichen Wahrnehmungsfähigkeit zu geben.

Setzt man etwa zwei Menschen einander gegenüber in die Mitte eines Raumes und lässt sie beschreiben, was sie sehen, werden in den Beschreibungen immer Unterschiede sein. Erstaunlich ist allerdings die Erfahrung, dass viele Menschen das, was sie von dem Raum gesehen haben, einseitig als gegeben ansehen und nicht bedenken, dass der andere den Raum aus einer anderen Perspektive gesehen hat. Oft gibt es dann Streit, wie der Raum wirklich beschaffen war.

Lässt man in einer Gruppe jeden Teilnehmer zur gleichen Situation eine Stellungnahme abgeben, z. B. auf die Frage: „Was haben Sie gesehen, was haben Sie erlebt, wie war das für Sie?" wird man erstaunt sein über die Unterschiedlichkeit dessen, was überhaupt gesehen wurde, wie unterschiedlich Einzelheiten oder die gesamte Situation erlebt, empfunden und bewertet wurde.

Es gibt allein mehrere hundert Gesetze des Sehens, die der Psychologe W. Metzger [37] in seinem Buch: „Die Gesetze des Sehens" zusammengetragen hat, darunter viele optische Täuschungen. Ob wir Dinge überhaupt sehen, auch wenn sie vorhanden sind, ob wir sie zu groß oder zu klein erleben, hängt häufig nur von dem Zusammenhang ab, in dem sie in einer bestimmten Situation vorkommen.

Wenn wir beginnen, darauf zu achten, wie unterschiedlich wir im Vergleich zu unseren Mitmenschen die Umwelt wahrnehmen, ist es leicht einzusehen, dass jeder Mensch aufgrund dieser jeweils individuellen persönlichen Wahrnehmung seine eigene Wahrheit hat, haben muss. Das heißt nicht, dass es keine objektive Wahrheit gibt, denn natürlich gibt es viele Gegebenheiten, auf deren Existenz sich viele einigen können. Aber es ist eben nicht so einfach mit der Wahrheit, wie wir oft denken. Für die Friedensarbeit ist die Tatsache bedeutsam, dass es immer sein kann, dass der andere in Meinungsverschiedenheiten ebenso Recht hat wie ich oder dass eigentlich er Recht hat und nicht ich.

Beispiel: Ein Ehepaar fuhr zu einem Besuch ins Sauerland zu Freunden. Vor der Rückfahrt sagte der Mann: „Jetzt geht es wieder durch die vielen Tunnel", „Wie durch die vielen Tunnel"? Es waren doch nur 2 oder 3!" erwiderte die Frau. „2 oder 3!!! Niemals, mindestens 15!!", war die empörte Antwort. Da die Rückfahrt noch vor ihnen lag, konnten sie ihre Wahrnehmung überprüfen. Es waren, der Leser wird vielleicht staunen, 13 Tunnel!

Wir können an diesem Beispiel erkennen:

Dreizehn Tunnel waren real vorhanden, sie bildeten sozusagen die vorgegebene Wahrheit. Die persönliche Wahrnehmung der beiden Personen war so unterschiedlich, dass sie schnell zu einem

---

[37] W. Metzger, Die Gesetze des Sehens

Streitpunkt hätte werden können. Derartige Situationen sind sehr häufig Konfliktquellen. Sie können vermieden werden, wenn wir lernen zu sagen: „Du siehst es so, ich sehe es anders! Lass uns gemeinsam überlegen, wie wir es überprüfen können."

Es wirkt bei beginnenden Streitsituationen, hervorgerufen durch eine unterschiedliche Wahrnehmung, immer wieder wie eine Befreiung, wenn die betroffenen Menschen zum Ausdruck bringen, dass sie damit rechnen, dass die eigene Wahrnehmung nicht mit den tatsächlichen Gegebenheiten übereinstimmt.

Was kann das Co-Counselling in diesen Fragen bewirken?

An vielen Stellen des Miteinanders in dieser Unterschiedlichkeit reagieren wir oft mit Missbehagen, Ärger, Empörung über die Rechthaberei oder den Herrschaftsanspruch der anderen, mit Verletztheit, mit Trauer über die Ungerechtigkeit und das Verletzende, das von unseren Mitmenschen ausgeht.

Diese Gefühle können wir im Co-Counselling abreagieren, können fragen, welche alten Verletzungen durch die aktuelle Situation lebendig geworden sind und können uns so von vielen Gefühlen befreien, die ein klärendes Gespräch über die Situation erschweren oder verhindern.

Schauen wir die Entwicklung unseres demokratischen Gemeinwesens an, so müssen wir feststellen, dass lebenswichtige Regelungen, die alle betreffen, immer „gesetzlich" verordnet werden und das heißt, dass, wenn sie von den Menschen nicht freiwillig befolgt werden, Strafen verhängt werden und deren Ausführung auch erzwungen wird. Beispiele sind der Bruch von Verkehrsregeln, Besitzstreitigkeiten, Diebstahl, Vernichtung des anderen. Ohne diese Maßnahmen wird es wohl nie gehen. Aber es gibt im Zusammenleben einen großen Bereich, der durch Gesetze nicht zu regeln ist und in dem viele Verletzungen und Schädigungen erfolgen. Für die Verbesserung der Friedfertigkeit in diesen Lebensbereichen kann die Verbreitung des Co-Counselling und der daraus entstandenen Konfliktlösungsmöglichkeiten unserer Erfahrung nach vieles leisten.

7.5 Grundzüge einer Erziehung zur Friedfertigkeit

Aus der Ambivalenz der aggressiven Energie, die einerseits notwendig zum Leben ist, aber gleichzeitig auch zerstörerisch sein kann, ergibt sich, dass neue Formen von Kommunikation zu lernen sind. Des Weiteren sind Grundzüge einer Erziehung, die einen konstruktiven Umgang mit dieser Energie ermöglicht, zu skizzieren. In einem dritten Schritt wird ausgeführt, wie beide, Umgang mit der aggressiven Energie und Grundzüge einer angemessenen Erziehungshaltung durch das Co-Counselling gefördert und ermöglicht werden.

Wenn hier von Erziehung die Rede sein soll, so geht es nicht nur um die Erziehung von Kindern, es geht ebenso um die Erziehung, die der Erwachsene an sich selbst vornimmt, um „Erziehungsprobleme" zwischen Gruppen und, wer möchte, kann die Prinzipien auch in den politischen Raum zwischen Staaten übertragen.

Wir kommen ausgestattet mit bestimmten genetischen Festlegungen zur Welt, darüber hinaus sind wir aber auch in hohem Maße lernfähig. Wir lernen dann in Beziehung zu den Menschen, die uns in unserer Kindheit zugeordnet sind (hoffentlich liebevoll und verlässlich). Wir übernehmen deren Gewohnheiten, lernen durch Nachahmung oder am Modell, aber wir lernen auch durch eigene Erfahrung, aus der wir dann Schlüsse ziehen. Im Zuge dieser Entwicklung erfolgen auch viele kleinere und größere Schmerzerfahrungen mit den entsprechenden Folgen, wie in den vorhergehenden Kapiteln ausführlich dargestellt.

Diese zu bearbeiten, ist Aufgabe des Erwachsenen und so geht, könnte man sagen, die Erziehungsarbeit der Eltern und Lehrer der Kindheit schrittweise immer mehr in die Verantwortung des einzelnen Erwachsenen über und hört nie auf. Es liegt in der Unvollkommenheit der menschlichen Natur, dass Eltern in der Erziehung Fehler machen. Es ist Aufgabe des Erwachsenen, die Folgen dieser Fehler für seine eigene Entwicklung möglichst klein zu halten.

Die Grundelemente der Erziehung sind auf jeder Ebene die gleichen:

1. Gewahren lassen und Grenzen ziehen, Nein sagen, damit sich ein Ich bilden kann. Grenzen sind sozusagen die Haut, die das Ich umschließt und es damit zu einer eigenen Welt macht, ihm seine Identität gibt. Sie sind auch die Vorgabe für die Disziplin des Erwachsenen nach innen.

2. Bewusstheit schaffen für die Eigenart dieses „Ich" im Unterschied zu der Andersartigkeit des Du.

3. Einüben von Empathie für das Du, das gleiche Recht hast, anders zu sein, so wie ich dies auch für mich in Anspruch nehme.

4. Beziehungs- und Bindungsfähigkeit stärken; sie müssen Ziel einer Erziehung sein, damit der einzelne Mensch nicht nur um sich kreist und damit beschäftigt ist, für seine Interessen zu sorgen, sondern dass er sich so an andere gebunden fühlt, dass ihm deren Wohl genau so am Herzen liegt wie das eigene.

5. Offenheit schaffen für persönliches Wachstum.

Ziel der Umsetzung dieser Elemente ist es, für ein Denken Grund zu legen, das dem anderen Menschen auf Augenhöhe begegnen und das eigene Recht dem Recht des anderen in Gegenseitigkeit zuordnen kann.

Was kann das Selbsthilfeverfahren des Co-Counselling bezüglich des Umgangs mit aggressiver Energie und unterstützend für das hier geforderte Verständnis von Erziehung leisten?

1. Es öffnet einen Zugang zum Verständnis und Umgang mit Gefühlen als Vorraussetzung für alle anderen Prozesse.

2. Es ermöglicht bei regelmäßiger Übung die Entstehung einer Bewusstheit, die notwendig ist, die Gesetze der aggressiven Energie, die Beschaffenheit der eigenen Aggressivität und den Prozess der eigenen Erziehung wahrzunehmen und fragen zu können: Wie kann ich, wie will ich mich verändern?

3. Es übt ein in ein Verhalten, dass die eigenen Interessen und die des anderen gleichwertig berücksichtigt.

4. Es übt ein durch die freie Aufmerksamkeit in Toleranz und Akzeptanz der Andersartigkeit des Anderen und seiner selbst.

5. Es ist ein intensives Training, Empathie, das heißt Einfühlsamkeit, sich selbst und dem anderen gegenüber zu entwickeln.

6. Es leitet an, vielfältige, „unblutige" Entlastungsformen emotionaler Anspannung einzuüben, die in verschiedensten Konfliktsituationen lösend sein können.

7. Es stellt eine Art Handwerkskoffer von Instrumenten zur Verfügung, Veränderung von Denken und Handeln ohne Hilfe von Fachkräften zu erreichen.

Aus den bis hierher dargestellten Prinzipien zum Aufbau einer guten Konfliktlösekultur wurde im Rahmen der Friedensarbeit auf

der Grundlage des Co-Counselling folgendes Projekt zur Gewaltprävention an Schulen entwickelt:

7.6 Das Projekt „Fair Streiten Lernen" für Schulklassen und ganze Jahrgangsstufen von Klasse 3 aufwärts.

Im Folgenden ist ein Text abgedruckt, der in dieser Form Eltern,
Lehrern und anderen im sozialen Bereich tätigen Berufsgruppen in
die Hand gegeben wird, die auf der Suche nach Möglichkeiten sind,
die Gewaltbereitschaft unter Kindern und Jugendlichen zu verrin-
gern oder ganz abzubauen. Es finden sich in dem Text Wiederholungen von Aussagen aus vorhergehenden Kapiteln. Es war uns
dennoch wichtig, dem Leser, der Leserin ein Bild davon zu vermitteln, wie das Projekt in der Gesellschaft eingeführt wird.

Bei dem Projekt „Fair Streiten Lernen" handelt es sich um eine
Möglichkeit, Kindern, Jugendlichen und Erwachsenen ein Instrument an die Hand zu geben, das Konflikte in streng strukturierter
Weise in kleinen Schritten zu Lösungen führt. Seit 33 Jahren ver-
mitteln die Autoren Dipl. Psych. Siglind Willms und Pater Johan-
nes Risse in Gruppenveranstaltungen ihrer privaten Praxis sowie in
vielfältigen Seminarangeboten diese Form der Konfliktbearbeitung
für alle Altersgruppen ab 8 Jahren. Im Jahr 2000 brachten Siglind
Willms und Veronika Hüning diesen Ansatz in eine Form, die es
Schulen ermöglicht, SchülerInnen, LehrerInnen und Eltern dieses
Instrument der Konfliktarbeit an die Hand zu geben und damit die
Grundlagen einer konstruktiven Streitkultur zu schaffen.

Seit Januar 2001 wurde dies Projekt bis 2009 an 35 Schulen sowohl in einzelnen Problemklassen als auch in ganzen zwei bis sechs-

zügigen Jahrgangsstufen durchgeführt. Ungefähr 5000 SchülerInnen nahmen daran teil und ca. 300 LehrerInnen. Diese wurden teilweise angeleitet, als TrainerInnen bei dem Projekt mitzuwirken. Es wurde entwickelt, um an den Schulen Möglichkeiten der Konfliktbearbeitung zu schaffen und eine Streitkultur aufzubauen, die die Gewaltbereitschaft verringert oder der Gewaltanwendung vorbeugt.

Nach dem Verständnis der Fachleute um Dipl. Psych. Siglind Willms und Pater Johannes Risse sind Konflikte nichts Negatives sondern gehören notwendigerweise zum Leben. Sie entstehen natürlicherweise, weil wir Menschen verschieden sind und weil unsere Interessen und Ansprüche oft mit denen anderer Menschen kollidieren. In derartigen Situationen kommt es darauf an, für seine eigenen Wünsche energisch einzutreten, und das gleiche Recht auch den anderen zuzugestehen.

In unserer Gesellschaft sind wir es gewöhnt, uns in vielen Streitfragen danach zu richten, wer im Recht ist oder die Macht hat sich durchzusetzen. „Lösungen", bei denen es einen Gewinner und einen Verlierer gibt, sind uns überall vertraut. Sie haben aber den Nachteil, dass sie Gefühle von Kränkung und Zukurz-Kommen, von Wut und Rachsucht bei den Unterlegenen hinterlassen. Im „fairen" Streiten wird ein Weg gesucht, bei dem beide Seiten am Ende zustimmen können. Den Weg zu finden ist nicht leicht, und man muss viele Fähigkeiten erwerben wie z. B. zuhören, sich in einen anderen hineinversetzen, eigene Gefühle äußern, sich gegen Übergriffe eines anderen wehren und Interessen verteidigen, wenn man diese Form fairer Konfliktbewältigung erlernen will. In dem Projekt wird daraufhingearbeitet, dass Kinder, Jugendliche und Erwachsene (Lehrer, Lehrerinnen und Eltern) diese Fähigkeiten in Form von

Übungen kennen lernen, entwickeln und einüben. Die einen müssen ermutigt werden, sich entschiedener durchzusetzen, die anderen müssen lernen, sich in Schwächere einzufühlen, die jeweiligen Grenzen zu respektieren und eigene Stärke eventuell zurückzunehmen. Beides geschieht über Erfahrungen in Trainingsgruppen von bis zu zehn Teilnehmer. Über die Erfahrungen wird nachgedacht, die Gedanken werden ausgetauscht und ausgewertet.

Die wesentlichen Elemente dieses Trainings sind:
- Ein Bewusstsein für Durchsetzungswirklichkeit, Durchsetzungsringkämpfe und Machtverhältnisse im täglichen Miteinander entwickeln,
- Freie Aufmerksamkeit für die Andersartigkeit anderer Menschen einüben,
- In Ich-Botschaften sprechen lernen,
- Spiegeln einüben, d. h. wiederholen der Äußerungen anderer Menschen, um Verständnis zu gewährleisten,
- Wertschätzung und Selbstwertschätzung lernen,
- Fordern und Verweigern üben,
- Kritische Rückmeldung (Feedback) geben,
- das Modell des „fairen Streitens" kennen und anwenden lernen.
- Dieses besteht aus folgenden Schritten:
  - Eine Störung ansprechen und sie vom Konfliktpartner spiegeln lassen,
  - einen Änderungsvorschlag machen und den ebenfalls spiegeln lassen,
  - Entscheidung des Konfliktpartners herausfordern, ob er den Änderungsvorschlag annimmt oder ablehnt,
  - bei Ablehnung Gegenvorschlag des Konfliktpartners fordern,

- Vorschläge und deren Abänderung verhandeln, bis eine Einigung erzielt wird,
- Vertrag über die Vereinbarung abschließen,
- über Hilfen zur Einhaltung des Vertrages nachdenken,
- über Konsequenzen bei Nichteinhaltung nachdenken,
- gegenseitige Wertschätzung ausdrücken.

Die Durchführung des Projektes ist so organisiert:
Alle Klassen eines Jahrganges werden in Kleingruppen zu etwa 10 TeilnehmerInnen eingeteilt, die von einem Trainer des Hauses Kloppenburg oder einem geschulten Lehrer geleitet werden. Das Projekt findet an drei Schulvormittagen oder am Wochenende statt. Allerdings muss immer die Möglichkeit gegeben sein, drei Einheiten zu 4-5 Zeitstunden durchzuführen.

In der ersten Einheit wird soziale Kompetenz vermittelt und eingeübt, d. h. Beobachtung der Durchsetzungswirklichkeit, Spiegeln, Wertschätzung und Sprechen in der Mitteilungsrunde, d. h. Gleichverteilung des Sprech- und Gestaltungsanteiles jedes Teilnehmers.

In der zweiten Einheit wird geübt, Fordern und Verweigern bewusst zu erleben und gleichermaßen anwenden zu können, d. h. insbesondere auch Fragen des Nachgebens zu bearbeiten. Außerdem wird kritische Rückmeldung geübt und das Modell des „fairen Streitens" eingeführt.

In der dritten Einheit wird das Modell des fairen Streitens an kleinen aktuellen Störungen in der Gruppe oder im Rollenspiel an Konflikten mit anderen Partnern außerhalb der Gruppe angewendet und eingeübt. In den Klassen kann man dann auch die Partner aus anderen Gruppen einladen oder Störungen einzelner Gruppen innerhalb der Klasse oder Lehrpersonen gegenüber bearbeiten.

Der Durchführung des Projektes an Schulen gehen eine pädago-
gische Konferenz für die LehrerInnen und ein Informationsabend
für die Eltern voraus. Nach der Durchführung werden 1-3 Eltern-
abende angeboten, damit die Eltern diese Art der Konfliktbearbeitung wenigstens auch kennen lernen können. Es wird darauf hingewiesen, wo man seine Kenntnisse vertiefen und den Lernprozess
fortführen kann.

Wenn es an einer Schule schon ausgebildete Streitschlichter oder
Paten (Schüler älterer Klassen) gibt, können diese in das Projekt mit
einbezogen werden.

Nach der Durchführung der Projekttage beginnt das Üben in
den Klassen oder im Alltag. Dafür bekommen die Klassen ein Frie-
densbuch, in das Verträge eingetragen werden können, damit man
die Vereinbarungen auch überprüfen kann, denn Vorsätze geraten
schnell in Vergessenheit und Entgegenkommen wird oft hinterher
nicht in der Weise durchgehalten, wie es im Ringen um den Vertrag
versprochen wurde.

Der wesentliche Ansatz dieses Modells ist, dass jeder Konfliktpartner selbst die Instrumente in die Hand bekommt, die er zu einer konstruktiven Konfliktlösung braucht. Viele kleine Störungen,
die zu größeren Konflikten werden können, sind auch schon von
Kindern untereinander behebbar. Hilfspersonen sind vor allem im
Anfang zur Einhaltung der Schritte bei Anwendung des Modells sowie bei der Bearbeitung größerer Konflikte notwendig. Aber auch
in diesen Fällen ist ihre Aufgabe, die Konfliktpartner in der Durchführung der Konfliktlösung zu unterstützen, nicht aktiv als Streitschlichter oder, wie die Kinder es sich oft wünschen, als Schieds-
richter aufzutreten.

Feedback der Lehrer nach Durchführung der Projekttage ist durchgängig:
- Wir haben Instrumente an die Hand bekommen, die wir praktisch einsetzen können.
- Viele SchülerInnen praktizieren das Modell untereinander.
- Manche SchülerInnen tragen es in die Familie und manche Eltern wenden es auch zu Hause mit ihren Kindern an.
- Das Mindeste ist, dass sich die Atmosphäre in der Klasse deutlich verbessert hat.

Es gibt zwei Altersstufen, in denen es besonders günstig ist, diese Form der Konfliktbearbeitung einzuführen:
1. die dritte Klasse
2. die 5. oder 6. Klasse

Für die dritte Klasse spricht, dass die Kinder gerade dieses Alters in ihrer Entwicklung in einer Phase sind, in der sie soziale Beziehungen zu anderen Kindern interessieren, sie die Schulkameraden in ihrem Verhalten beobachten und das, was sie sehen, auch unbefangen unter Verwendung eines angemessenen Sprachschatzes aussprechen können. Daher sind in diesem Alter gute Voraussetzungen dafür gegeben, dass Kinder frühzeitig konstruktive Konfliktlösemöglichkeiten lernen.

Die Durchführung des Projektes in der 5. oder 6. Klasse hat den Vorteil, dass die Kinder auf den weiterführenden Schulen noch Zeit genug haben, im Klassenverband zu üben, bevor ab Klasse 7 Unterricht und Lerngruppierung differenziert werden.

Angesichts der vielen Einzelkinder, die wenig Möglichkeiten haben, soziales Verhalten einzuüben, angesichts des übermäßigen

Konsums von Fernsehen und Computerspielen, der eine fortschreitende Reduktion des Sprachschatzes unserer Kinder zur Folge hat und angesichts der vielen Patchworkfamilien, die häufig ein hohes Konfliktpotenzial mit sich bringen, ist es empfehlenswert, möglichst früh die Kinder in soziale Kompetenz und Konfliktlösung einzuüben.

An dieser Stelle ist darauf zu verweisen, dass das Institut für Lehrerfortbildung IFL in Mülheim an der Ruhr die Einführung dieses Modelles der konstruktiven Konfliktlösung an Schulen besonders fördert. In Zusammenarbeit mit der Stadt Langenfeld wurden LehrerInnen aller Schulen in zwei Durchgängen an zwei Tagen in dieses Modell eingeführt. Danach wurden an einer Hauptschule in Langenfeld in drei achten Klassen (ausgesprochene Problemklassen) sowie an 4 Grundschulen in den Klassen 3 und 4 die Projekttage durchgeführt. Das IFL machte im Anschluss an diese Veranstaltungen Fragebogenaktionen bei den betroffenen Lehrern. Das Ergebnis war den oben aufgeführten Einschätzungen entsprechend.

Abschließend ist zur Durchführung des Projektes noch zu sagen, dass problematische Klassen wie etwa solche mit Mobbing-Strukturen oder aktiver Gewaltanwendung unter SchülerInnen auch über Wochen und Monate nachbetreut werden können.

7.7 Co-Counselling, Fair Streiten und Erziehung

In diesem Kapitel wird beschrieben, was Co-Counselling für die Erziehung von Kindern zu friedlichem Miteinander einschließlich einer konstruktiven Ausformung aggressiver Energie beitragen kann. Wir skizzieren zuerst die Gründe, die unserer Meinung nach in der heutigen Zeit Erziehung zu einer großen Herausforderung haben werden lassen.

Einen wesentlichen Grund sehen wir in der hoch entwickelten Technisierung zumindest der westlichen Welt. Sie hat dem Menschen in vielen Lebensbereichen eine große Vielfalt an Lebensmöglichkeiten mit hoher Lebensqualität erschlossen. Viele Menschen leben im Wohlstand, haben eine gute Gesundheitsversorgung, Zugang zu Bildungsmöglichkeiten, werden älter als frühere Generationen, leiden als Kinder keine Not und können neben ihrer Arbeit auch das Leben genießen. Trotz dieser Vorteile gibt es einige sehr entscheidende Probleme in dieser Situation, die uns vor die Aufgabe stellen, im Erziehungsbereich Ideen zu entwickeln, um schwere gesellschaftliche Fehlentwicklungen wie die zunehmende Gewaltbereitschaft von Kindern, Jugendlichen und jungen Erwachsenen oder deren Lern- und Bildungsunlust zu verhindern. Mit folgenden Einstellungen in der Gesellschaft muss sich die Erziehungsarbeit, die das Heranwachsen friedlicher Bürger zum Ziel hat, unter vielen anderen auseinander setzen:

„Alles muss „Spitze sein!" Worte wie Spitzensportler, Spitzenverdiener, Spitzenquoten, Spitzenmanager, Spitzenleistungen, Eliteschulen, perfektes Aussehen, perfekte Lösungen, perfektes Timing und noch vieles mehr machen deutlich, dass nur das Hervorragende, ganz besonders Gute etwas gilt und anzustreben ist.

Dass eine Spitze das Ende eines Körpers, einer Art Pyramide ist, der es möglich macht, dass einige oder einer Spitze sein kann, wird vergessen. Schon der 2. und 3. in Wettkämpfen und erst recht alle, die danach kommen, sind nicht wichtig, „kannst Du vergessen", wird in der Jugendsprache formuliert.

Instantlösungen sind gefragt: Alles muss schnell gehen, schneller werden, muss möglichst wenig Aufwand und Einsatz benötigen: Autos, Computer, Bahn, Spül- und Waschmaschinen, Sportler, die Lösung von Aufgaben, der Erfolg einer Fußballmannschaft. Am Besten ist es, wenn man nur noch Knöpfe drücken muss, möglichst per Fernbedienung.

Viele Menschen verbringen einen großen Teil des Tages in einer virtuellen Welt, der der Computer, des Fernsehens, der Handys und der Gameboys. Alles, was denkbar ist, kann per Mausklick erfolgen, egal, ob einer aussehen und handeln will wie sein Idol oder die grausamsten Zerstörungsfantasien umsetzen, wie z. B. Menschen durch den Fleischwolf drehen.

Man kann sich angesichts dieser Wirklichkeit fragen: Gilt nur der Sieger? Und versucht jeder „Sieger zu sein", und wenn es nur in virtuellen Welten ist?

Wie soll der Einzelne, vor allem Heranwachsende an seine Kreativität glauben und sie entdecken oder gar entwickeln, wenn jedes Spielzeug in endlos vielen Produkten in „höchster Perfektion" vorgefertigt ist?

Wie soll einer schneller, besser oder sogar Spitze in irgendeiner Tätigkeit sein, wenn er überwiegend in virtuellen Welten durch Mausklick lebt?

Gibt es nicht notwendigerweise in Klassengemeinschaften, in denen eine Atmosphäre von Rivalität und „Sieger-sein-müssen" herrscht, Mobbing-Opfer, über die sich andere als Sieger oder zum Sieger dazugehörig fühlen können?

Geht in dieser Gesellschaft nicht nur die Schere zwischen arm und reich sondern auch von gut ausgebildet - erfolgreich und schlecht ausgebildet - Verlierer immer weiter auseinander?

Muss man diese Gesellschaft beschreiben als bestimmt vom Sieger-Verlierer-Prinzip?

Wir überlassen es der Leserin, die Reihe dieser Fragen entsprechend ihrer Erfahrung zu verlängern, denn natürlich ist dies möglich und eigentlich auch notwendig.

Für eine Erziehung, die sich bemüht, Fragen und Problemen dieser Art Rechnung zu tragen, möchten wir einige Vorschläge machen. Wir beziehen uns dabei auf alles, was wir über die Co-Counselling-Arbeit und das Konzept des fairen Streitens bisher dargelegt haben. Wir werden eine Reihe von Verhaltensweisen aufführen, die Eltern und Erzieher beherrschen sollten und erläutern, wieweit Co-Counselling in diesen Zusammenhängen hilfreich sein kann:

1. Kinder sollten wir in ihrem Handeln gewähren lassen. Das ist die kostbarste Erziehungshilfe, die die sogenannte „antiautoritäre Bewegung" uns gebracht hat. Wir sollten üben, sie handeln und Verhalten ausprobieren zu lassen, damit sie möglichst viele eigene Erfahrungen sammeln können im Umgang mit ihrer Umwelt.

   Dem Erziehenden kann dabei helfen, wenn er übt, freie Aufmerksamkeit zu schenken;

2. Ebenso wichtig, wie das Gewähren lassen ist für Kinder und Jugendliche, dass sie lernen Grenzen zu respektieren, d. h. Erziehende haben die schwere Aufgabe, vom Kleinkindalter an Grenzen zu setzen, wenn

   - Kinder oder Jugendliche sich in Gefahr bringen
   - die Grenzen anderer verletzen und überschreiten entweder unbewusst, weil sie sie noch nicht kennen oder ganz bewusst,

weil sie testen, wie weit sie gehen können, Macht ausüben oder ganz bewusst verletzen wollen.

Grenzen gesetzt zu bekommen, löst häufig starke Gefühle von Verletzung, Frustration oder Ärger und Wut aus. Der Erziehende kann das Kind sich entlasten lassen durch Schreien, Weinen, Aufbegehren. Notwendig ist aber auch, dass er, wenn die Entlastung zu persönlichen Beschimpfungen führt, energisch Einhalt gebietet und möglicherweise selbst laut und energisch seiner Forderung Nachdruck verleiht. Es kann ruhig laut zwischen beiden werden, wenn das Ende die Akzeptanz der Grenze ist.

Außerdem kann er natürlich, wenn sich Situationen dieser Art häufen, eine Co-Counselling-Sitzung dazu machen, in der er seine eigenen Reaktionen überprüfen kann, wie viel alte Erfahrung lebendig wird durch die Auseinandersetzungen. Außerdem kann er sich noch Rat und Hilfe von seinen Co-Counselern holen, wenn er dieses Verfahren kennt und praktiziert.

3. Für das Zusammenleben sollten Regeln entwickelt werden, möglichst gemeinsam, denn Kinder und Jugendliche haben auch oft gute Ideen. Das Regelbewusstsein sollte intensiv geschult werden vor allem in gemeinschaftlichen Aktivitäten. Problematisch wird es, wenn Grenzen und Regeln von Kindern und Jugendlichen nicht eingehalten werden. Hierfür ist es notwendig, dass Erziehende konsequent sein können im Einfordern der Beachtung von Grenzen und Regeln und dass sie ihrerseits Konsequenzen ziehen bei Nichtbeachtung.

Es ist wichtig, den Menschen, mit denen wir leben, immer wieder Wertschätzung zu geben. Das gilt besonders, wenn Kinder und Jugendliche freiwillig Grenzen und Regeln respektieren. Es ist hilfreich, dies nicht als völlig selbstverständlich anzusehen. Müssen Konsequenzen erfolgen, weil Grenzen und Regeln verletzt wurden, ist mit ähnlichen Gefühlsreaktionen zu rechnen wie beim Grenzen setzen, und dann gelten die gleichen Vorschläge, wie sie unter 2. aufgeführt wurden.

4. Wichtig ist, Kinder sprechen zu lassen, d. h. erzählen zu lassen, wenn sie es spontan tun, oder auch nachzufragen, wenn sie es nicht tun und zu begründen, warum man als Mutter oder Vater oder sonst Erziehende fragt.

   Die Erziehende sollte zuerst einmal wieder freie Aufmerksamkeit schenken. Manchmal ist es auch gut zu spiegeln, um zu überprüfen, ob man den anderen verstanden hat. Außerdem ermutigt das den Gesprächspartner oft, noch mehr zu erzählen.

5. Es ist gut, wenn Erziehende Kindern für ihre Erziehungsmaßnahmen Erklärungen abgeben, warum sie z. B. Grenzen setzen oder Regeleinhaltung fordern.

6. Kinder sollten angeleitet werden, bei den vielen Tätigkeiten im Haushalt und Zusammenleben zu helfen, damit sie die vielen handwerklichen Tätigkeiten des Alltags lernen und damit Kompetenz erwerben. Damit wird der Vorstellung, alles müsse „Instant" zu erstellen sein, am besten vorgebeugt. Außerdem lernen sie dabei, Verantwortung zu übernehmen.

   Es ist gut, mit anderen Menschen über den Umgang mit den Kindern zu sprechen und sich Feedback oder Vorschläge zu holen.

   Co-Counseler sollten immer wieder Sitzungen machen über den Umgang mit den Kindern oder Problemsituationen, um einmal ihre Gefühle, die dabei entstehen, zu entlasten, Erinnerungen an die eigene Kindheit zu bearbeiten und unbewusste Einstellungen und Muster ins Bewusstsein zu heben, um zu prüfen, ob sie hilfreich oder hinderlich sind in der Erziehung. Es soll an dieser Stelle noch einmal betont werden, dass diese Arbeit eigentlich für alle Eltern außerordentlich wichtig ist.

7. Ebenso wichtig ist eine Anleitung zum Umgang mit Gefühlen. Entlasten und Beherrschen von Gefühlen sind gleichermaßen wichtig und sollten frühzeitig gelernt werden.

Der Erziehende sollte üben, Gefühlsäußerungen freie Aufmerksamkeit zu schenken und beim Weinen z. B. nicht zu früh zu trösten, wohl Körperkontakt anbieten. Er sollte Kinder aber auch unterstützen, wenn sie für Situationen z. B. unter Altersgenossen oder bei Autoritätspersonen Möglichkeiten suchen, ihre Gefühle zu kontrollieren. Es ist hilfreich, Kinder wie in einer Co-Counselling-Sitzung bei ihrer Entlastung zu unterstützen. Außerdem ist es auch wünschenswert, Kinder anzuleiten, ihre Wut oder Frustration durch Schreien, Kissen werfen, stampfen oder Fäuste in die Luft schlagen ausdrücken zu lehren. Außerdem sollte mit ihnen geübt werden, Gefühle hinunterzuschlucken und zu kontrollieren, weil man weiß, dass man sie später entlasten kann.

8. Für Streit unter Kindern gilt, dass immer zu fragen ist, wie jeder die Situation sieht und dass die jeweils eigene Sicht gesagt werden kann.

Kinder sollten und können frühzeitig lernen, dass es gut ist zu wiederholen, was der andere gesagt hat (spiegeln). Das beruhigt im Streit oft schon die Gemüter. Außerdem sollte im Sinne des fairen Streitens gefragt werden, was die beiden Kontrahenten an Lösungen sehen. Die Kompromissfähigkeit sollte intensiv geschult werden. Oft ist es gut, wenn man Kindern eine gestaltete Entlastung ihrer Gefühle anbieten kann wie die Ja-Nein-Übung oder Entlastungshandlungen, wie sie unter Punkt 7 beschrieben wurden.

9. Hilfreich für die Erziehung von Kindern und Jugendlichen sind außerdem regelmäßige Treffen in der Gruppe, in der sie leben, z. B. eine Familienkonferenz einmal in der Woche. Hier sollte die Mitteilungsrunde unbedingt Anwendung finden. So kann man eine Runde machen zu den Fragen:
   - Was ist Deine Meinung zu dem Punkt X?
   - Was schlägst Du vor für die Lösung eines Problems X?
   - Wie fühlst Du Dich jetzt?
   - Wie fandest Du etwas?
   - Was nimmst Du mit?
   - Was nimmst Du Dir vor?

   Am Ende eines derartigen Treffens sollte immer Wertschätzung der anderen und jedes Teilnehmers für sich selbst erfolgen.

10. So weit Kinder die Neigung zeigen, Spitze sein zu müssen, vielleicht sogar Verachtung zeigen für alles und alle, die nicht oberste Spitze sind, ist es dringend zu empfehlen, mit ihnen das Gespräch zu suchen. Am Besten ist es, von klein auf Wertschätzung ausdrücklich für das Kind selbst, für andere Menschen und für alles mit Anstrengung Erarbeitete zum Ausdruck zu bringen.

11. Schließlich soll der Kommentar zum Leben in virtuellen Welten nicht fehlen: Sicher ist, dass Fernsehen und Computer in Bezug auf Wissensvermittlung, Bildung und Kunstgenuss große Möglichkeiten bieten. Sie sind aus unserer Wirklichkeit nicht mehr wegzudenken. Umso wichtiger ist es, dass Kinder, Jugendliche und junge Erwachsene Modelle suchen und bekommen, um zu lernen, mit diesen Möglichkeiten konstruktiv umzugehen. Aus diesem Grund ist es in höchstem Maß bedauerlich und zerstöre-

risch, wenn Fernsehen und Computerspiele mit Gewalt verherrlichenden und destruktive Aggressivität darstellenden Filmen und Spielen eben jene Gruppen förmlich überfluten. Warum sollten gerade Kinder und Jugendliche anders reagieren als die amerikanischen Soldaten, wenn sie die Spiele, die jene zur Desensibilisierung gegen das Töten anwenden, vielleicht täglich spielen? Sie werden und müssen abstumpfen. Spielerisch nachvollzogene Handlungen haben immer verschiedene Wirkungen:

- Sie können einüben in das Handeln.

- Sie können in geringem Umfang von Druck entlasten, weil man wenigstens in der Fantasie auslebt, was man real nicht ausleben kann.

- Sie können aber auch abstumpfen bei zu viel Gewöhnung und Wiederholung.

Aus diesen Gegebenheiten ist der Schluss zu ziehen, dass in einer guten umsichtigen Erziehung dafür zu sorgen ist, dass Kinder und Jugendliche nur zeitlich dosiert und von der Qualität her gut überdacht und mit ihnen gemeinsam ausgesucht und besprochen Fernsehen und Computer nutzen sollten.

Zu empfehlen ist außerdem, dass Erzieher mindestens gelegentlich mit Kindern und Jugendlichen gemeinsam Filme anschauen sollten.

Abschließen möchten wir dies Kapitel mit einigen Überlegungen zur Kritikfähigkeit.

Bei der Durchführung des Projektes „Fair Streiten Lernen" wird immer wieder erschreckend klar, dass Erwachsene in unserer Gesellschaft keine Form haben, Kritik konstruktiv und respektvoll und dennoch ehrlich einem anderen Menschen zu sagen. Ebenso selten gibt es die Fähigkeit, Kritik gelassen und in

Ruhe entgegenzunehmen als das, was sie ist, nämlich die Meinungsäußerung eines anderen Menschen. Dieser kann sich der Kritisierte anschließen und sie akzeptieren, oder er kann sie ablehnen und in der Weise Stellung dazu nehmen, dass er sagt: „Diese Meinung, dieses Verhalten kann und will ich nicht negativ sehen, die Kritik weise ich zurück." Um mit Kritik gut umgehen zu lernen, ist das Co-Counselling eine hervorragende Hilfe und zwar folgendermaßen:

Eine kritische Äußerung wird oft als klein machend, abwertend, demütigend empfunden. Sie tut vielen weh, ja unerträglich weh, sodass sie sich diesem Schmerz auf keinen Fall aussetzen wollen. Dies ist daraus zu erklären, dass Kinder von Erwachsenen häufig kritisiert werden und die Situation des „klein Seins" sich mit dem Schmerz „ich bin nicht richtig, ich werde nicht geliebt" verbindet. Dazu kommen Situationen, in denen andere Kinder uns verlachen. Bei Kindern ist halt der Wunsch „oben zu sein", so ausgeprägt, dass sie gerne andere heftig verlachen und lächerlich machen, um die Situation des „Oben Seins" zu genießen. Das bedeutet eine Konzentration negativer Gefühle, die in Erwachsenen lebendig werden. Hier könnte das Co-Counselling sehr hilfreich sein, um die alte Erfahrung zu bearbeiten und die neue dann freier und unbelasteter wahr zu nehmen. Da Kritikunfähigkeit konstruktive Konfliktregelung fast unmöglich macht, ist es dringend notwendig, dass Menschen sich für derartige Zusammenhänge und Vorgehensweisen öffnen. Es würde ein großer Schritt in der Kultivierung des Menschen, in seiner Evolution, getan, wenn der konstruktive Umgang mit Kritik Allgemeingut würde.

Schon vor Jahrhunderten mühten sich die Mönchsorden z. B. um die correctio fraterna (die brüderliche Zurechtweisung), weil für sie klar war, dass geistiges Wachstum auch der konstruktiven Zurechtweisung bedarf.

7.8 Die Geschichte von Kain und Abel

Am Beispiel eines Märchens haben wir zu Beginn dieses Buches versucht zu erläutern, wie wichtig die Pflege eines guten Umgangs mit Gefühlen für einen gelungenen Lebensvollzug ist und dass die Tiefe unseres Gefühlslebens im Zusammenspiel mit unserer Vernunft einen großen Reichtum birgt. Zum Abschluss unserer Darlegungen für das Gelingen von Frieden sowohl im einzelnen Menschen als auch in sozialen Zusammenhängen möchten wir auf die mehr als 4000 Jahre alte Geschichte von Kain und Abel zurückkommen. In ihr wird, wenn wir sie auf die Erfahrungen unseres alltäglichen Miteinanderlebens beziehen, die ganze Tragweite der Aufgabe deutlich, unsere Aggressivität zu verstehen und um ihre Kultivierung zu ringen. Wir haben mit ihrer Umschreibung den Versuch gemacht, unsere Vision dessen, was eine Kultivierung der Aggressivität vermittels des Selbsthilfeverfahrens Co-Counselling erreichen kann, zu verdeutlichen.

Die Geschichte von Kain und Abel ist, neben der von Adam und Eva, wohl eine der bekanntesten Geschichten des sogenannten Alten Testaments der Bibel.

Beide Geschichten haben gemeinsam, dass sie nicht einfach Geschehenes berichten wollen. Es sind Geschichten, die in bildhafter Form versuchen, Menschheitsfragen darzustellen. Es sind sogenannte Urgeschichten zu Fragen und Erklärungen des menschlichen Lebens. Ihre Ursprünge liegen im Dunkeln.

Wir schicken die Geschichte der Bibel vorweg, sodass sie zuerst für sich wirken kann. Danach folgt unser Versuch, die Geschichte im Sinne der Co-Counselling-Arbeit umzugestalten.

Der Mensch erkannte sein Weib Eva. Sie empfing und gebar Kain. Da sprach sie: „Einen Mann habe ich durch Jahwe erhalten." Und sie gebar nochmals, seinen Bruder Abel. Abel wurde ein Schafhirt, Kain aber wurde ein Ackerbauer. Nach geraumer Zeit geschah es nun, dass Kain von den Früchten des Feldes Jahwe ein Opfer brachte. Auch Abel brachte ein Opfer dar von den Erstlingen seiner Herde, und zwar von ihrem Fett. Und Jahwe schaute gnädig auf Abel und sein Opfer. Auf Kain und sein Opfer aber schaute er nicht. Deshalb wurde Kain sehr zornig und senkte sein Angesicht. Da sprach Jahwe zu Kain: „Warum bist du zornig und senkst dein Angesicht? Wenn du recht handelst, erhebst du nicht dein Haupt? Wenn du aber nicht recht handelst, ist dann nicht die Sünde an der Tür, ein lauerndes Tier, das nach dir verlangt und das du beherrschen sollst?" Indessen sprach Kain zu seinem Bruder Abel: „Lass uns aufs Feld gehen!" Als sie aber auf dem Felde waren, erhob sich Kain wider seinen Bruder Abel und schlug ihn tot.

Da sagte Jahwe zu Kain: „Wo ist dein Bruder Abel?" Er antwortete: „Ich weiß es nicht! Bin ich denn der Hüter meines Bruders?" Darauf sprach Er: „Was hast du getan! Höre, das Blut deines Bruders schreit zu mir von der Erde. Und nun: Verflucht seiest du, verbannt von dem Ackerboden, der seinen Mund aufgetan hat, um das Blut deines Bruders von deiner Hand aufzunehmen. Wenn du den Ackerboden bebaust, soll er dir fortan keinen Ertrag mehr geben.

Unstet und flüchtig sollst Du auf Erden sein." Da sprach Kain zu Jahwe: „ Zu groß ist meine Strafe, als dass ich sie tragen könnte. Siehe, du treibst mich heute vom Ackerboden weg, und vor deinem Angesicht muss ich mich verbergen. Ich muss unstet und flüchtig auf Erden sein, und jeder, der mich findet, wird mich töten." Jahwe aber sprach zu ihm: „ Keineswegs! Jeder, der Kain tötet, an dem soll man es siebenfach rächen." Und Jahwe machte an Kain ein Zeichen, damit ihn nicht jeder töte, der ihn fände. Kain aber ging von dem Angesicht Jahwes hinweg und ließ sich im Lande Nod östlich von Eden nieder.

Kain erkannte sein Weib; sie empfing und gebar den Henoch. Er wurde der Erbauer einer Stadt und gab der Stadt den Namen seines Sohnes Henoch. (Jerusalemer Bibel)

7.9 Die Geschichte von Kain und Abel neu geschrieben

Hier folgt nun die Geschichte, wie es hätte sein können, wenn Kain und Abel hätten co-counseln können:

Als geübte Co-Counseler hätten Kain und Abel die Lösung ihres Problems an erster Stelle nicht außerhalb ihrer selbst, sondern in sich selbst gesucht.

Die schwere Enttäuschung, die das Leben dem Kain bereitete, (und die er als mangelnde Annahme durch Gott deutete) hätte er durch Entlastung in sich selbst verarbeiten können.

Er wäre davon überzeugt gewesen, dass ihm durch seine Co-Counselling-Erfahrung neue Lösungsmöglichkeiten eingefallen wären.

Auch hätte er aufgrund der Grundhaltung der freien Aufmerksamkeit Abel wertgeschätzt wie sich selbst.

So hätten beide in gleicher Weise sich ihre „Schwächen" gezeigt, weil sie auf die Heilkraft des gegenseitigen Wertschätzens gebaut hätten.

Dazu hätte ihnen die Bereitschaft geholfen, alte Muster, die sich bei ihnen für die Bewältigung von Krisen in destruktiver Form gebildet hatten, zu erkennen und zu verändern.

Folgendermaßen etwa hätte eine Co-Counselling-Sitzung ablaufen können:

Kain spricht Abel aufgeregt und mit einem ungehaltenen Unterton an: „Hast du Zeit für eine Sitzung? Ich habe solch einen dicken Hals. Ich muss mich entlasten, den Kopf frei bekommen!" Abel sagt zögernd und etwas ängstlich:

„Ja, meinetwegen!"

Beide machen einen Termin und einen Ort aus. Sie wollen aufs Feld gehen, um ungestört co-counseln zu können. „Ich möchte anfangen, kannst du mir Aufmerksamkeit schenken?" sagt Kain zu Abel. Der sagt zu, und es wird der Vertrag geschlossen über Zeitumfang der Sitzung und mögliche Hilfen für Kain von Abel.
Die gegenseitige Hilfe beginnt.
Kain schüttelt sich und macht mit der Stimme einige Laute, dann nimmt er eine Handvoll Erde und schmeißt sie wieder zurück.

„Sauer bin ich, dass unser Gott Dich so bevorzugt! Ich musste mich viel mehr anstrengen für das, was ich geopfert habe als Du. Du hast Dir einfach ein Schaf geschnappt. Ich musste für diese Früchte richtig schuften. Und was hat das Opfer gebracht? Du hast dieses Frühjahr reichlich Lämmer bekommen und was war mit meiner Ernte? Sie war so kümmerlich und schlecht, als wenn Gott mich bestrafen wollte und nicht belohnen für ein Opfer, für das ich so geschuftet habe. Du wirst bevorzugt und ich bekomme einen Tritt, werde abgelehnt.!" Er haut mit der Faust auf den Boden." Sauer bin ich! Ungerecht ist das! Du warst schon immer Mutters Liebling! Muttersöhnchen! Nun auch noch Gottes Söhnchen!" Er bricht in heftiges Weinen aus. „Du hast es immer besser und einfacher als ich! Ich muss den Acker bestellen, Du gehst hinter den Schafen her und die fressen meine Felder ab. Das macht mich auch sauer! Du könntest aufpassen und meine Arbeit nicht von den Tieren kaputt machen lassen. Aber das ist Dir wohl zu anstrengend! Im Schweiße meines Angesichts habe ich gearbeitet. Das ist schlimm genug, was unsere Eltern uns eingebrockt haben. Ich muss es auslöffeln, du hast nur die Tiere, die finden überall zu fressen. Ich will nicht, dass sie auf meine Felder gehen!"

Er schlägt mit den Fäusten in die Luft.

„Ich bin rasend vor Wut. Erst machen meine Eltern und ihr Gott mir das Leben schwer und nun auch noch du. Ich könnte euch alle umbringen." Er wirft einen dicken Stein auf die Erde und noch einen zweiten. „Diese Abhängigkeit von euch bringt mich um!" Er schreit laut auf und fängt wieder an zu weinen. „Warum können wir nicht zusammenhalten? Wir sitzen doch im selben Boot. Der Tod ist doch jetzt nun mal sowieso unser Los. Ins Paradies kommen wir nicht zurück!" Er schüttelt sich und wiederholt: „Ins Paradies kommen wir nicht mehr. Vielleicht ist Gott ja mit uns, wenn wir friedfertig miteinander umgehen. Ich will nachher mit dir verhandeln, wie wir diese ärgerlichen Situationen regeln können. Ja, das ist gut! Das kann mein Leitsatz sein! Ich werde die Dinge im Gespräch mit Abel regeln!"

Jetzt ist Zeit für Abel, seine Gedanken und Gefühle assoziativ auszudrücken.

Er macht einige tiefe Seufzer und drückt über die Stimme seine Spannung aus, die sich in seinem Körper aufgestaut hat. Dann fällt er auf die Knie und neigt den Kopf zur Erde, wobei er weint und schluchzt.

Dann sagt er: „Wie schwer ist doch unser Leben, unwissend werde ich schuldig und ohne Absicht, ich bin hilflos. Wenn mir viele Lämmer geboren werden, wenn meine Herde gute Weide findet, dann tue ich doch kein Unrecht. Und wenn mir das von Gott geschenkt wird, dann kann ich doch nichts dafür, dass er vielleicht mein Opfer mehr annimmt als Kains. Diese Schafe gehen ihre eigenen Wege. Ich kann nicht hinter jedem herlaufen. Auch meine Frau und die Kinder können es nicht schaffen.

Ich möchte Kain keinen Schaden zufügen." Er bricht erneut in tiefes Weinen aus.

Nach einiger Zeit richtet er sich auf, stampft mit dem Fuß auf den Boden und schimpft auf Gott: „Immer diese Spannung! Ich weiß überhaupt nicht, was richtig und falsch ist. Was für ein Gott bist Du, uns in soviel Unglück zu stürzen! Ich verstehe Dich nicht!"

Danach bricht es aus ihm heraus: „Wir selber müssen eine Lösung finden. Wir haben Erfahrung und können denken!" Er läuft dabei seine Unruhe ausdrückend auf und ab. Dann bleibt er vor Kain stehen und sagt: „Ich werde versuchen, ein Tier abzurichten, das mir hilft die Schafe zusammenzuhalten, dass sie deine Äcker nicht abfressen. Ich habe auch einen großen Schaden. Mir laufen die Schafe weg, und ich finde sie nicht wieder, wenn sie zu deinen Äckern laufen. Das braucht aber Zeit, und ich weiß nicht, ob es gelingt.

Aber du musst mir glauben, dass ich mich bemühe. Das ist genauso anstrengend, wie Dornen und Disteln vom Acker zu roden. Ich kann jetzt nur noch vertrauen, dass du mir glaubst. Vielleicht ist das eine Lösung. Wenn wir jetzt verhandeln kann uns ja auch noch etwas Besseres einfallen, weil unsere Gefühle nicht mehr so negativ sind.

Der Gott ist doch auch gut, der uns in Güte und Liebe Lösungen finden lässt!"

Er streckt seine Hände Kain entgegen und sagt: „Ich beende hier meine Sitzung. Jetzt können wir miteinander reden, wenn du Zeit hast, Bruder!"

Kain stimmt Abel zu und sagt: „Mir ist bei Deinem Counseln ein Gedanke gekommen. Willst Du ihn hören?" Abel antwortet: „Ja, gern!"

„Wahrscheinlich ist das Problem eine Frage unseres Gottesbildes. Ich meine, Gott opfern zu sollen. Vielleicht fordert er es gar nicht von mir und bewertet viel mehr, wie wir miteinander umgehen. Es kam mir der Gedanke, dass er Barmherzigkeit will und nicht Opfer. Mich befreit dieser Satz, und er führt uns dazu, im Umgang miteinander Gott zu begegnen." Abel erwidert:" Darüber muss ich noch nachdenken. Das ist neu für mich, aber es spricht mich an."

Kain und Abel umarmen sich und jeder geht hoffnungsvoll seines Weges.

Teil B - Die Pflege des Co-Counselling in der internationalen Gemeinschaft (CCI)

8.0 Die Geschichte des Co-Counselling

8.1 Vom Reevaluation-Co-Counselling (RC) zum Co-Counselling International (CCI)

1950! Mitte des 20. Jahrhunderts! Ein furchtbarer Weltkrieg ist zuende gegangen und hat Tod, Zerstörung und Leiderfahrung hinterlassen, die die Menschen noch Jahrzehnte beschäftigen werden. Ein Gedanke, der viele bewegt: Nie wieder Krieg! Aber wie das schaffen? Autokratische, feudale und faschistische politische Konzepte haben versagt und mit ihnen viele Arten autoritärer und hierarchisch strukturierter Gesellschaftsformen. Deutschland wird umerzogen (reeducated) und zwar vor allem durch angelsächsisch geprägtes demokratisch ausgerichtetes Denken. Demokratische Staatsformen und kommunistische eifern um die Wette, in welcher Menschen erfolgreicher und glücklicher leben können. Viele Gruppen setzen sich mit Leidenschaft dafür ein, eine friedliche Weltordnung und die Bedingungen im Menschen hierfür zu schaffen. Auf diesem Hintergrund ist wohl die Tatsache zu sehen, dass in den 50ziger Jahren des 20. Jahrhunderts die großen Therapieformen entwickelt wurden, die als Alternative zur Psychoanalyse, Psychotherapie für viele wirkungsvoll ermöglichen sollten, z. B. Nicht-direktive Gesprächstherapie nach C. Rogers, Gestalttherapie nach F. Perls oder Bioenergetik nach A. Lowen u. W. Reich sowie die Verhaltenstherapie. Alle diese Formen der Therapie waren und sind noch Angebote an Menschen, die sich mit ihren psychischen Problemen und problematischen Gefühlsrückständen auseinandersetzen wollten und mussten. Auch dies war wohl nicht zufällig, nachdem der schreckliche Weltkrieg unendlich viel Leiderfahrung mit sich gebracht hatte. Niek Sickenga beschreibt dies sehr eindringlich in seinem Buch: „Guter Umgang mit Gefühlen".

Auf diesem Hintergrund wuchs die Erkenntnis, dass angesichts der vielen Menschen, die Hilfe, Veränderung und Unterstützung suchten, ein großer Mangel an Fachleuten bestand, sodass der Gedanke, sich gegenseitig und sich selbst zu helfen, sozusagen in der Luft lag. Dieser Gedanke wurde unter anderen in den Fünfziger Jahren von Harvey Jackins aufgegriffen, der über eine tiefe eigene Erfahrung von heftiger gefühlsmäßiger Entlastung und deren heilsamen Folgen begann, sich mit diesem Thema intensiv zu beschäftigen. Er war ein einfacher Mann bäuerlicher Herkunft und überzeugter Kommunist. Er gehörte der kommunistischen Partei an und setzte sich in deren Sinne für die Befreiung der Arbeiterklasse ein. Wie wir im Kapitel „Modelle von Schmerzerfahrung" bereits ausführten, war sein Gedanke, dass Schmerzerfahrungen der Kinder durch die Unterdrückung durch Erwachsene und der Erwachsenen durch unterdrückende Herrschaftsstrukturen die Intelligenz und die Kreativität, mit der jeder von Natur aus eigentlich reichlich ausgestattet ist, einschränken und blockieren. Sie gilt es durch Entlastung gefühlsmäßiger Spannungen zu befreien, sodass dadurch jeder Einzelne die ihm innewohnenden Fähigkeiten nutzen kann, um liebevoll, friedlich und gleichwertig mit anderen zu leben. Durch neue Erfahrungen suchte und fand er mit seinen Mitarbeitern auf induktive Weise Bedingungen und Theorie des Co-Counselling, bei dem zwei miteinander arbeiten, indem sie gegenseitig die Rolle einmal als Klient und einmal als Therapeut einnehmen.

Einer entlastet sich von einer Schmerzerfahrung und ein anderer schenkt ihm Aufmerksamkeit, die den Entlastungsprozess ermöglicht. Außerdem kann er ihm prozessbegleitend in bestimmter Weise helfen. Grundlegend ist, dass die Rollen gewechselt werden, sodass Gleichwertigkeit besteht. Ist der Zweite ein professioneller Berater, ist es notwendig, dass er in der gleichen Weise an sich arbeitet wie mit einem anderen. Die Erfahrung, die dahinter steht, ist, dass jeder Mensch immer wieder Entlastung von Schmerzerfahrung braucht, die ihn einengt. So geht es hier nicht um die Lösung eines Problems oder einer Krise, die irgendwann abgeschlossen ist, sondern um eine Einstellung dem Leben gegenüber. Für den Entlastungsprozess wurden von H. Jackins und seinen Mitarbeitern unterschiedliche Techniken entwickelt. Das Entscheidende ist, dass die Schmerzerfahrung abgebaut wird, damit es zur Neubewertung kommen kann von einem neuen, intelligenten Ausgangspunkt her. Er nannte die Methode „Re-Evaluation Co-Counselling (RC)".

In der theoretischen Entwicklung des RC wurden schon bald von John Heron, dem für Europa zuständigen Lehrer, die Schwachpunkte aufgezeigt. Es ist nicht nur die Schmerzerfahrung, die den Menschen an der Entfaltung seiner intelligenten Möglichkeiten hindert. Typisch für den Menschen ist, dass sein Geist an den Körper gebunden ist, sodass er, obwohl er unendliche Möglichkeiten denken kann, in deren Umsetzung durch den Körper begrenzt ist. Das nennt Heron die primäre Schmerzerfahrung. Weiterhin ist die Annahme der Gleichheit der Intelligenz aller Menschen, von der H. Jackins ausgeht, nicht haltbar. Es geht um Gleichwertigkeit und nicht um intelligente Gleichheit aller. Hier würden die organischen Bedingungen nicht ernst genommen. John Heron setzt deshalb den Akzent auf Kreativität. Das, was der Geist aus den Bedingungen auf dem Hintergrund des gesamten Kosmos macht, ist ihm als Aufgabe gegeben. Dazu braucht er natürlich den Umgang mit dem Körper und größtmögliche Entlastung von behinderndem Schmerz und von Abwertung. Der Mensch ist aufgerufen, durch freie Aufmerksamkeit der Umwelt und sich selbst gegenüber, das, was er mehr sein kann, auch zu ermöglichen. Er ist nicht in den körperlichen und gesellschaftlichen Bedingungen gefangen, sondern offen für schöpferische Möglichkeiten in Gleichwertigkeit.

Es wurde ausgeführt, dass Co-Counselling sich entwickelt hatte aus dem Gedanken, die blockierten und verschütteten Fähigkeiten der Menschen zu befreien, zu aktivieren. Der Grundgedanke war, dass durch die Verarbeitung und Entlastung der Schmerzerfahrungen aus der Kindheit und der damit verbundenen psychischen Einschränkungen jeder Mensch eine uneingeschränkte Intelligenz durch Co-Counselling gewinnen kann. Der Ausgangsgedanke für die Entstehung der Behinderungen war für H. Jackins, dass sie von außen kommen durch die Erziehung und gesellschaftliche Einengungen. Dabei ging er davon aus, dass Co-Counselling eine Gesellschaft schaffen soll, die den Menschen nicht einengt.

Bald zeigte sich, dass diese Vorraussetzungen nicht eingelöst werden konnten. Schon die Entwicklung in den Co-Counselling-Gemeinschaften brachte hierarchische Strukturen hervor. Zusammenleben ohne Einschränkung erwies sich als Utopie.

Der geschichtliche Ablauf vollzog sich ungefähr folgendermaßen:

1919 wird Harvey Jackins geboren.

1932 praktiziert der ungarische Psychologe Ferency wechselseitige Hilfe von Therapeut und Patient.

1950 entwickelt Jackins mit einigen Mitarbeitern (es liegt im Dunkeln, welche Ausbildung er und andere hatten) ein Vorgehen, das sie Co-Counselling nennen.

1952 gründet er in Seattle/ Washington eine Einrichtung mit dem
Namen: „Personal Counselors". Dort erfuhren Menschen
Rat und Hilfe, und wenn jemand unter starkem emotionalem Druck stand, wurde auch Co-Counselling eingesetzt.
Hier wurden viele der Co-Counselling-Techniken entwickelt.
Von dort ausgehend entstanden Gruppen in der Umgebung
von Seattle. Es wurden Standards für Lehrer erarbeitet und
strenge Regeln für die Form der Gemeinschaften (Communities). In der Organisation der Gruppen fanden sich wohl
viele Vorstellungen wieder, die Jackins aus der kommunistischen Partei kannte und die ihm Vorbild waren. So waren
Theorie und Leitung der Organisation streng hierarchisch
gegliedert und letztlich unter Harvey Jackins' Kontrolle.
Zitat J. Heron: „What I discovered through personal con-
versation and our correspondence was that he was applying
within RC a strict, neomarxist, leninist approach. He told me
that he had earlier been a member of the communist party
and been busy in the labour struggles in the northwestern
USA, and had resigned from the party because its members
were too full of their own unproceeded distressed. What he
did not tell me, though it soon became obvious, was, that he
took from the party the leninist doc-trine of firm, central
control of theory and policy in running RC. He was the sole
source of RC theory, edited anyone else`s version of it, and

controlled the policy of developing the RC communities, appointing and sacking local teachers and organizers. And he was remarkably intransigent in both respects."[38]

1953   es entstehen Lehrergruppen.

1965   veröffentlichen Jackins und Mary McCabe das Buch: The Human Side of Human Beings.

1968   nimmt Dency Sargent in Connecticut an einem Workshop teil, weil sie für das Zentrum für Peer-Counselling und Consulting, das sie mit ihrem Mann, Tom Sargent, einem Pfarrer der methodistischen Kirche, aufbaut, neue Möglichkeiten der Unterstützung von Ratsuchenden kennen lernen will.

1970   ist sie selbst schon RC-Lehrerin. Sie hatte großen Zulauf und war besonders erfolgreich damit, dass sie der Wertschätzung in der Arbeit eine große Bedeutung zuschrieb. Es wird von ihr gemeinsam mit Anderen eine Gemeinschaftsstruktur entworfen, die horizontal, peer-orientated, gegliedert ist. Alle Entscheidungen werden nach dem Konsensmodell getroffen.

Das passt den Leitern des RC, allen voran H. Jackins, nicht, und sie wird vor die Wahl gestellt, sich unterzuordnen oder

---

[38] Aus persönlichen Gesprächen und aus unserem Briefwechsel wurde mir klar, dass er einen strengen, neomarxistisch-leninistischen Ansatz vertrat. Er erzählte mir, dass er früher Mitglied der kommunistischen Partei gewesen war und engagiert an den Arbeiterkämpfen im Nordwesten der USA beteiligt; allerdings hatte er danach die Partei verlassen, weil die Parteimitglieder ihm zu stark von unverarbeitetem Material bestimmt waren. Was er nicht erwähnte, obwohl dies schnell offensichtlich wurde, war, dass er aus der Parteiarbeit die leninistische Lehre von fester, zentraler Kontrolle der Theorie und Praxis durch die Leitung übernommen hatte. Er war die ausschließliche Quelle der RC-Theorie, er gab alles heraus, was andere an Versionen dieser Theorie entwickelt hatten, und er kontrollierte die politische Ausrichtung, nach der RC- Gemeinschaften sich entwickelten, indem er die örtlichen Lehrer und Organisatoren ernannte oder entließ. In beiderlei Hinsicht war er bemerkenswert unnachgiebig." (Übersetzung: S. Willms)

den RC zu verlassen. Nach schwerem Ringen, in dem sie von Tom Sargent unterstützt wird, trennt sie sich vom RC. Als aber die Arbeit nach dem von ihnen selbst aufgestellten Regeln der horizontalen Struktur fortschreitet, entsteht ein derart großes Konfliktpotenzial gegenüber Tom Sargent, dass die Gemeinschaft ihn seinerseits vor die Entscheidung stellt, sich einzugliedern oder zu gehen. Er geht und die Hälfte der Co-Counselling-Gemeinschaft mit ihm.

1970 lässt Harvey Jackins seine Methode als Re-evaluation-Counselling legalisieren (RC). Der Name wird gebildet, weil nach einer emotionalen Entlastung eine spontane Neubewertung der alten Erfahrung erfolgen soll (Re-evaluation).

1971 nimmt John Heron in Oxford an einer Konferenz der British Assoziation of Social Psychiatry teil und lernt dort Tom Scheff kennen, einen Soziologieprofessor aus Santa Barbara in Kalifornien. Der führt dort das Co-Counselling vor und John Heron, der am Human Potential Research Unit der Universität Surrey arbeitet, ist begeistert. Tom Scheff war ursprünglich gekommen, um R.D. Laing und seine Arbeit genauer kennen zu lernen, John Heron lernt von ihm das Co-Counselling und wird noch im gleichen Jahr per Zertifikat von Harvey Jackins zum RC-Lehrer ernannt. Er begann sofort damit, seinerseits in England einführende Workshops durchzuführen.

1972 wird er von H. Jackins zur Referenzperson für Europa eingesetzt. In einem ausführlichen Briefwechsel mit Jackins wird ihm dessen marxistisch-leninistisch eingestellte politische Haltung deutlich. Er fordert ihn auf, zum einen nach Europa zu kommen und Workshops durchzuführen, zum anderen gemeinsam mit ihm und anderen zu überlegen, was an Theorie und Praxis des Re-Evaluation-Counselling für Europa eventuell verändert werden müsse. Harvey kommt

1972 nach Europa und führt Workshops an der Universität von Surrey durch und danach mit John zusammen weitere in Belgien, Niederlanden, Frankreich und Deutschland und beide bilden auch Lehrer aus. Er lehnt aber jede Änderung in Theorie und Praxis strikt ab, sowie er es Dency Sargent gegenüber auch schon getan hat. Diese war nicht bereit gewesen, die horizontale Organisationsstruktur ihrer Gruppe und die Schwerpunktarbeit zum Thema Wertschätzung aufzugeben. Sowohl John als auch Dency und Tom werden von Jackins aufgefordert, ihre Positionen aufzugeben oder den RC zu verlassen. Alle drei vollziehen nach langem intensivem Ringen die Trennung vom RC.

1973 lernen Rose Evison und Richard Horobin in England bei John Heron das Re-evaluation Counselling kennen. Sie schließen sich bald der Gruppe von Dency in Connecticut an und fördern intensiv die Verbreitung des Co-Counselling in USA und England. 1973 lernt Siglind Willms in Deutschland das Co-Counselling kennen und ist begeistert. Sie will es nun mit der Verhaltenstherapie verbinden.

1974 legt John Heron alle RC-Ämter und Aktivitäten nieder mit der Begründung: "I could not honour my own humanity and remain part of a system that in principle would not have dialogue and debate about the premises on which it is based, a system that was an ideological and political autocracy." Heron/Sargent [39] S. 7

1974 nimmt Siglind Willms an einem Workshop J. Heron's in England teil, der eine Woche dauert und im Rahmen des Human Potential Research Project durchgeführt wird. J. Heron nennt das Verfahren zu der Zeit Reciprocal Counselling. Sie übernimmt das Konzept dieser Veranstaltung als Modell für jahrelang regelmäßig durchgeführte Einführungen in das Co-Counselling in Münster.

1975 entschließen sich Dency Sargent und John Heron, die vielen inzwischen außerhalb des RC existierenden Gruppen aufzufordern, sich zusammenzuschließen und Co-Counselling International (CCI) zu nennen. Sie entwerfen Richtlinien, die 1995 von John Heron noch einmal überarbeitet werden, die aber im Großen und Ganzen bis heute für alle im CCI zusammengefassten Gruppen gelten. Von der Zeit an existiert das Co-Counselling in vielen Ländern in 2 Formen, dem RC und dem CCI. Beide bemühen sich, respektvoll miteinander umzugehen. Es ist ihnen bisher allerdings nicht gelungen, in großerem Stil Austausch und Kontakt zu pflegen.

1983 bringen Rose Evison und Richard Horobin ein Handbuch zum Co-Counselling heraus, das 1990 ins Deutsche übersetzt wird und seit der Zeit im Haus Kloppenburg in Münster als einzige Anbindung an das internationale Co-Counselling-Geschehen von Kurs zu Kurs als Basislektüre weitergegeben wird. Die Unterschiede zwischen RC und

---

[39] Ich konnte es mit meiner Selbstachtung nicht vereinbaren, dass ich Mitglied eines Systems blieb, das grundsätzlich keinen Dialog und keine Diskussion über die Grundlagen, auf denen es beruht, zulässt; ein System, das ideologisch und politisch eine Autokratie, eine Alleinherrschaft darstellt.

CCI, wie sie damals waren, sind im Folgenden aufgeführt. Wie weit sie es heute noch sind, soll in diesem Buch nicht weiter verfolgt werden.

Die Unterschiede zwischen RC und CCI, soweit sie den Autoren bekannt sind:

	RC	CCI
Theoretische Annahme	Der Mensch ist grundsätzlich und von Natur aus gut, ausgestattet mit einem großen Potenzial von Intelligenz und Kreativität, das durch verletzungsbedingte emotionale Anspannung blockiert und verschüttet ist. Ursache der Verletzungen sind Eltern, Erwachsene und gesellschaftliche Unterdrückung	Der Mensch ist geistigen, göttlichen Ursprungs. Seine Gebundenheit an den Körper und dessen Verletzungen durch andere Menschen, Naturkatastrophen oder gesellschaftliche Unterdrückung blockieren das Wissen und den Zugang zu dieser Herkunft und damit auch Intelligenz, Kreativität, Einfühlungsvermögen und andere soziale Tugenden
Counseler-und Co-Counseler-Verhalten	Der Co-Counseler ist sehr direktiv. Er bestimmt, woran der Counseler arbeiten soll, er muss sich einfallen lassen, was er dem Counseler als Anregung vorschlagen kann. Der muss sich leiten lassen, der Co-Counseler trägt die Verantwortung.	Der Counseler ist selbst verantwortlich für das, was er mit seiner Sitzungszeit anfängt. Er kann Anregungen des Co-counselers aufgreifen oder unbeachtet lassen. Er selbst trägt die Verantwortung für das Erarbeitete einer Sitzung.
Ziel der Arbeit	Lösung der gefühlsmäßigen, angestauten Überspannung (distress) zur Befreiung von Intelligenz und Kreativität und dadurch Befreiung von den Folgen der Unterdrückung durch andere Menschen.	Zugang zu sich selbst mit den eigenen Stärken und Schwächen, der eigenen Andersartigkeit und geistigen oder göttlichen Herkunft durch Auflösung der von Menschen verursachten Verletzungen; Freisetzen von Fähigkeiten und Einfühlungsvermögen.

Struktur der Organisation von Co-Counselling-Gemeinschaften	Vertikal, hierarchisch gegliedert, bestimmt durch starke, zentralistische Kontrolle und Regeln.	Horizontal, durch Gleichwertigkeit und gegenseitigen Respekt vor der Andersartigkeit des anderen bestimmt, locker strukturiert, demokratisch ausgerichtet, flexibel, Strukturen kreativ zu verändern

8.2 Die Entwicklung in den einzelnen Ländern

Die folgenden Berichte über die verschiedenen Länder sind entstanden aus Interviews, die Siglind Willms mit Counselern der jeweiligen Länder geführt hat. Deren Niederschrift wurde dann von den betreffenden Counselern überarbeitet und oft von einer ganzen Gruppe ergänzt. Bis auf den Text aus Hamburg kamen alle in ihrer endgültigen Form in englischer Sprache zurück. Die vorliegende Fassung ist eine Übersetzung dieser Überarbeitungen.

8.2.1 Deutschland

a) Münster
Wir beschreiben hier die Geschichte der Münsteraner Entwicklung des Co-Counselling, weil es, im Augenblick einzig in Deutschland, nur hier eine umfangreiche Co-Counselling-Gemeinschaft (CCI) gibt. Über das Land verstreut gibt es einige Co-Counseler, und in Hamburg gab es in den 90er Jahren eine größere Gruppe, die von holländischen Co-Counselling-Lehrern unterricht worden war.

1970 lebte **Dorothee Fricke**, eine deutsche Pädagogin, als Doktorandin in einer Wohngemeinschaft in Louven, Belgien. Ihre Arbeit befasste sich mit dem europäischen Vergleich im Bereich der Erwachsenenbildung. Dort lernte sie Michel Katzeff kennen, einen Gestalttherapeuten, der von F. Perls, dem Begründer der Gestalt-

therapie, persönlich ausgebildet worden war und in dieser Wohngemeinschaft als Bioenergetiker und Gestalttherapeut einen Workshop durchführte.

1971 nahm sie mit Daniel le Bon und Michel Katzeff an einer Co-Counselling-Einführung teil, die John Heron in Brüssel durchführte.

Als sie Ende 1971 nach Münster zurückging, war sie entschlossen, das Co-Counselling in Deutschland aufzubauen. Im Haus der Familie zu Münster führte sie Kommunikationstrainings für Erwachsene und Jugendliche durch sowie Einführungen in das Co-Counselling. Dort lernte Maria Krantz aus Saerbeck, einem kleinen Ort in der Umgebung von Münster, sie und das Co-Counselling kennen. Die Kursteilnehmerin Maria war so begeistert von der Methode, dass sie ihr Haus für weitere Co-Counselling-Workshops zur Verfügung stellte. Nacheinander führten dort Michel Katzeff, Daniel le Bon, Harvey Jackins und John Heron Workshops durch.

Nachdem Dorothee John in Brüssel kennengelernt hatte, traf sie ihn auf einem Workshop in Arundel wieder, den Harvey Jackins dort durchführte. Es gab dort einen Konflikt mit Harvey, weil John und Dorothee der Meinung waren, dass die Bereiche Spiritualität und Sexualität in der Co-Counselling-Theorie nicht länger tabuisiert, sondern neu überdacht werden sollten. Harvey lehnte dies strickt ab. Dorothee holte John nach Deutschland. Von 1972-1979 führte er in Deutschland Kurse mit verschiedenen Themen durch. In einer seiner Co-Counselling-Einführungen lernte Siglind Willms ihn 1973 kennen. 1978 veranstaltete er in Münster einen Workshop über Sexualität, an dem Leute teilnahmen, die durch Siglind das Co-Counselling gelernt hatten. Ebenso fand auch in Bremen 1979 oder 1980 noch ein Workshop zur Einführung in das Co-Counselling unter seiner Leitung statt. Dorothee Fricke baute in der Zeit eine RC-Gemeinschaft von ca. 300 Leuten in Münster auf (1971-1979), die eine Zeit lang blühte, die sich aber, nachdem Dorothee aus persönlichen Gründen nach Worpswede übergesiedelt war, leider langsam auflöste.

1973 organisierte Dorothee Fricke wie oben bereits erwähnt, dass John Heron in Saerbeck, in der Nähe von Münster, einen Grundkurs im Co-Counselling durchführte, im Haus von Josef und Maria Krantz. **Siglind Willms**, die damals seit 4 Jahren als Verhaltenstherapeutin arbeitete, erfuhr durch eine Klientin davon. Die Veranstaltung interessierte sie sehr, weil sie schon seit Längerem Möglichkeiten suchte, den Umgang mit Gefühlen in die Arbeit mit einzubeziehen. Ihre Hoffnung erfüllte sich weit über ihre Erwartungen hinaus. Sie lernte  ein Selbsthilfeverfahren kennen, das ihr selbst Möglichkeiten eröffnete, ihre eigene psychische Situation zu hinterfragen und eventuell zu verbessern. Es erschloss sich ihr damit gleichzeitig das gesuchte

Instrumentarium für ihre Arbeit als Psychotherapeutin. Sie begann nach den zwei einleitenden Wochenenden regelmäßig zu counseln und nahm an der Co-Counselling-Gruppe von Dorothee teil. Nach einem dreiviertel Jahr ging sie für eine Co-Counselling-Woche mit John Heron nach England und verließ diese mit der Überzeugung, das Verfahren verstanden und gelernt zu haben. Als sie John Heron beim Abschied fragte, wann man selbst Kurse durchführen könne, meinte er: „Wenn Du es dir zutraust. Am besten lernst Du es, wenn Du viel selbst co-counselst." Das war im Sommer 1974. Sie tat, was er ihr geraten hatte und schätzte ihre Kompetenz im August 1975 so ausreichend ein, dass sie verschiedene Kollegen, Co-Counseler, die mit ihr gelernt hatten, so wie Klienten, die bereit waren, den Versuch mit ihr zu wagen, zu einer ersten Grundeinführung einlud. Besonders die Kollegen waren ihr wichtig, weil sie die Möglichkeit boten, ihre Arbeit zu supervidieren und zu reflektieren. Die Veranstaltung wurde ein voller Erfolg und damit war für sie klar, dass sie das Co-Counselling weiter vermitteln konnte. Die gleichzeitig laufende Auseinandersetzung mit Harvey Jackins in anderen Gemeinschaften spielte für sie keine Rolle, denn für sie war klar, dass sie den Vorgaben von John Heron formal und inhaltlich folgen würde, da diese für sie als Psychologin und Psychotherapeutin überzeugend waren. 1976 führte sie den nächsten Grundkurs durch und im Winter 1976/77 einen weiteren Kurs,

den sie Aufbaukurs nannte und an dem ihr Kollege **Johannes Risse** teilnahm. Ihn begeisterte diese Form der „Arbeit an sich selbst" genauso wie sie und sie beschlossen von der Zeit an, gemeinsam Grund- und Aufbaukurse durchzuführen. Die gemeinsame Arbeit vertiefte sich von Kurs zu Kurs und machte beide sehr froh und zufrieden. Unter den Teilnehmern waren zunehmend mehr Klienten, da immer deutlicher wurde, dass die Selbsthilfearbeit die Therapiearbeit intensiv unterstützte. Es zeigte sich, dass das Co-Counselling oft deutlich werden ließ, dass ein Mensch eine Therapie beginnen sollte, weil seine Schwierigkeiten und Probleme nicht durch die Selbsthilfe allein zu beheben waren. Wenn jemand schon in Therapie war, half das Co-Counselling, ihn während der Therapie in besserer Selbstständigkeit zu halten und den Veränderungsprozess aktiver voranzutreiben. Oft war das Co-Counselling außerdem gut, um nach Beendigung der Therapie weiter aktiv das Umlernen fortzuführen. Zwei Grundkurse zu ca. 30 Teilnehmern und zwei Aufbaukurse pro Jahr wurden das Standardprogramm für die beiden Lehrer 25 Jahre lang. In den 80iger Jahren wurden sie durch Co-Counseler, die vom RC-Co-Counselling kamen, ergänzt, da die große RC-Co-Counselling-Gemeinschaft, die es in Münster gab, zusammengebrochen war. Sie nahmen es zur Kenntnis, aber es berührte sie nicht weiter, weil inzwischen die eigene lose Co-Counselling-Gemeinschaft um das Haus Kloppenburg herum entstanden war. Um Strukturen für diese Gemeinschaft kümmerten sie sich weiter nicht, da sie im Haus die Möglichkeit anboten, in Kleingruppen zu cocounseln und an verschiedenen weiterführenden Gruppenangeboten oder an den regelmäßigen Kursen teilzunehmen. Dadurch hatte jeder Interessierte viele Möglichkeiten, seine Fertigkeiten im Co-Counselling zu verbessern.

Allerdings erweiterten Johannes Risse und Siglind Willms schon in den ersten Jahren ihrer Zusammenarbeit die Formen des Co-

Counselling, die sie von John Heron gelernt hatten. Sie nahmen einerseits an bioenergetischen Trainings teil und vertieften dadurch den Anteil der Körperarbeit im Co-Counselling. Übungen aus der Bioenergetik ermöglichten den Teilnehmern intensiven Zugang zu ihren Gefühlen zu bekommen. Die Fähigkeit, tief und intensiv entlasten zu lernen, wie Rose Evison es für eine wirkungsvolle Co-Counselling-Arbeit für notwendig hält, wurde für die Arbeit in Münster sozusagen zum Markenzeichen. Außerdem setzten sich beide Lehrer intensiv damit auseinander, wie mit Erotik und Sexualität umzugehen sei, da beide Bereiche durch eine intensive Arbeit an Gefühlen aktiviert werden. Für einen guten Umgang mit Wünschen und Bedürfnissen aus diesem Bereich lernten sie, das Co-Counselling-Programm von Übungen zu befreien, bei denen die Teilnehmerinnen intensiven Körperkontakt aufnehmen mussten, und sie führten Kleingruppen zu dritt ein, weil die Zweierkonstellation wie sie im RC-Co-Counselling und im CCI Co-Counselling praktiziert wird, von vielen Teilnehmern für Schäferstündchen und erotische Spiele missbraucht wurde. Die Dreierkonstellation hatte und hat noch mehrere weitere Vorteile:

1) sie ermöglicht differenziertere Rollenspiele,
2) sie entlastet den, der gecounselt hat, von der Aufgabe, sofort danach selbst volle freie Aufmerksamkeit zu schenken,
3) und sie gibt zwei Teilnehmern einer Dreiergruppe die Möglichkeit, doch zu co-counseln, wenn der Dritte seine Teilnahme kurzfristig absagen muss.

So wurde die Dreiergruppe zum festen Element des Co-Counselling in Münster.

Matratzen, um liegend einen besseren Zugang zu Gefühlen zu bekommen, und Stöcke, mit denen man auf die Schaumgummimatratzen schlagend Wut, Zorn, Ärger und Hass besser entlasten kann, übernahmen sie ebenfalls aus der bioenergetischen Arbeit mit Jan Velzeboer.

1994 nahmen sie nach 25 Jahren eigenständiger und unabhängiger Weiterentwicklung der Co-Counselling-Arbeit erneut Kontakt zu John Heron auf. In zwei Gesprächen 1995 und 1997, die sie mit ihm in Podere Gello bei Volterra führten, stellten sie viele Gemeinsamkeiten fest. Neu und überraschend war für sie die Entwicklung und der Umfang der internationalen Gemeinschaften im Rahmen des CCI. Die Kontaktpersonen für Europa, Joke Stassen und Niek Sickenga nahmen mit ihnen Pfingsten 1996 Kontakt auf, d.h., sie besuchten sie in Münster und trafen dort 8 weitere, engagierte Co-Counseler und Co-Counselerinnen. Dieses Treffen war der Beginn eines oft schwierigen, aber letzlich fruchtbaren Austauschprozesses, in dem sich für das Co-Counselling in Münster noch einmal Vieles veränderte, in dem aber auch Vieles, das eigenständig erarbeitet worden war, weitergegeben werden konnte. So waren folgende Gebräuche völlig überraschend und neu für die Holländer:

- die Arbeit mit Stock und Matratze, die wir von Jan Velzeboer aus der Bioenergetik übernommen hatten, zur Abfuhr von Wut und Zorngefühlen,
- die freie Bewegung im Raum dessen, der co-counselt,
- die Co-Counselling-Gruppe zu dritt,
- die Eigenständigkeit des Co-Counselers, dem möglichst wenig Hilfen gegeben werden sollten, damit er die Prinzipien der Arbeit möglichst aus sich heraus anwendet,
- die Selbstverständlichkeit tiefen Entlastens,

277

- eine flexiblere Handhabung der Zeitansage unter strenger Beachtung der Gegenseitigkeit,
- Co-Counselling in Anbindung an Psychotherapie,
- das Verständnis und die Bedeutung von aggressiver Energie für das Co-Counselling in Münster.

Für die Co-Counseler aus Münster war neu:
- das Bestehen fester Regeln weltweit, damit auf den internationalen Treffen völlig unterschiedliche Menschen trotzdem gemeinsame Rahmenbedingungen einhalten,
- die strikte Regulierung der Zeit durch einen Wecker,
- die Organisation einer von „Führerpersönlichkeiten" unabhängigen Gemeinschaft,
- Co-Counselling ohne die Anbindung an Therapie,
- eine Vielzahl von Übungen, die Menschen austauschen, wenn sie sich in großen Zusammenhängen wie internationalen Treffen begegnen,
- die radikale Forderung demokratischer Strukturen und Vermeidung autoritärer Leitung und Entscheidungsfindung,
- das Konsens-Modell für Entscheidungsprozesse.

Es begann ein langer Weg der Weiterentwicklung.
Über den Kontakt zu den Holländern entstand außerdem Kontakt zu Co-Counselern in Hamburg, wo es zu ihrer Verwunderung ebenfalls eine aktive Co-Counselling-Gemeinschaft gab.

Johannes Risse und Siglind Willms begannen 1999 mit der Entwicklung einer systematischen Lehrerausbildung, die bis 2006 in drei Durchgängen mit ca. insgesamt 60 TeilnehmerInnen durchgeführt wurde.

Sie begannen 1998, regelmäßig die internationalen Treffen zu besuchen.

In den neunziger Jahren koppelte sich durch die Arbeit der jungen Co-Counselling-LehrerInnen das Co-Counselling teilweise von der Therapiearbeit ab.

Die Co-Counseler gründeten die CIM, die Counselinitiative Münsterland.

Alle gemeinsam entwickelten ein eigenes Logo, eigene Regeln und ein eigenes Jahresprogramm der CIM.

2004 war die CIM so weit, dass sie das europäische, internationale, jährliche Treffen in Deutschland ausrichtete.

Dies fand in Freckenhorst, in der Landvolkshochschule mit 135 Teilnehmern aus 9 Nationen statt. Es war ein großes Ereignis, das viel Freude, einiges an Konflikten und viele neue Anregungen mit sich brachte.

Vor allem der Prozess der Ablösung des Co-Counselling von den beiden Leitfiguren Siglind Willms und Johannes Risse stand jahrelang unter anderem im Mittelpunkt der Bestrebungen. Es wäre schön und wünschenswert, dass das Co-Counselling auch nach Ausscheiden der beiden, die es in diesem Raum und in Deutschland einmalig zu diesem Umfang gebracht haben, weitergelebt werden würde.

Die Besonderheiten der Münsteraner Co-Counselling-Kultur wurden für den CCI 2004 in einem Heft zusammengefasst.

b) Hamburg

Die Entwicklung der Hamburger Gruppe vollzog sich ungefähr folgendermaßen:

Zu Beginn der 80er Jahre, etwa 1982, suchten Gruppen der Friedensbewegung in Hamburg Möglichkeiten, für ihre persönliche Weiterentwicklung etwas zu tun. Sie kamen in Kontakt mit dem Holländer Roeloff Roggema, luden ihn ein, und er führte sie in das Co-Counselling ein. Dieser erste Impuls versandete allerdings, bis 1990 Angelika Remmert von der KISS (Kontakt- und Informationsstelle der Selbsthilfegruppen) erneut auf Roeloff Roggema zuging und Kurse für ihn organisierte. Dieser zweite Anlauf war erfolgreicher, und es entstand auf dem Boden politischer Freundschaftsgruppen eine lebendige und aktive Co-Counselling-Bewegung in Hamburg. 1992 lernte Rudolf Giesselmann das Co-Counselling und 1994 nahmen einige Co-Counselling-Begeisterte Kontakt zu Joke Stassen und Niek Sickenga auf. Diese führten gemeinsam mit Willem Roest und Ria Bovenkerk einen Grundkurs durch, in dem sie die Grundelemente des Co-Counselling intensiv durcharbeiteten, damit die Teilnehmer dadurch lernen konnten, das Co-Counselling selbst weiterzugeben. An diesem Kurs nahm auch Karola Berger teil, die ihrerseits das Co-Counselling intensiv weiterführte und sich selbst zur Co-Counselling-Lehrerin ernannte. Sie organisierte mehrere Grundkurse und schrieb ein Taschenbuch über die Methode des Co-Counselling: „Therapie ohne Therapeut". Unter Mitarbeit von Joke und Niek sowie durch eine Initiative der Münsteraner entstand das Netzwerk Holland Hamburg Münster, das von 1997 bis 2006 regelmäßig einmal jährlich ein Treffen organisierte. In ihm gab es auch zu Karola erfreuliche und fruchtbare Kontakte. Leider verstarb sie 2004 plötzlich und unerwartet und viel zu früh.

Von 1992 bis 2005 gab es für die Co-Counseler in Hamburg monatlich ein offenes Treffen, das alle Co-Counseler untereinander in Kontakt brachte, sie zusammenhielt und ihnen Lernmöglichkeiten bot. Nach R. Giesselmanns Verständnis gab es in Hamburg nie eine wirkliche Co-Counselling-Gemeinschaft, allerdings gab es immer Individualisten, die übers Co-Counselling Kontakt gehalten haben.

Ab 2000 gab Rudolf Giesselmann Grundkurse sowohl gemeinsam mit Joke Stassen als auch mit Marlies Tjallingji. Auf seiner Internetseite „Co-Counseln-lernen" sind viele Informationen über das Co-Counselling zu finden.

Heutzutage hat Rudolf versuchsweise einen Co-Counselling-Redekreis eingerichtet, in dem er Menschen, die noch nicht bereit sind, zu co-counseln, die Möglichkeit anbietet, langsam ins Co-Counselling hineinzuwachsen. Die aktive Co-Counselling-Arbeit ruht augenblicklich in Hamburg, aber es gibt eine Liste von 30 TeilnehmerInnen, sodass es jederzeit möglich wäre, sie in Hamburg zu reaktivieren.

Allgemein lässt sich für Deutschland sagen, dass es in vielen Städten Co-Counseler gibt, die sowohl nach CCI- als auch RC-Regeln arbeiten. Wieweit diese in kleineren oder größeren Gruppen organisiert sind, lasst sich aus unserer Warte zurzeit nicht sagen.

8.2.2 Die Niederlande

In den Niederlanden gibt es Co-Counselling seit dem Sommer 1973. Harvey Jackins führte damals einige Leute ein. John Heron folgte im Winter darauf und einige holländische Co-Counseller nahmen am Grundkurs 1974 in Moor Park College und am ersten CCI-Treffen in Großbritannien im Jahre 1975 teil. In der ersten Ausgabe der internationalen Co-Counselling Zeitung von 1975 veröffentlicht die Holländerin Pauline van Geyn ihre Eindrücke dieses ersten europäischen CCI-Treffens im Moor Park College in Großbritannien. Teilnehmer des internationalen Co-Counselling Kommitees bei diesem zweiten CCI-Treffen (das erste war im April 1975 in Waltham, Mass. USA) sind: Phyllis May, USA (Finanzenkoordinator), Rose Evison und Richard Horobin, UK (Kommunikationskoordinatoren), Fabienne Aubert, Frankreich (Bundesstaat Komitee), Pauline van Geijn, Holland, John Heron, UK, Valerie Rose, UK, Dency und Tom Sargent, USA. In derselben Ausgabe ist eine Liste, in der aufgeführt ist, wo man Co-Counseller, Workshops, Klassen oder Gruppen findet. Für die Niederlande sind folgende Personen erwähnt: für Amsterdam Ronnie Worp, für Den Haag Joyce de Gier, für Utrecht Darien van Barschat und für Heerlen Hieke Spaans.

Zu der Zeit besuchte John Heron die Niederlande bis zu viermal pro Jahr. 1977 berichtet das „Steuerungskomitee" der holländischen Vereinigung, bestehend aus Pauline van Geijn, Jozef van der Grinten, Tine Koekebakker, Marijke Mol und Frank Spaans über die Geschichte des Co-Counselling in den siebziger Jahren. Dieser Artikel findet sich in der holländischen Zeitung des Co-Counselling-Niederlande (CCN) vom September 1996. Die Juli-Ausgabe der Zeitung veröffentlichte aufgrund des 10ten Jahrestages der CCN-Vereinigung als einer offiziell anerkannten Organisation ein Interview mit Christie van der Haak, einer CCI-Trainerin, die von John Heron ausgebildet wurde. Sie begann 1973 mit dem Co-Counselling und erzählt über die CCN-Geschichte in diesen frühen Tagen. 1977 gab es ca. acht CCI-Trainer, die meisten von ihnen waren Therapeuten oder in soziale Arbeit integriert. Christie gab gerne Workshops, wie die meisten von ihnen, aber sie beobachtete, dass viele Trainer sich von der Gruppe zurückzogen. Damals begann die lose CCI-Vereinigung in Holland, die zu dieser Zeit nur von einer kleinen, sehr auf Gleichwertigkeit ausgerichteten Gruppe geführt wurde, sich langsam zu spalten. Daraufhin (ca. 1986) beschlossen einige Trainer sich mehrfach im Jahr zu treffen, um über die Notwendigkeit von Unterstützung durch eine öffentlich identifizierbare Organisation zu diskutieren. Diese wurde 1986 gegründet.

Die Niederlande sind in verschiedene Regionen unterteilt und die „Sprecher" dieser Regionen bildeten ein „national meeting" (nationales Treffen). In den achtziger Jahren, auf dem Weg zu einer offiziellen Vereinigung, war Maarten den Draak Leiter der Gemeinschaftsvertreter. 2006 kehrte er zum CCN zurück. Co-Counselling ist bekannt in den Niederlanden. Mitglieder der MRT (Männer Radikale Therapie) und FORT(Frauen organisieren Radikale Therapie) pflegen eine einfache Form des Co-Counselling. Die Elisabeth Kübler Ross-Stiftung in den Niederlanden benutzt es ebenso und trainiert damit ihre Helfer. Peter de Boer, ein ehemaliger CCN-Trainer, entwickelt seine „Experimental Peer Therapie", eine Selbst-Hilfe-Therapie, die sich an die kognitive Verhaltenstherapie anlehnt. Re-Evaluation Counselling (RC) wird noch immer ausgeübt und Daniel le Bon entwickelt eine spezielle Art des Co-Counselling, die er „present counselling" nennt. Jan Pieter Hoogma, der 1979 mit dem Co-Counselling begann, wird 1984 wie z. B. auch CCI-Trainerin Petra Kreb, Mitglied des ersten offiziellen CCN-Board, einer Art nationalem Leitungsteam. Sie ist sehr damit beschäftigt, die Regeln der Vereinigung zusammenzufassen. Teilweise war der CCN noch 2006 damit beschäftigt. Das macht das Leben einer auf Freiwilligkeit beruhenden Vereinigung sehr deutlich!

In den 80ziger Jahren war **Niek Sickenga**, Co-Counseler seit 1982 in Den Haag, sehr beschäftigt mit der Herausgabe einer regionalen CCI-Zeitung der Gemeinschaft, die 80 Exemplare pro Ausgabe umfassen sollte. Jan Pieter Hoogma ist Vorsitzender des nationalen Leitungsteams, als Niek 1986 beitritt. Beide beenden ihre Arbeit 1991. Die CCN-Zeitung bekommt eine bessere Form und die Gemeinschaft regelt ihr Verhältnis zu den CCI-Trainern in einem Abkommen, das kurz vor 2000 einen offiziellen Status bekommt. Die Trainer brauchen ca. 10 Jahre, um die Vorschläge umzusetzen. In der ganzen Zeit ist  Suzanne Hagenbeek (sie begann 1975 mit dem Co-Counseln und ist seit 1980 Trainerin) Kontaktperson zwischen der CCN-Trainer Gruppe und der Leitungsgruppe (community board, Gemeinschaftsvertretung). In der Zwischenzeit führt die Vereinigung 1990 die Ernennung von Vertrauenspersonen ein, erfahrenen Co-Counselern, die sich freiwillig bereit erklären, bei der Lösung von Konflikten zwischen CCI Mitgliedern in angemessener Art und Weise zu helfen. Zu dieser Zeit ist Peter Koekebakker, der 1972 mit dem Co-Counseln begann, für mehr als 10 Jahre Vorsitzender des CCN bis 2004.

Ganz allgemein fanden viele Veränderungen der Ideen und theoretischen Ansichten des CCI`s in den Niederlanden statt; schon früh gerieten die Beiträge von John Heron speziell auch zum spirituellen Niveau des CCI-Counselling ziemlich in Vergessenheit. Jan Pieter wanderte nach Schottland aus und begann, das Co-Counsel-

ling mit kognitiver Theorie und Praxis zu verbinden (cornu copia).
Joke Stassen und Niek Sickenga nahmen wieder Verbindung zu
John Heron auf, nachdem sie beide 1995 CCI-Trainer geworden
waren. Sechs Jahre lang übernahmen sie
die Aufgabe, als internationale Kontaktpersonen der CCN-Gemeinschaft zu arbeiten. Außerdem veröffentlichten beide ihre Ansichten zur CCI-Entwicklung
in der CCN-Zeitung. In den vergangenen zehn Jahren verringerte sich die
Anzahl der CCN-Mitglieder, die Organisation bediente sich größtenteils elek-
tronischer Kommunikation, die Zeitung,
in den Neunzigern viermal jährlich her-

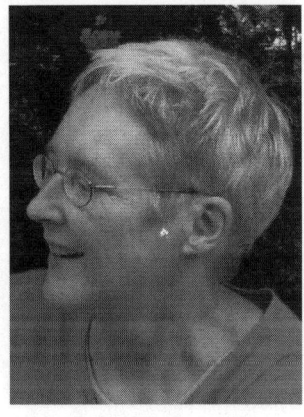

ausgegeben, wird eine elektronische Informationsquelle und CCN-
Informationen wie Co-Counselling-Wochenenden oder Grundkurse, sind auf der Internetseite www.cocounselen.nl von Joke Stassen
abrufbar. Niek begann 2000 einen Service für CCI-Weltnachrichten
mit der Adresse www.cciwns.com und schrieb 2001 ein Buch „Wie
man mit seinen Gefühlen umgeht" über den CCI in Holland.

8.2.3 USA

Tom und Dency Sargent legten die Grundlagen für das, was heute
CCI-USA ist. Ende der 60iger Jahre eröffneten sie ein Beratungs-
zentrum (center for counselling and consulting). Dency nahm 1968
an einer RC-Co-Counselling Gruppe teil und war schon 1970 RC-
Trainerin. Zusätzlich zur Anleitung der Lernenden, ihre Fähigkeit

zur Entlastung von Gefühlen freizusetzen, betonte sie besonders die Bedeutung von Wertschätzung für den Aufbau von Stärke und die Fähigkeit, sich zu feiern, also Selbstwertschätzung, in Ergänzung zu der Wertschätzung, um Entlastung zu verbessern, die im Mittelpunkt des RC-Co-Counselling stand. Die Kultur der Wertschätzung wurde zum wesentlichen Kennzeichen der großen Gemeinschaft, die Dency und Tom in Connecticut aufbauten. **Tom und Dency Sargent** begründeten, dass die Leitung der Gemeinschaft nach dem Prinzip der Gleichberechtigung aller geschah und

Dency baute gemeinsam mit anderen

dass Entscheidungen nach dem Konsensmodell getroffen wurden. Das war so beabsichtigt, um Prozesse innerhalb der Gemeinschaft übereinstimmend mit den Gleichheitsstrukturen einer Co-Counselling-Sitzung zu gestalten.

Von Anfang an lehnte Dency die vertikalen und hierarchischen

Strukturen, die Harvey Jackins aufgebaut hatte, ab. Dafür wurde sie schon früh von Harvey kritisiert und aufgefordert, ihre Lehrmethoden und die Form der Gemeinschaftsorganisation an seine Regeln anzupassen und diese zu befolgen. Nach langem Ringen fällte Dency die schmerzhafte Entscheidung, den RC zu verlassen und fast die Hälfte der kompletten Gemeinschaft folgte ihr.

Tom und Dency begannen eine eigene, unabhängige Co-Counselling-Gemeinschaft aufzubauen. 1974 begründeten sie mit John Heron zusammen das Co-Counselling International (CCI). Der erste CCI-USA Workshop wurde 1974 von Dency und John als gemeinsamen Leitern veranstaltet

Dank der Techniken, die Tom entwickelt hatte, wurde Planung von Verhaltensänderung (life action) der dritte Schwerpunkt des CCI-USA Co-Counselling. Die Verbindung der Fertigkeit, zu entlasten und neu zu bewerten, mit Wertschätzung und Verhaltensänderung ermöglichen die Unterbrechung von krankhaften Verhaltensmustern und die Entstehung eines starken, von Freude getragenen Prozesses persönlichen Wachsens und tiefgründiger Lebensbereicherung.

In den frühen 80ziger Jahren kam es zu einer Teilung der Gemeinschaft aufgrund schwerer Konflikte mit Tom Sargent. Es entstanden zwei unterschiedliche Gemeinschaften in Connecticut. Nach der Scheidung von Tom und Dency, kehrte Tom dem Co-Counselling den Rücken, um seine eigene Theorie und Praxis bezüglich menschlichen Verhaltens und Stress zu entwickeln. Dency baute gemeinsam mit anderen erneut eine CCI-USA Gemeinschaft auf. Diese hat heutzutage eine gut organisierte Gemeinschaftsstruktur, bei der darauf geachtet wird, dass Co-Counselling gelehrt und eine Kultur der Wertschätzung gepflegt wird und dass zur Entscheidungsfindung weiterhin das Konsensmodell Anwendung findet. Die Gemeinschaft hat ein klares Programm zur Schulung von Lehrern und deren Anerkennung, sie bietet Co-Counselling-Kurse in Connecticut und einigen anderen Gebieten der Vereinigten Staaten an und nimmt aktiv an CCI-Workshops teil, die von anderen Ländern durchgeführt werden. Die Gemeinschaftsstruktur ist so gut aufgebaut, dass Dency nicht länger die zentrale Person sein muss.

Ein wichtiges Ereignis ist der CCI-USA Workshop, der seit dem ersten im Jahr 1974 jedes Jahr durchgeführt wird. Dieser wird von der Gemeinschaft organisiert. Verschiedene Leute werden ermutigt, daran teilzunehmen und verantwortlich für verschiedene Aspekte der Workshop-Organisation und deren Programm zu sein. Durch dies Ereignis entstehen starke Bindungen zwischen den Mitgliedern. Viele Co-Counseller der Gemeinschaften in den Vereinigten Staaten und anderer Länder nehmen jedes Jahr an dem Workshop teil, um sich zu treffen, gegenseitig Anregungen zu geben, sich auszutauschen und gemeinsam zu wachsen.

Tom Sargent starb 2007, nachdem er sich vom Co-Counselling gänzlich zurückgezogen hatte.

8.2.4 England

Wie schon beschrieben, kam **John Heron** 1970 auf einer Konferenz der British Association of Social Psychiatry über Tom Scheff, einem Soziologieprofessor aus Santa Barbara in Kalifornien, in Kontakt mit dem Co-Counselling. Er wurde schon im gleichen Jahr Lehrer des Re-Evaluation-Co-Counselling (RC) und wurde schon 1971 von H. Jackins zur Referenzperson für Europa ernannt, weil dieser sich davon wohl erhoffte, Co-Counselling auf diese Weise auch nach Europa zu bringen.

Vielen, oft beruflich geschulten Leuten, ging es wie John Heron, sie erkannten den Wert des Co-Counselling sofort, lernten es und wurden von H. Jackins als Lehrer anerkannt oder auch nicht. So erging es auch Rose Evison und Richard Horobin, die ihren Grundkurs 1973 bei John Heron machten und danach selbst co-counseln lehrten, weil sie von Leuten darum gebeten wurden. Als sie dann ihre RC-Bezugsperson darum baten, als Lehrer vorschriftsmäßig ausgebildet zu werden, verweigerte diese ihnen dies mit der Begründung, sie hätten keine genügend loyale Haltung der RC-Gemeinschaft gegenüber. Daraufhin lehrten sie weiter und erklärten sich selbst zu Lehrern. Auf diese Weise gab es bald eine wachsende Anzahl von Lehrern, die Einführungen in vielen Ländern durchführten, unter anderem überall in England, Schottland und Irland, Holland Belgien, Frankreich, Ungarn und Deutschland. Sie alle gehörten formal dem RC an und gingen doch ihre eigenen Wege. Nach dem Treffen von Tom und Dency Sargent mit John Heron in Connecti-

MOOR PARK COLLEGE, FARNHAM, SURREY

cut 1974, bei dem sie sich entschlossen, eine neue Organisation zu gründen, nahmen viele der Lehrer, die sich in Konflikt mit H. Jackins und seiner RC-Organisation befanden, an dem internationalen Treffen in

Südengland 1975 in **Moore Park College** teil und gründeten den CCI.

Die gesamte Gruppe formulierte internationale Richtlinien und begann mit der Herausgabe eines internationalen Rundbriefes. **Rose Evison und Richard Horobin** erklärten sich bereit, die Aufgabe der Herausgeber zu übernehmen und wurden engagierte Lehrer des Co-Counselling. Sie schrieben und veröffentlichten viele Artikel über Theorie und Praxis des Verfahrens. Das verbreitete sich auf diese Weise über ganz Europa und Nordamerika, später sogar nach Neuseeland, in beiden Formen RC und CCI.

In den achtziger Jahren gab es in England viele gut strukturierte, über das ganze Land verstreute Gemeinschaften, so z. B. in und um

London, Bristol, Birmingham, den Eastmidlands, Sheffield und Manchester. Besonders bekannte Lehrerinnen aus jener Zeit sind Evelyn Marsden und Mary Corr. Die letztere war für einige Zeit auch John Herons persönliche Partnerin.

Alle Gemeinschaften hatten ihre eigene Form, Lehrer für sich anzuerkennen. Jede Gemeinschaft war unabhängig, stand aber im Austausch mit anderen. Alle waren nach dem Gleichberechtigungsprinzip aller organisiert, und das bedeutete unterschiedliche Formen in unterschiedlichen Gruppen. So wuchsen Lehrer aus der eigenen Gemeinschaft heraus und waren an sie gebunden.

Daneben baute an der Universität Surrey John Heron ein Programm zur Ausbildung von Lehrern auf. In den neunziger Jahren lud er alle Gemeinschaften zu einem Treffen ein, damit sie überlegen könnten, ob sie eine landesweite Co-Counselling-Organisation gründen wollten. Viele stimmten zu und John Heron übernahm die Leitung des Prozesses. Aber völlig unerwartet und unvorhergesehen ließ er seine Aufgabe fallen, verabschiedete sich aus seiner Rolle und setzte damit nach Rose Evisons Meinung einen Prozess in Gang, der das blühende Gemeinschaftsleben in England langsam zum Erliegen brachte. Die starke Betonung der Selbstverantwortlichkeit hat leider unseres Erachtens zu einer Überbetonung des Individualismus geführt. Dennoch war 1984 das Co-Counselling in England weitverbreitet und gut organisiert. John Heron verließ England und lebte mehrere Jahre in Podere Gello bei Volterra in Italien sowie in Neuseeland, bis er ganz dorthin zog. In Italien entwickelte er die Idee des Co-Creating aus dem Co-Counselling.

Im Jahr 1984 nahmen John Talbot und in etwa der gleichen Zeit Alan Trangmar an Grundkursen für Co-Counselling teil. John lernte bei Kate Teeve, Cora Greenhill und Dick Saxton. Alan lernte bei Peter Burgess. Er nahm 1990 bei Meg Bond an einer Lehrerausbildung an der Universität Surrey teil und ist anerkannter Co-Counselling-Lehrer. Beide, John Talbot und Alan Trangmar, haben die Co-Counselling-Bewegung seit Jahren unterstützt, nahmen regelmäßig an CCI-Workshops teil und trugen durch Interviews dazu bei, dass an dieser Stelle ein wenig von der Geschichte der Entwicklung des Co-Counselling in England beschrieben ist.

Viele der Gemeinschaften bestehen bis heute, viele aber haben sich aufgelöst. Es gab viele Leute, die Co-Counselling lernten und vermittelten, es steckte enorme Energie in diesen Anfängen, viele Sichtweisen und viele unterschiedliche Menschen trafen sich. Aber die englischen Co-Counseler haben bis heute keine formal für alle gültige Struktur entwickelt. Einige Gemeinschaften setzten Formalisierungsprozesse in Gang. So hat z. B. London ein Leitungsteam und Vorgehensweisen für die Bearbeitung von Klagen, aber es gab und gibt bis heute in England keine nationale Vereinigung, keine allgemein anerkannten nationalen Entscheidungsprozesse, keine nationalen Institutionen. Es sind immer einzelne Personen, die Verantwortung übernehmen, Prozesse in Gang setzen oder auch leiten. CCIs oder andere Workshops finden statt, wenn Einzelne oder Gruppen sich entscheiden, die Verantwortung zu übernehmen und dafür zu sorgen, dass alles gemacht wird, was für die Gestaltung eines Ereignisses notwendig ist. Konflikte werden immer von Personen gelöst, die bereit sind, sich in der betreffenden Sache zu engagieren. Kommunikationsmittel sind dabei die „Newsletter" d. h. kleine Hauszeitschriften für einen bestimmten Bereich, regionale und nationale Treffen und die Arbeit in den Co-Counselling-Gruppen, die sich unterschiedlich häufig, aber regelmäßig treffen. Es gibt also nur eine lose Verbundenheit, die aber die Bewegung in gewisser Weise auch stark macht.

Beispiele hierfür sind:

1. der Prozess, der für John Talbut ein Wendepunkt in der Entwicklung des CCI in England war, nämlich die Neuformulierung der Richtlinien,

2. die Entwicklung der Lehrerausbildung nachdem die Universität in Surrey diese eingestellt hatte.

Zu 1: Auf dem europäischen Treffen aller Co-Counseler 1989, das damals zum ersten Mal in Ungarn stattfand, meldeten sich zwei Leute, die als Co-Counseler anerkannt werden wollten, obwohl sie nicht bei anerkannten Lehrern gelernt hatten, sondern nur von einem ungarischen Psychologen über das Co-Counselling informiert worden waren, der bei Mary Corr einen Grundkurs gemacht hatte. Im Gespräch mit ihnen bemerkte John Talbot, dass es keine Kriterien gab, nach denen hätte entschieden werden können, ob sie nun als Co-Counseler international anerkannt werden könnten oder nicht. Außerdem meldeten sich bei John Talbot, als er Jean Trinick, die Kontaktperson für England, vertrat, zwei Holländer, die ebenfalls eine Anerkennung als Co-Counseler verlangten, ohne dass klar war, ob sie die Bedingungen wirklich erfüllten, weil die Bedingungen in den CCI-Leitlinien, die 1975 bei der Gründung des CCI entwickelt worden waren, nicht klar genug waren. Daraufhin startete John einen Meinungsbildungsprozess, der fünf Jahre lang durch möglichst viele Gemeinschaften ging, bis von John Heron auf dieser Grundlage 1996 neu definiert wurde, welche Bedingungen jemand erfüllen müsse, um sich Co-Counseler des CCI nennen zu können. Seitdem muss jeder, der an einem CCI teilnehmen will, diese Bedingungen erfüllen. Sie sind im Kapitel VIII abgedruckt.

Zu 2: Nachdem die Universität Surrey ihr Programm zur Ausbildung von Co-Counselling-Lehrern eingestellt hatte, gab es niemanden, der ein neues qualifiziertes Programm erstellte, und es konnte auch keine Übereinstimmung darüber erzielt werden, was notwendig wäre, um jemanden als Lehrer zu bezeichnen und ihn als solchen anzuerkennen. Es gibt in England heutzutage keine eindeutige Regelung, wie Lehrer ausgebildet werden sollten. Es gab einige Machtspiele zu dieser Frage. Mögliche Optionen sind: Eigene oder Gruppenanerkennung, eigene oder Gruppenbeurteilung. Es gibt die Gewohnheit, dass man sozusagen als Lehrling an der Leitung von workshops teilnimmt und es gibt eine Liste der Lehrer, die die Ausbildung zum Co-Counselling-Lehrer durchführen. Es gibt aber augenblicklich keine Person, die bereit wäre, einen Prozess anzustoßen, durch den man zu einer einhelligen Meinung und zu Entscheidungen kommen könnte.

Diese beiden Beispiele zeigen Vor- und Nachteile einer wenig strukturierten, landesweiten Gemeinschaft.

8.2.5 Schottland

Bereits in den späten 70ziger Jahren hatte das Re-Evaluation Co-Counselling eine große Gefolgschaft in Schottland. Als das CCI eine Splittergruppe bildete, führte James Hawkins, der zusammen mit Anne Dixon Co-Counselling-Lehrer war und das Lehrer-Training bei John Heron absolvierte hatte, Co-Counselling in Fife ein. In den frühen 80ern zog er nach Edinburgh und etwa zur selben Zeit begann Larry Butler, CCI Co-Counselling in Glasgow zu vermitteln. Die Gemeinschaften von Ost-und Westschottland begannen bald, zusammen Workshops durchzuführen. Während der 80er und 90er gab es aktive Gruppen in Edinburgh, Glasgow, Fife, Perth, Findhorn/Forres und Argyll. Lehrer waren unter anderem Karen Howard, Hazel Jarvie, Zander Wedderburn, Bella Green, Anne Denniss, Lilian Brzowska, Jane Dallas-Ross, David Heminsley, Judith Mackinlay, **Jan Pieter Hoogma** und James Jarvie.

Anne Dickson verließ den CCI. Sie schrieb das Buch: „Die Kraft der Emotionen", das 2001 auch in Deutsch erschienen ist.

Seit 1992 ist das CCIS (Co-Counselling International Schottland) eine Organisation mit einer offiziellen Struktur und einer Verfassung. Jan Pieter Hoogma war besonders aktiv beim Aufbau dieser Struktur. Die aktuelle Verfassung wurde 2001 nach intensiver Arbeit von einer Gruppe eingeführt, die von Virginia Holt geleitet wurde. Sie beinhaltet eine Verpflichtung, Entscheidungen auf der Basis des Konsensmodells zu treffen. Die Organisation hat Vertrauenspersonen (postholders), die für Rat (reference) und Unterstützung zur Verfügung stehen. Es gibt kein Komitee; Entscheidungen werden bei der jährlichen Hauptversammlung getroffen, die offen für alle ist und derzeit für gewöhnlich im November stattfindet. Es gibt auch eine Regelung, dass spezielle Gruppen, wenn nötig, zwischen den jährlichen Hauptversammlungen einberufen werden können, um über wichtige Angelegenheiten zu entscheiden und die postholders bei ihrer Arbeit zu unterstützen. CCIS ist ein strukturiertes Co-Counselling Netzwerk. Es gibt einen vierteljährlichen Newsletter heraus, den Good & NewsLetter.

Während der 90er Jahre wurden viele Kurse regional, primär für die schottische Gemeinschaft, durchgeführt, hauptsächlich an sehr preiswerten Tagungsorten und mit Kinderbetreuung, sodass sie für die meisten Mitglieder der Gemeinschaft zugänglich waren. Der europäische CCI 1999 wurde von Mitgliedern der schottischen Gemeinschaft organisiert, die 1998 den ersten McCoCo, ein Treffen schottischer Co-Counseler, zu dem immer auch ausländische Gäste eingeladen werden, als Übung für diese Veranstaltung organisierten; McCoCo findet seitdem einmal im Jahr als kleiner mehrtägiger workshop statt, der von einer unabhängigen Gruppe CCIS-Mitgliedern organisiert wird. Zurzeit gibt es auch zwei CCI Co-Counselling-Kurse jedes Jahr in Laurieston Hall, die von einer seit langem bestehenden, alternativen Gemeinde im Süden Schottlands und englischen Co-Counselern organisiert werden.

Seit den späten 90ern versuchte Jan Pieter Hoogma, das Co-Counselling auf die Grundlage beweisbarer Erkenntnisse zustellen wie sie unter anderem auf dem Feld der kognitiven Verhaltenstherapie, der Gehirnforschung, dem focusing und Konflikt-Management erarbeitet wurden. Dieses Vorhaben wurde angeregt durch ein besonderes Interesse, Co-Counselling für depressive Menschen und solche mit bipolar affektiven Störungen sicherer zu machen.

Um die hundert Leute sind zurzeit Mitglieder im CCIS. Vermutlich praktizieren mindestens noch einmal so viele Co-Counselling im CCI-Stil außerhalb der Organisation. Es gab und gibt, hauptsächlich in Edinburgh, eine gewisse Anzahl beständiger Unterstützungsgruppen (support groups). Monatliche Gemeinschaftstreffen finden zurzeit größtenteils in und um Edinburgh statt; es gibt auch eine aktive Gruppe in Argyll.

8.2.6 Irland [40]

John Heron, Mitbegründer des CCI Co-Counselling zusammen mit Dency Sargent, besuchte Irland Mitte der 70er Jahre regelmäßig, wobei er Workshops über Sexualität und die Sechs-Kategorien-Inter-

[40] Ein Bericht von Bobby McLaughlin, Übersetzung S. Willms

ventionsanalyse (Six Category Intervention Analysis) anbot. Diese Workshops wurden von der irischen Stiftung für menschliche Entwicklung, der Irish Foundation for Human Development (IFHD), unter der Schirmherrschaft von Professor Ivor Browne und Margaret Murphy gesponsert. Ivor war zu der Zeit der Leiter der „Psychiatrischen Dienste" für das ostirische Gesundheitssystem.

Nuala Rothery arbeitete damals für die Fruchtbarkeit-Beratungsklinik in Dublin, und die Klinikleitung schlug vor, dass ihr gesamter Mitarbeiterstab an Johns nächstem Workshop über Sexualität teilnehmen sollte, der für den Juni 1976 geplant war. Als der Workshop stattfand, war Nuala die einzige Mitarbeiterin, die tatsächlich teilnahm.

Abermals unter der Schirmherrschaft des IFHD bot John Heron im September 1976 den ersten irischen Co-Counselling Grundkurs in einem Wohnheim für junge Geistliche in der Hatch Street, Dublin 2, an.

Die Gruppe bestand aus 20 Teilnehmern, unter anderem Nuala und Sean Rothery, Rosalind Pearmain, Sally Keogh, Fionnuala Brennan, Rob Weatherall, Margaret Watchorn, Nicola Quinn und Mary Freehill. Viele von ihnen führten danach ein aktives und erfolgreiches Leben. Um nur ein paar zu nennen: Rob wurde ein Freudianischer Psychotherapeut, Mary wurde zur Bürgermeisterin für eine Wahlperiode gewählt, Nuala schloss ihren M.A. ab und unterrichte dann Psychologie am Trinity College in Dublin.

Im Februar und März 1978 bot John Heron ein Training für Co-Counselling-Lehrer über 2 Wochenenden in Guilford, UK an. Nicola Quinn und Nuala Rothery waren irische Teilnehmer. Nach diesem Training assistierten Nuala und Nicola John bei dem nächsten irischen Grundkurs und leiteten mit anderen viele weitere in den folgenden Jahren.

Der erste irische CCI fand 1979 in Bellinter, außerhalb von Dublin statt. Der Tagungsort war ein Kloster, das von einem französischen Nonnen-Orden geführt wurde. Die Nonnen wurden im Verlauf des Workshops immer unfreundlicher. Sie empfanden Co-Counseler als viel zu laut und ungehemmt und - das war das schlimmste - viel zu emanzipiert in ihrem Denken. Ein Grund für diese Reaktion war möglicherweise, dass einer der CCI-Workshops Körpermalen war. Es mag hilfreich sein, an dieser Stelle daran zu erinnern, dass die irische Gesellschaft zu dieser Zeit ein wenig hidebound und extrem körperscheu war.

Drei weitere irische Co-Counselling-Lehrer bekamen bald darauf ihre Anerkennung als Lehrer: Catherine Brophy, Marika O'Connor und Eamon O'Dwyer.

1980 gab es ein holländisches CCI-Treffen in Zeist und ein anderes fand im selben Jahr in Amerika statt. 1981 war Großbritannien wieder an der Reihe, so fand der zweite irische CCI dann 1982 in Kilkenny statt.

Ich, Bobby MacLaughlin, bin Sean und Nuala Rothery für die ganze oben stehende Geschichte zu Dank verpflichtet, da sie sich auf die Zeit vor meinem Beginn beim Co-Counselling bezieht.

Im Frühling 1983 nahm ich an meinem ersten Grundkurs teil, der von Marika O'Connor und Eamon O'Dwyer geleitet wurde, und flippte sofort aus. Ich schätzte den Workshop zwar, doch zugleich waren die geäußerten Ideen zu beängstigend und die emotionalen Anforderungen waren zu stark, als dass ich ihnen gewachsen gewesen wäre. Ich stieg sofort aus, obwohl ich weiter über die Arbeit nachdachte. Genau ein Jahr später rief Marika mich an und fragte mich, ob ich nicht doch wieder kommen wollte, um es noch einmal zu versuchen. Sie würde einen anderen Grundkurs mit Catherine Brophy zusammen anbieten. Ich zögerte einige Wochen, holte dann mental tief Luft und wagte den Sprung ins kalte Wasser. Dieses Mal waren dieselben Herausforderungen da, doch war ich ihnen dies Mal mehr gewachsen. Wir waren eine Gruppe von 18 Leuten, und zwei von uns, Declan Reddy, zurzeit internationale Kontaktperson, und ich selber sind immer noch begeisterte Mitglieder der Gemeinschaft.

1985 war ein erstaunliches Jahr für mich. Nuala, Nicola, Marika und Catherine boten ein Co-Counselling-Training für Lehrer an, das am 29. März begann. Marika und Catherine luden mich beide ein teilzunehmen. Ich war überhaupt nicht überzeugt von meinen Fähigkeiten, da ich das Gefühl hatte, einfach noch nicht genug Erfahrung zu haben, aber ich bin trotzdem hingegangen. Elf von uns nahmen teil, unter anderem Dymphna und ich. Ein paar Teilnehmer hatten Probleme, den vorher vereinbarten Preis für den Kurs voll zu zahlen, und stiegen später aus. Einige, die dabeiblieben, lehrten später niemals selber Co-Counselling.

Die von uns, die im Kurs blieben, wurden nachher sehr aktiv in der Gemeinschaft. Fünf von uns, und zwar: Cathy Hayes, Debbie Troop, Dymphna Halpin (später Dymphna Headen), Jane Owen und ich, Bobby MacLaughlin, selbst, wurden das Organisationskomitee für den dritten irischen CCI in Dunkerron Cottages in Kenmare, Co. Kerry (20. - 26. 1985). Der Tagungsort war ein atemberaubend schönes Gelände. Einzelne Hütten mitten im Wald verstreut mit einem Konferenzzentrum in der Mitte. Es gab einen kleinen Trampelpfad, der hinunter zum Meer führte. Das Hauptgebäude hatte eine große Halle, die für Eröffnungsversammlungen geeignet war, wenn sie drinnen stattfanden, weil es regnete, einen Speise-saal und eine Küche sowie einige weitere Räume für kleinere Work-shops.

Mit so vielen aktiven Lehrern war die Gemeinschaft groß und im Aufschwung begriffen. Man braucht viele Lehrer, um eine Co-Counselling-Gemeinschaft zu erhalten. Es muss ein ständiger Zu-lauf von neuen Leuten da sein, um die zu ersetzen, die gehen, weil sie der Meinung sind, ihr Ziel erreicht zu haben. Dazu kommt, dass nur ein kleiner Teil derer, die einen Grundkurs besuchen, dann auch der Gemeinschaft beitreten. Wie dem auch sei, wir führten 2 Mal im Jahr mehrtägige Kurse an verlängerten Wochenenden durch und hatten zusätzlich noch monatliche Abendworkshops. Die Abend-workshops waren in der Regel eher kurz, ca. 2-3 Stunden, danach ging es noch auf ein paar Bier in eine angrenzende Kneipe.

Ich war bei zwei Grundkursen Co-Trainerin, einmal mit Marika und einmal mit Nuala, dann wurde ich als Co-Counselling-Lehre-rin anerkannt.

Der CCI 1988 fand statt in Townley Hall, einem faszinierenden Gebäude aus dem 18. Jahrhundert, nördlich von Dublin.

In den frühen 90ern verloren wir die ursprünglichen Lehrer ei-nen nach dem anderen. Marika vervollständigte ihren Grad in Psy-chologie und ging an eine amerikanische Universität, um dort zu arbeiten. Nicola entschied sich, sich auf ihre private Praxis zu kon-zentrieren. Catherine bekam einen Job beim RTE, dem größten iri-schen Fernsehsender, wo sie Drehbücher für „Fair City" schrieb, ei-ne sehr populäre und lang laufende Serie. Nuala machte noch ein paar Jahre weiter, begann dann aber, nachdem sie ihre Qualifikation als M.A. gemacht hatte, Vorlesungen am Trinity College Dublin zu halten. Als Teil ihres Lehrplans führte sie Grundkurse durch, doch die Trinity Studenten waren eher zurückhaltend und unwillig, sich Außenseitern wie uns anzuschließen. Drei von ihnen kamen zu ein paar Treffen und zu einem CCI, und das war`s.

Somit blieben Dymphna und ich übrig. Wir führten einige Grundkurse zusammen durch, einige in Dublin, einige in Limerick. Peter Labanyi, der zu der Zeit an der Universität von Limerick arbeitete, half bei den Limerick Gruppen mit.

Im Januar 1992 entschied eine neue Gruppe von neun Leuten, dass sie Co-Counselling-Lehrer ausbilden wollten. Es gab von Anfang an ein gewisses Konfliktpotenzial bezüglich dieses Lehrer-Trainings. Vordergründig ging es um Geld, aber ich glaube, dass andere Dinge mit hineinspielten, und dass der Streit ums Geld nur ein passender Vorwand war. Die Gruppe wollte weder Nuala noch mir unser normales Honorar pro Tag zahlen, verkündete aber, dass sie gern einen anderen Lehrer, Patrick Nolan, zum doppelten Preis engagieren würden. Unglücklicherweise war Patrick kein Co-Counseler. Die Gruppe machte ihr Training über vier Wochenenden weiter. Eines der Wochenenden beinhaltete eine halbtägige Anleitung durch Nuala, die nächsten beiden Wochenenden wurden von Patrick geleitet und das letzte Wochenende war die Gruppe ohne Leiter. Ich durfte weder beobachten noch an irgendwelchen Workshops teilnehmen. Ebenso ging es Nuala, sie durfte nur den einen Morgen ihren Kurs leiten.

Am Ende wurden wir dann von der Gruppe zu einer „Lehrer-Zulassungs-Party" eingeladen. Allein den Gedanken fand ich schon lächerlich. Für mich ist die Zulassung von Lehrern eine ernst zu nehmende Sache, die formal abgehandelt werden sollte und nicht der Anlass für eine Party mit Drinks. Ich war ärgerlich über die ganze Geschichte, und zwar noch mehr, da von uns erwartet wurde, einen Prozess anzuerkennen, dem wir nicht einmal beiwohnen durften. Weder Nuala noch ich gingen zu der Party und wir haben die neuen Leute auch nicht anerkannt. Sie fühlten sich verletzt aufgrund unserer Abwesenheit und vor allem unserer Weigerung sie anzuerkennen.

Einige Zeit später hatten wir ein längeres Treffen, bei dem wir versuchten, eine Lösung des Konflikts herbeizuführen. Es zog und zog sich in die Länge und doch kam nichts dabei heraus. Riesig viel Ärger kam zum Ausdruck und einige Leute benahmen sich ziemlich daneben. Die meisten Beteiligten verließen dann das Co-Counselling.

Ungefähr zur selben Zeit hatten wir noch ein anderes Problem in der Gemeinschaft. Zu den monatlichen Treffen kam plötzlich ein Mann, der behauptete, er habe in Großbritannien das Co-Counselling gelernt. Er verbreitete eine äußerst negative Atmosphäre, übernahm das Wort in jedem Workshop, schrie Leute an und ließ sie nicht zu Wort kommen. Er wurde gebeten zu gehen, doch er weigerte sich. Monat für Monat schlugen unsere Bemühungen fehl, diesen Mann dazu zu bringen, sich entweder vernünftig wie ein Co-Counseler zu benehmen, oder, wenn er das nicht konnte, unsere Bitte zu respektieren und zu gehen. Die Leute stimmten mit ihren Füßen ab. Mehr und mehr stiegen aus, weil sie keinen weiteren entsetzlichen Abend mit diesem Mann aushalten konnten. Die Gemeinschaft schrumpfte, bis sie fast nicht mehr existierte.

Mitte der 90er bekam Dymphna ihren alten Job im auswärtigen Amt wieder und verließ das Land. So weit ich weiß, hat sie seitdem keine Grundkurse durchgeführt, obwohl sie bei einigen CCI's war. Jetzt, da sie in den Ruhestand gegangen ist, fängt sie vielleicht wieder an zu unterrichten.

Sean Rothery ist der einzige Mensch, der noch immer Teil der Gemeinschaft ist und der vom Anfang an, seit 1976, dabei ist. Ich blieb beim Co-Counselling, weil ich weiterhin daran glaubte, dass es ein nützliches Werkzeug ist, um emotionale Kompetenz zu erwerben. Ich führte weiter Grundkurse durch, allerdings deutlich seltener. Zurzeit ist es schwierig, eine ausreichende Anzahl an Leuten zusammen zu bekommen für eine brauchbare Gruppe in Irland. Die Gesellschaft hat sich verändert. Es gibt eine riesige Anzahl unterschiedlicher alternativer Therapien, die man lernen kann, die alle um einen Platz auf dem sehr kleinen Markt kämpfen. Die meisten potentiellen Teilnehmer möchten etwas machen, das ihnen am Ende des Wochenendes ein anerkanntes Zertifikat einbringt. Mein letzter Grundkurs fand statt am 21., 22. und 29. April und am 5. und 6. Mai 2007. Es war eine kleine aber gute und sehr enthusiastische Gruppe.

8.2.7 Kanada

Wafik machte 1978 bei Earl Miller in Toronto seinen Grundkurs nach der Art und Weise des RC. 1980/81 verließ er den RC und schloss sich, nachdem er das internationale Treffen des CCI in Irland besucht hatte, dieser Form des Co-Counselling an. Seines Wissens gibt es in Kanada eine Reihe von RC-Gemeinschaften. Er selbst führte 2003 einen Grundkurs mit 19 Leuten durch, von denen einer das Co-Counselling fortführte und mit dem Wafik regelmäßig co-counselt. Er will einen weiteren Grundkurs machen, wenn er eine Gruppe zusammenbringt.

8.2.8 Ungarn

1985, auf einer Carl-Rogers-Konferenz, traf der Psychologe Sandor Klein den Amerikaner Jack O'rley und dieser erzählte Klein vom Co-Counselling. Daraufhin bat dieser den Amerikaner, in Ungarn einen

Grundkurs in Co-Counselling durchzuführen, was dieser noch im Jahr 1985 gemeinsam mit Mary Corr machte. **Àgota Ruzsa** hatte auch davon gehört. Sie lud daraufhin 1986, als sie „director of studies" am „International House of languages school" war, Mary Corr und John Heron ein, gemeinsam einen Workshop in Ungarn durchzuführen. Àgota machte bei der Gelegenheit ihren Grundkurs (fundamentals). Mary Corr kam danach regelmäßig nach Ungarn. Sie führte viele

Àgota hatte auch dazugehört

Grundkurse durch und die Zahl der Co-Counseler in Ungarn stieg beständig. 1987 besuchte Àgota den CCI in Birmingham, wo sie z. B. Jan Pieter Hoogma traf, der mit ihr gemeinsam versuchte, eine strukturiertere Organisation der Co-Counselling-Gemeinschaft in Ungarn aufzubauen, was aber misslang.

Es ist erstaunlich, dass derartige Prozesse wie Carl-Rogers-Konferenzen oder die Einführung des Co-Counselling damals schon in Ungarn möglich waren, da Ungarn damals noch von der kommunistischen Partei regiert wurde. Es zeigt aber auch, dass Ungarn durchgängig eine Sonderstellung im Osteuropa einnahm, was Flexibilität und Offenheit für Alternativen zu diktatorischen Regimen angeht. Immerhin wurde von der Regierung in den achtziger Jahren die Entwicklung des Gemeinschaftsdenkens und die Beratung von Familien, Schülern und Studenten gefördert. In diesem Rahmen war es deswegen den jungen Leuten auch möglich, ins westliche Ausland zu reisen und von dort Besuch zu bekommen. Mitte der achtziger Jahre bildete sich eine Vielzahl von Gruppen, die sich regelmäßig trafen, und viele verabredeten sich zu häufigen Sitzungen. Bemerkenswert ist, dass selbst an dieser Stelle der Welt RC-Co-Counselling und CCI-Co-Counselling nebeneinander existierten.

1981 und 1987 kam H. Jackins nach Ungarn und führte dort seinerseits Kurse durch. Àgota machte 1987 die Übersetzung für ihn. Er wunderte sich, dass sie so genaue Kenntnisse vom Co-Counselling hatte, und als er hörte, dass sie es über John Heron gelernt hatte, bot er ihr an, RC-Lehrerin zu werden unter der Bedingung, dass sie den CCI sofort verließ. Das tat sie allerdings nicht. 1989, als das erste internationale Treffen des CCI in Ungarn ausgerichtet wurde, veranstaltete H. Jackins zur gleichen Zeit einen RC-Workshop in Budapest.

Das erste internationale Treffen in Ungarn förderte die Entwicklung des Co-Counselling in Ungarn sehr. Bevor es stattfand, wurde ein gemeinnütziger Verein gegründet, um eine legale Einrichtung zu haben, die 100 Ausländer begrüßen konnte. Außerdem hielten im Januar 1989 Àgota, Mary Corr und Jan Pieter einen Mini-CCI ab, auf dem das große Treffen im Sommer vorbereitet wurde. Es trafen sich damals 150 Teilnehmer aus neun Nationen. 1988 war Àgota von Januar bis September an der Universität in Surrey zu Auslandsstudien. Teil ihres Programms war auch die Lehrerausbildung, die John Heron dort aufgebaut hatte. Danach konnte sie als Lehrerin auch in Ungarn tätig sein und machte viele Kurse mit Mary Corr gemeinsam. Nach dem erfolgreichen CCI 1989 fand dieser regelmäßig in Ungarn alle vier Jahre statt. Ágota zog sich langsam aus der aktiven Aufbauarbeit zurück und nach ihr gab es, so Csaba Ghimessys Aussage, keine wirklich charismatische Person mehr. Es gab Anfang der neunziger Jahre ca. 200 Co-Counseler, die sich in Zentren trafen, es gab eine Liste aller Co-Counseler und es gab einige, die sich besonders engagierten, viele organisatorische Dinge erledigten, Räume organisierten oder zur Verfügung stellten. Der CCI 1993 lief insofern unglücklich, als zwar ein sehr schöner Tagungsort gewählt wurde, die Rechnung aber von den Ungarn nicht bezahlt werden konnte. So musste bei den TeilnehmerInnen noch einmal gesammelt werden. Ähnlich ging es mit dem Versuch, einen Newsletter zu erstellen. Es gab Sorgen bezüglich der Kosten, sodass die Initiative wieder einging. Zwischen 1997 und 2001 war die ungarische Co-Counselling-Gemeinschaft noch aktiv und lebendig, versäumte aber verlässliche Organisationsstrukturen aufzubauen und einen Stamm von Lehrern auszubilden oder irgendetwas für eine Lehreranerkennung zu tun. Erfahrene Co-Counseler, die wiederholt an Grundkursen teilgenommen hatten und bei deren Leitung assistiert hatten sowie an mehreren internationalen Treffen teilgenommen hatten, übernahmen die Durchführung von Grundkursen ohne formale Anerkennung, wohl aber immer zu zweit. Als durch den Rückzug mehrerer Aktiver keine festen Plätze mehr gegeben waren, an denen man sich treffen konnte, ging es nach dem CCI 2001 mit der Co-Counselbewegung in Ungarn bergab. Allerdings organisierte Hajni 2003 einen Kurs für das Training von Lehrern, der von David Colbourne geleitet wurde, und 2005 fand ein Grundkurs für einen Yogakurs in Miscolc statt, dessen Teilnehmerinnen aber keinen Kontakt zu anderen Co-Counselern aufgenommen haben. Augenblicklich gibt es in Budapest ca. 6-10 Leute, die befreundet sind, die regelmäßig co-counseln und Kontakt halten. Sie waren die Kerngruppe, die 2006 den CCI ausrichtete, der von 65 TeilnehmerInnen aus 10 Nationen besucht war. Allerdings überwogen bei den TeilnehmerInnen die ergrauten Häupter. Es gibt wenige Junge, die nachfolgen.

Im Mai 2007 führten Àgota Ruzsa, Ilona Varga und Ildiko Kaminski einen Grundkurs durch. Durch ihn gibt es 12 neue Co-Counseler in Ungarn.

8.2.9 Neuseeland [41]

Seit mehr als 30 Jahren gibt es das Co-Counselling in Aotearoa/ Neuseeland. Es begann mit Grundkursen, die John Heron in Auckland und Wellington gab, denen 1978 ein Aufbaukurs in Auckland folgte. Das Co-Counselling kam gut an, weil zum einen das Interesse an der Arbeit mit Gefühlen, Körper und Geist vorhanden war und zum anderen ein Mangel an Möglichkeiten, das zu tun, bestand. In den frühen 80er Jahren gab es in Wellington und Auckland kleine aktive Gemeinschaften. Diese arbeiteten innerhalb des von John Heron in Großbritannien entwickelten Rahmens. Jedes Netzwerk hatte seine eigene Art zu organisieren und eigene kleine Zeitungen. Der Schwerpunkt lag deutlich bei den lokalen Gemeinschaften.

In Auckland gab es einige Trainer, die vom Netzwerk anerkannt wurden und in dessen Auftrag Kurse gaben; sie überwiesen 10 % des Profits zurück an das Netzwerk, das davon Broschüren für diejenigen erstellte, die an Grundkursen teilnahmen. Es gab Zeiten mit Spannungen innerhalb der Gemeinschaften wegen unterschiedli-

---

[41] Ein Bericht von Kathleen Ryan, 13.07.2009 (übersetzt von Siglind Willms)

cher Vorgehensweisen von Trainern und weil es an abgestimmten Grundsätzen fehlte. Manchmal fanden ad hoc Veranstaltungen statt, an denen beide Gemeinschaften beteiligt waren, zum Beispiel das erste Nationale Co-Counselling-Treffen in Tauhara im Jahr 1988.

In den späten 80er / frühen 90er Jahren öffnete sich den Kiwi-Gemeinschaften durch vier Dinge eine erweiterte Sicht des Co-Counselling.

Das Erste war, dass einige Co-Counseler aus Übersee Neuseeland besuchten, zum Beispiel Kiwi Jilly Cook aus Großbritannien und Lillian aus Schottland. Durch sie entstand das Gefühl einer internationalen Gemeinschaft, und sie luden ein, Co-Counselling in Europa zu besuchen. Zweitens reisten Dawne Sanson und Val Montague nach Großbritannien, nahmen dort an einigen Co-Counselling-Veranstaltungen und in Italien an einem workshop mit John Heron teil. Drittens organisierten Val und andere nach ihrer Rückkehr, beginnend im Jahr 1991, mehrere Reisen für John Heron, um Aufbaukurse zu geben. Der vierte Faktor war Kathleen Ryans Besuch bei einem europäischen Co-Counselling International (CCI)in den Niederlanden. Das CCI war inspirierend, und nach ihrer Rückkehr einigten sich die Netzwerke in Wellington und Auckland darauf, ihr erstes CCI zu organisieren, solange der Prozess genutzt wurde, das Co-Counselling in Neuseeland zu unterstützen und die Organisatoren Freude hatten! Braxmere Fishing Lodge in der Nähe von Tokanu, im Südwesten des Taupo-Sees wurde ab 1991 für einige Jahre der Treffpunkt für Meetings, Workshops (und heiße Quellen), um Kiwi-CCIs zu planen und die Netzwerke zusammen zu bringen.

Das erste Kiwi-CCI fand im Sommer der südlichen Hemisphäre Ende 1993, Anfang 1994 statt. Etwa 45 Teilnehmerinnen und Teilnehmer waren dort, ungefähr 14 - 15 jeweils aus Wellington, Auckland und Übersee (USA, UK, Irland, Niederlande). Seitdem gab es alle drei Jahre im Sommer ein Kiwi-CCI. Das zweite CCI war in Motu Moana in einem Pfadfinderlager an den Stränden von Aucklands (südlichem) Manukau Hafen, das dritte in einem Pfadfinderlager außerhalb von Wainuiomata. Seitdem war der Fokus Tauhara in der Nähe von Taupo, ein Ort mitten im Norden der Insel. Er war relativ leicht für Teilnehmer aus Wellington und Auckland zu erreichen, ebenso für Co-Counseller vom Co-romandel und aus anderen Orten. Das letzte CCI war mit ca. 60 Teilnehmern ein kleineres Ereignis.

Das Kiwi-CCI hat die Co-Counselling-Gemeinschaft in verschiedener Hinsicht einander näher gebracht. Jetzt finden jährlich Sommer- und Wintertreffen statt, gewöhnlich in Tarewa, einem Veranstaltungsort in der Nähe des National Parks, der Mitte der 90er Jahre „entdeckt" wurde. Die beiden Rundschreiben wurden zu einem gemeinsamen The Opening Circle vereint, das die gesamte Kiwi-Co-Counselling-Gemeinschaft versorgt. Es bleibt weiterhin jedem lokalen geografischen Netzwerk überlassen zu entscheiden, wie es vorgehen und was es tun möchte. Zurzeit gibt es wenige aktive Trainer, was bedeutet, dass die Mitgliederzahlen sinken. Gleichzeitig jedoch hat das letzte CCI größeres Interesse in Wellington geweckt. Das Auckland Netzwerk trifft sich aktuell einmal monatlich an einem Montagabend, während das Wellingtoner sich auch einmal pro Monat am Wochenende trifft. Wir bemühen uns ebenfalls, unsere internationalen Verbindungen zu halten, und manchmal reisen Leute zu Veranstaltungen nach Übersee. Wir freuen uns auf das nächste CCI vom 3. -9. Januar 2012.

Kontakt: p.toms@orcon.net.nz

8.2.10 Sri Lanka

Seit 2006 war bekannt, dass es 100 Leute in Sri Lanka gab, die durch ein Internetprogramm gelernt hatten, wie sie auf dem Weg des Co-Counselling mit ihren Gefühlen umgehen könnten. Führender Kopf dieser Initiative war John Talbut, ein Co-Counselling-Lehrer aus Großbritannien. Im Frühjahr 2009 gingen er, Celia Wilson und Jean Brant, die beiden letzteren ebenfalls Co-Counselling-Lehrerinnen aus Großbritannien, nach Sri Lanka, um der Co-Counselling-Gemeinschaft dort zu helfen, Lehrer auszubilden. Sie fanden eine Gemeinschaft vor, die Sushila Raja aufgebaut hatte. Sie ist eine Co-Counselerin, die in Großbritannien co-counseln gelernt hat, 2005 nach Sri Lanka ging und dort inzwischen 427 Menschen in das Co-Counselling eingeführt hat.

8.2.11 Israel

Die Geschichte dieser Gemeinschaft soll hier als Beispiel dafür erzählt werden, dass es auch Verbindungen zwischen RC- und CCI-Co-Counselling gibt. Außerdem ist sie auch beispielhaft dafür, wie durch das Co-Counselling immer wieder neue Gemeinschaften mit ihrer eigenen Kultur entstehen. Diese Gemeinschaft ist intensiv bemüht, in die Gemeinschaft der CCI-Kultur hineinzuwachsen. Dabei gibt es ähnliche Probleme wie bei der Annäherung der Münsteraner Co-Counselling-Kultur an den CCI.

Die Entwicklung einer israelischen Co-Counselling-Gemeinschaft begann im Jahr 1975, als eine amerikanische Jüdin und Counsellehrerin nach Israel kam und Einführungskurse in das Co-Counselling gab. Sie selbst hatte bei H. Jackins gelernt und sie lehrte nach seinen Vorgaben das Re-evaluation-Co-Counselling (RC). Die Co-Counsel-Bewegung wuchs mithilfe einer Reihe jüdisch-amerikanischer Leiter (leaders) wie Cherry Brown, Diane Bolser, John Carp und anderen. Auch H. Jackins kam einmal im Jahr und machte selbst einen Workshop in Israel.

1978 lernte Avi Butavia co-counseln, drei Jahre später wurde er RC-Co-Counselling-Lehrer. Er hielt Workshops in der ganzen Welt ab, unter anderem auch für Deutsche und Juden, so z.B. in Schaffhausen mit Unterstützung von Maria Krantz aus Saerbeck bei Münster, die 1973 John Heron ihr Haus zur Verfügung stellte, damit er dort zwei Grundkurswochenenden abhalten konnte, an denen unter anderen Siglind Willms teilnahm. Avi als Israeli bemühte sich, den Deutschen den Leitsatz zu vermitteln: Ich darf selbstbewusst sagen: Ich bin deutsch! Mit anderen Worten: Ich persönlich muss mich nicht für das abwerten, was in der Nazidiktatur von Deutschland an Verbrechen begangen wurde.

Auch in Boston leitete er einen Workshop zu diesem Thema mit dem Titel „Identität". (identity). Er hat eine gute, liebevolle Verbindung zu vielen Deutschen.

Es wird an Avi, Maria Krantz, John Heron, H. Jackins, Mary Corr und anderen deutlich, wie stark international orientiert die Co-Counselling-Bewegung schon wenige Jahre nach ihrer Entstehung war.

Bald gab es über das ganze Land verstreut so genannte „communities", Co-Counselling-Gruppen oder -gemeinschaften und heutzutage sind es ca. 200 Mitglieder, etwa fünfzig aktive, die meist in und um Jerusalem und Tel Aviv, sonst über das Land verstreut leben.

Anfang der achtziger Jahre gründete Avi eine Gruppe mit Israelis und Arabern, die bis heute existiert und sich oft unter sehr erschwerten Bedingungen trifft. Eine der leitenden Personen heutzutage ist Janice Wasser, die sehr viel Organisationsarbeit für die Co-Counseler in Israel leistet. Sie lernte 1999 co-counseln. 1999 war für Avi und die israelische Counselgemeinschaft insofern ein entscheidendes Jahr, als Avi von H. Jackins aus dem RC-Co-Counselling ausgeschlossen wurde, wie viele andere vor ihm, z. B. Tom und Dency Sargent oder John Heron. Die Begründung war, Avi verhalte sich nicht loyal den Leitern gegenüber, weil er zuviel eigene Wege gehe. Viele der israelischen Co-Counseler waren empört darüber. Sie beschlossen, eine eigene Kommunität zu gründen, die demokratischer und stärker nach dem Gleichheitsprinzip aller ausgerichtet war. Sie entwarfen Richtlinien, denen gemäß jedes Jahr 5 Leiter gewählt werden, die die finanziellen und rechtlichen Belange der Gemeinschaft regeln und sich um Problemlösungen bemühen. Sie wurden von der Gemeinschaft erst vor Kurzem verabschiedet. Die Gemeinschaft nennt sich DROR-community.

Vor 3 Jahren entdeckte Janice Wasser den CCI im Internet, woraufhin die Israelis zuerst auf einem schottischen Workshop und dann auf dem CCI 2006 in Ungarn den Kontakt zum CCI suchten. Auf dem CCI 2007 in den Niederlanden waren sie ebenfalls durch einen Teilnehmer vertreten. An den folgenden CCIs nahmen regelmäßig Co-Counseler aus Israel teil und es ist abzusehen, dass sie auf diese Weise in die internationale CCI-Gemeinschaft hineinwachsen.

8.2.12 Fragen der Organisation, die sich aus Vielfalt in Gleichwertigkeit und Gleichberechtigung ergeben

Schon beim Lesen der Geschichte des Co-Counselling, aber auch bei grundsätzlichen Überlegungen zu seinen wesentlichen Elementen stellt sich die Frage, wie es weitergegeben werden und in seinem Kern erhalten bleiben kann. Denn die Wertschätzung von Andersartigkeit und Kreativität hat zur Folge, dass alles sein darf, dass alle Formen von Menschsein akzeptiert sind und nebeneinander bestehen können. Die Umsetzung dieser Haltung bringt aber viele Schwierigkeiten mit sich, da allein schon alle Macht- oder Vernichtungswünsche, die auch zum Menschsein gehören, wenn sie nicht bearbeitet werden, dem Wesen dieses Ansatzes widersprechen. Im Verlauf der Entwicklung und Verbreitung des Co-Counselling in seinen zwei Grundformen RC und CCI bildeten sich im CCI viele unterschiedliche Kulturen, Schwerpunkte und Formen seiner Anwendung heraus, die immer wieder zu Fragen führen wie z. B.: Welche Formen entsprechen den Grundelementen des Ansatzes und welche widersprechen ihnen und sollten von daher ausgeschlossen werden?

Welche Organisationsformen ermöglichen eine angemessene Weitergabe der eigentlichen Idee und welche sind eher dazu geeignet, sie zu zerstören? Wie können Gemeinschaften aussehen, in denen Co-Counselling intensiv gepflegt und weiter entwickelt werden kann?

Wie kann die Form der Weitergabe des Verfahrens aussehen?

Wer die Geschichten der einzelnen Länder aufmerksam liest, kann hier schon eine Vielfalt von Lösungen finden, die einzelne Gemeinschaften für sich entwickelten.

Es gibt auf alle oben aufgeführten Fragen wenig gemeinsame Antworten.

Dennoch wollen wir die Gemeinsamkeiten beschreiben, die wir innerhalb des CCI sehen.

Es gibt:
- weltweit organisierte Treffen der verschiedenen Länder (CCI Europe, CCI USA, CCI NZ),
- innerhalb dieser Treffen die so genannten business-meetings, d. h. Veranstaltungen, in denen die einzelnen Länder von ihrer Entwicklung erzählen und gemeinsame Probleme, wie z. B. die Ausrichtung des nächsten Treffens, besprochen werden,
- die CCI Regeln,
- länderübergreifende Netzwerke und Veranstaltungen,
- Leitfiguren in den einzelnen Gemeinschaften, die oft ermöglichen, dass Gemeinschaften entstehen oder aktiv bleiben; wenn sie sich zurückziehen, fällt auch die Gemeinschaft oft auseinander,
- Ablehnung autoritärer Strukturen, vor allem autoritärer Leitung,
- die Organisation der großen Treffen durch die Teilnehmer, d. h. es gibt für ein CCI-Treffen kein vorgeformtes Programm,
- das Wissen um die Notwendigkeit von gemeinsam angenommener Konfliktregelung innerhalb der einzelnen Gemeinschaften,
- das Wissen um die Bedeutung von Co-Counselling-Lehrern in einer Gemeinschaft; nur wenn es Personen gibt, die in qualifizierter Form die Elemente des Co-Counselling vermitteln, kann eine Gemeinschaft wachsen, oder kann sich zumindest in einer bestimmten Gegend das Co-Counselling verbreiten und als Kultur bilden und verwurzeln,

- das Wissen um die Notwendigkeit von Kontrolle, einerseits der Qualität des Co-Counselling, wie es praktiziert und weitervermittelt wird, andererseits aber auch Kontrolle des Miteinanderumgehens, der Kommunikation, der Einhaltung von Regeln, die jede Gemeinschaft sich in den verschiedensten Formen gibt und gegeben hat,
- das Wissen um die Notwendigkeit von Austausch und Lernen miteinander,
- aber auch das Wissen um Machtkämpfe, die überall, wo Menschen miteinander zu tun haben, entstehen, und dass es Formen geben muss, mit ihnen umzugehen.

Unterschiede sehen wir darin, dass
- Entscheidungen nach dem Konsensmodell oder nach anderen Vorgehensweisen getroffen werde,
- Konflikte nach unterschiedlichen Modellen bearbeitet werden,
- die Lehrerausbildung extrem unterschiedlich ist,
- die Bewertung der Bedeutung von Entlastung stark variiert,
- die Frage der Einbeziehung von Techniken aus Therapieverfahren wie z. B. der Verhaltenstherapie oder vor allem auch kognitiver Verhaltenstherapie unterschiedlich beantwortet wird,
- die Bedeutung, die der Pflege einer guten, offenen Kommunikation für eine Gemeinschaft zukommt, oft nicht gesehen wird,
- die Form und Verbreitung von Co-Counselling-Gruppen sich in vielen Nationen verschieden gestaltet: Manche bestehen regional und sind gut vernetzt, andere existieren nur als Kleinstgruppen, die sich untereinander nicht kennen, andere Gemeinschaften sind überregional oder landesweit organisiert.

Aus dem bis hierher Aufgeführten wird deutlich, wie differenziert, wie lebendig und wie vielfältig dies Verfahren in seiner internationalen Verbreitung und Vernetzung ist. Man könnte das Ganze mit einer Blüte vergleichen und das wird in der folgenden Abbildung versucht:

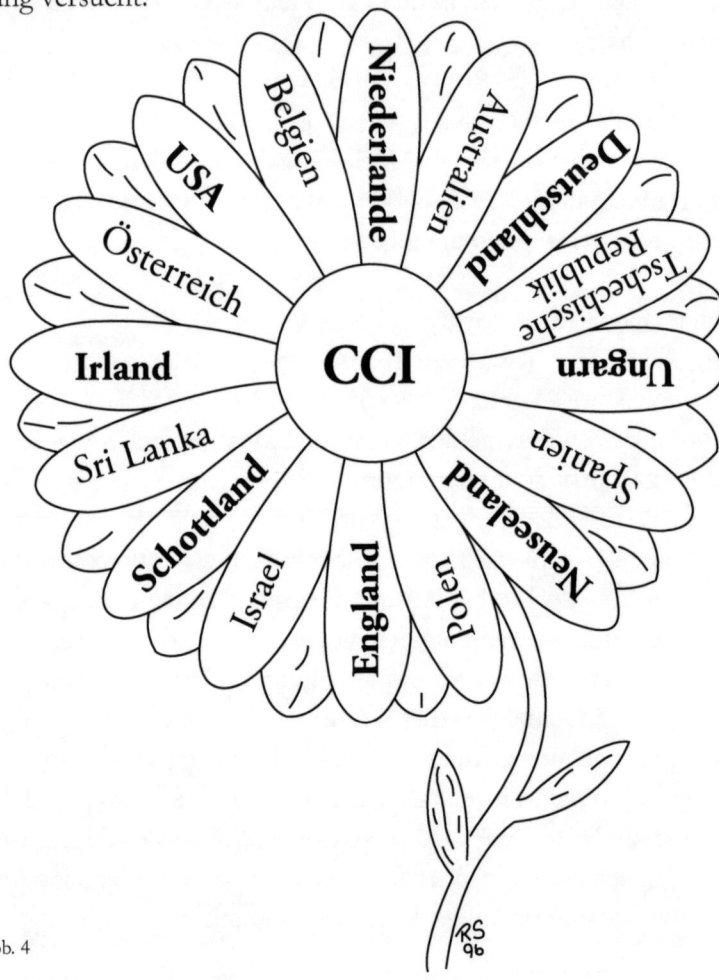

Abb. 4

9.0 Dokumente zu internationalen Bemühungen um Pflege und Weitergabe des Co-Counselling[42]

9.1 CCI - Jährliche Treffen der internationalen Co-Counselling-Gemeinschaft zum Austausch untereinander

Zeichensprache für den Co-Counseler bei internationalen Treffen:

Der niederländische Co-Counseler Niek Sickenga hat für die internationalen Treffen eine Zeichensprache entwickelt, die dem Co-Counseler die Möglichkeit bietet, auch wenn er die Sprache des Counselers nicht versteht, Hilfen zu geben, von denen er meint, dass sie hilfreich sein könnten (siehe S. 318).

9.2 CCI - Regeln als gemeinsamer Rahmen

Eine Definition des CCI sowie eine Auflistung seiner Regeln, die als gemeinsamer Rahmen von allen bestehenden Gemeinschaften des CCI akzeptiert sind: Wir möchten diesem Text vorausschicken, dass er von John Heron verfasst ist und von John Talbut, einem englischen Co-Counselling-Lehrer, der verantwortlich ist für das Erscheinen der kleinen Zeitschrift „One to One", in eben dieser Zeitschrift veröffentlicht wurde mit dem Zusatz von John Talbot:

---

[42] Wir haben bewusst bei den folgenden Dokumenten die englischen Versionen neben die deutsche Übersetzung gestellt, oder gar nicht übersetzt, um deutlich zu machen, dass im internationalen Co-Counselling noch weitest gehend erwartet wird, dass Counseler Englisch sprechen und Englisch verstehen. Wir gehen bei den Texten, die ausschließlich Englisch abgedruckt sind, davon aus, dass der Leser oder die Leserin , soweit sie an den Texten interessiert sind, selbst für deren Übersetzung sorgen.

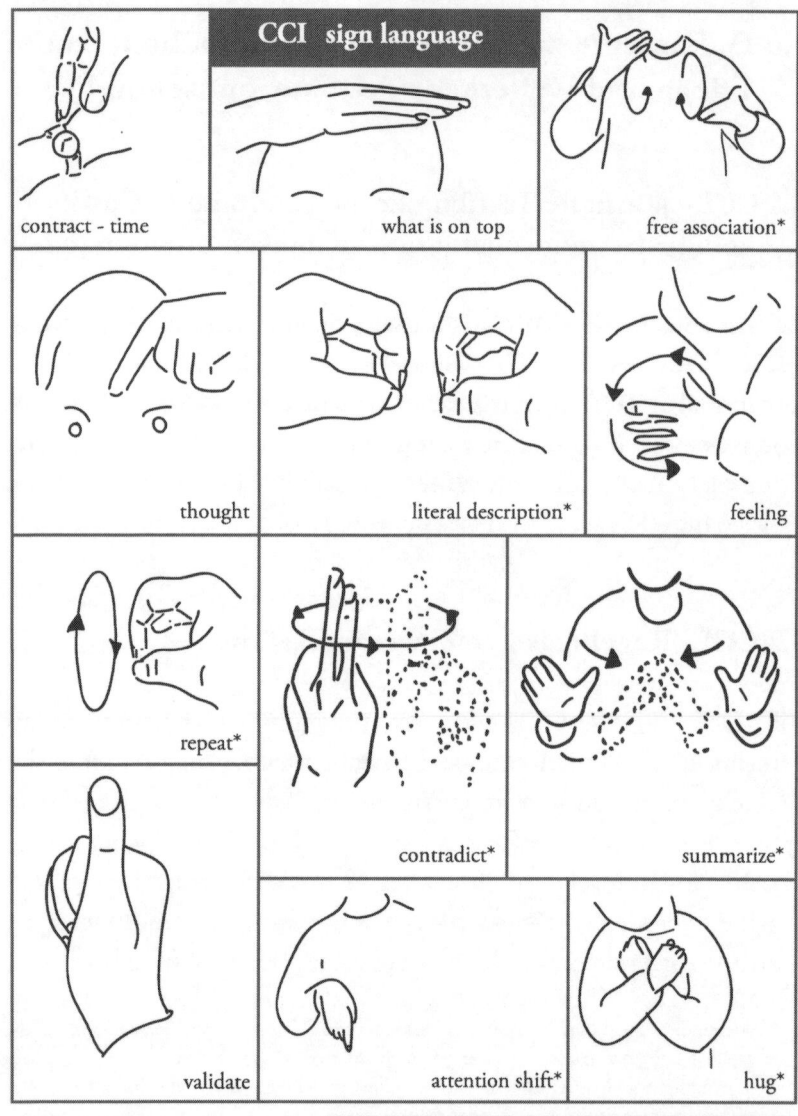

CCI sign language

contract - time

what is on top

free association*

thought

literal description*

feeling

repeat*

contradict*

summarize*

validate

attention shift*

hug*

„Dies ist eine Aktualisierung der Definition aus der „One to One"-Frühjahrsausgabe, die wir von John Heron erhalten haben. Wie üblich bei den Artikeln von „One to One" darf Johns Definition kopiert und für andere Veröffentlichungen des CCIs verwendet werden, jedoch nur in unveränderter und ungekürzter Form."

9.2.1 Eine Definition des CCI (John Heron)[43]

CCI ist eine weltweite Vereinigung von Personen bzw. lokalen Netzwerken, die sich dem Grundgedanken des Co-Counselling verschrieben haben, und in internationaler Zusammenarbeit die Weiterentwicklung einer soliden theoretischen Grundlage, die Förderung einer effektiven Praxis, den Aufbau von Netzwerken sowie den weltweiten Prozess der Veränderung unterstützen.

Lokale Netzwerke innerhalb des CCIs sind unabhängige, selbstverwaltete Organisationen Gleichberechtigter, die für sich selbst unter Vermeidung jeglicher Form autoritärer Kontrolle Wege zu effektiven Sozialstrukturen zu erforschen suchen.

Mitglied des CCIs (Einzelperson oder Netzwerk) ist, wer
- die Prinzipien des Co-Counselling (s. u.) versteht und anwendet,
- an einem mindestens 40-stündigen Trainingskurs eines anderen CCI-Mitglieds teilgenommen hat und
- theoretisch und praktisch die Bedeutung eines Musters, der emotionalen Entlastung und des Neubewertens einer dann veränderten Situation begriffen hat.

---

[43] aus dem Englischen übersetzt von der Counselinitiative Münsterland.

9.2.2 Die Prinzipien des Co-Counselling

1. Das Co-Counseln geschieht üblicherweise zu zweit, wobei eine Person, der Counseler (client), an sich arbeitet, während die andere, der Co-Counseler (counsellor), sie unterstützt. Danach werden die Rollen getauscht. Die Sitzungen beider sind gleich lang. Im Allgemeinen wird nach der Hälfte der Sitzung direkt gewechselt, in Ausnahmefällen kann der zweite Teil der Sitzung aber auch verschoben werden.

2. Beim Co-Counselling zu dritt oder mehreren hat jeder Counseler die gleiche Zeit zur Verfügung, wobei der Counseler sich entweder einen der anderen als Co-Counseler aussucht oder ganz allein seinen Sitzungsverlauf steuert, während die anderen durch stille Aufmerksamkeit unterstützen. Ggf. kann der Counseler um gleichzeitige aktive Unterstützung durch mehr als einen Co-Counseler bitten.

3. Der Counseler ist für die eigene Sitzung in mindestens sieben Punkten verantwortlich:

   a) sich dem von innen ausgehenden Befreiungssprozess anzuvertrauen und ihm zu folgen,

   b) am Anfang der Sitzung einen der drei Verträge (s. u. Punkt 9) zu wählen,

   c) im Rahmen des Vertrags zu bestimmen, woran und in welcher Weise er arbeiten will,

   d) frei den Vertrag während der Sitzung zu ändern,

   e) von seinem Recht Gebrauch zu machen, Interventionen des Co-Counselers zu folgen oder sie zu ignorieren,

   f) eine Balance der Aufmerksamkeit zu halten und

g) so zu counseln, dass er weder sich selbst, dem Co-Counseler oder anderen Leuten schadet bzw. Schaden in seiner Umgebung anrichtet.

4. Wenn der Counseler an sich selbst arbeitet, durchläuft er einen eigenen tiefen Prozess. Das kann, muss aber nicht einschließen:

a) eine emotionale Entlastung aufgrund eines persönlichen Konflikts oder gesellschaftlicher Unterdrückung, die neue Sichtweisen ermöglicht,

b) das Feiern persönlicher Stärken,

c) kreatives Denken bzgl. persönlicher Überzeugungen,

d) das Entwickeln persönlicher oder gesellschaftlicher Zukunftsperspektiven, um sich dann konkrete Ziele zu setzen und das weitere Vorgehen zu planen,

e) transpersonale Bewusstseinserweiterung.

Das CCI vertritt die Ansicht, dass der erste Aspekt grundlegend für die drei anderen ist.

5. Die Rolle des Co-Counselers ist es

a) den Counseler zu jeder Zeit durch ungeteilte Aufmerksamkeit zu unterstützen,

b) entsprechend dem vom Counseler bestimmten Vertrag zu intervenieren,

c) dem Counseler Bescheid zu geben, wenn die Zeit für seine Sitzung um ist, und ihm auch sonst seine verbleibende Zeit mitzuteilen, wenn er dies wünscht,

d) die Sitzung sofort zu beenden, wenn der Counseler in unverantwortlicher Weise sich selbst, dem Co-Counseler, anderen Leuten oder der Umgebung Schaden zufügt.

6. Durch Interventionen des Co-Counselers wird die Arbeit des Counselers erleichtert. Erfolgen können sie verbal und/oder nonverbal durch Blickkontakt, Mimik, Gestik, Körperhaltung oder körperliche Berührung.

7. Durch eine verbale Intervention wird dem Counseler in konkreter Weise vorgeschlagen, was er sagen oder tun könnte. Sie soll den Prozess des Counseler während seiner Sitzung unterstützen. Die Intervention ist nicht Interpretation oder Analyse des Geschehens und soll auch keinen Ratschlag beinhalten. Sie soll möglichst nicht durch eigene Probleme des Co-Counselers beeinflusst sein, nicht dem Counseler schaden, und sie soll auch nicht aufdringlich sein. Sie unterstützt die Selbständigkeit und das Selbstwertgefühl des Counselers.

8. Bei der nonverbalen Intervention erhält der Counseler durchgehend Aufmerksamkeit, die ihn nicht unter Druck setzt, sondern unterstützend wirkt. Das bedeutet, in einer Weise für den Counseler da zu sein, die das Auftauchen und Herauslassen von Gefühlen oder Gedanken zulässt und erleichtert.

Diese Art nonverbaler Intervention ist die Grundlage für die drei Verträge, die im nächsten Abschnitt beschrieben werden.

Nonverbale Interventionen können aber auch dazu dienen, verbale Interventionen zu untermalen; sie können für sich allein einen praktischen Vorschlag für den Counseler ergeben, oder sie können, im Falle körperlicher Berührung, durch geeigneten Druck, Bewegungen oder Massage zur emotionalen Entladung führen.

9. Mit dem Vertrag, den der Counseler am Anfang der Sitzung bestimmt, legt er Formalitäten zur Zeitnahme sowie die Art und

Intensität der gewünschten Interventionen durch den Co-Counseler fest. Es werden dabei drei Möglichkeiten unterschieden:

- Die **freie Aufmerksamkeit:** Hierbei unterlässt der Co-Counseler jegliche verbale Intervention. Als nonverbale Intervention erhält der Counseler lediglich durchgehend unterstützende Aufmerksamkeit, der Counseler allein steuert den Verlauf seines Arbeitsprozesses.

- Der **normale Vertrag:** Hierbei achtet der Co-Counseler auf Dinge, die dem Counseler entgehen. Durch geeignete Interventionen unterstützt er dann den Counseler bei seiner Arbeit. Dabei kommt es auf ein gutes Gleichgewicht an zwischen dem eigenen Steuern des Sitzungsverlaufs durch den Counseler und dem Einbringen von Vorschlägen durch den Co-Counseler.

- Der **intensive Vertrag:** Der Co-Counseler interveniert so viel, wie es nötig erscheint, damit der Counseler seinen Prozess vertiefen und aufrecht erhalten, eine bestimmte Richtung einhalten, ein Muster brechen kann oder um eine Entladung von Gefühlen zu ermöglichen. Das kann auch heißen, den Counseler in Bereiche zu führen, die er sonst übergehen oder meiden würde. Der Co-Counseler übernimmt dabei durchgehend in möglichst einfühlsamer und fein abgestimmter Weise eine direktive Rolle.

10. Der Co-Counseler hat das Recht, die Sitzung des Counseler zu unterbrechen, wenn er durch den Arbeitsprozess des Counseler so sehr restimuliert wird, dass er ihm nicht mehr genügend Aufmerksamkeit entgegenbringen kann. Fährt der Counseler trotzdem mit seiner Sitzung fort, hat der Co-Counseler das Recht, die Sitzung ganz zu verlassen.

11.Der Inhalt einer Sitzung ist stets vertraulich. Der Co-Counseler oder andere, die in einer Gruppe Aufmerksamkeit schenken, beziehen sich in keiner Weise in welcher Situation auch immer auf Inhaltliches der Sitzung, es sei denn, der Counseler gibt ausdrücklich und in genauer Form seine Zustimmung. Es soll allerdings in späteren Sitzungen mit dem gleichen Co-Counseler durch diesen Berücksichtigung finden, wenn es von Bedeutung ist. (Arbeitspapier vom CCI 2005)

9.3 Chronological and Random Scanning
(Englisches Original des Textes auf S. 128)

chronological and random scanning
aim: Finding traumatic experiences and patterns

method: Chronological scanning is systematically searching your memory for earlier similar situations, experiences and/or feelings, as if you are flipping through a file cabinet, forward or backward. You just have a look at each file that is about the same experience, then you put it back. When you come to a file that brings up huge emotions, you might choose to work on them. You can also scan on until your earliest memory. You might discover that after working on this early memory, even earlier memories come back.
Random scanning is scanning your memory on a specific type of event or feeling in random order.
suggestions: Have you experienced that before, do you recognise the feeling? And before that? When did you have the same feeling? When was the last time you experienced that? Would you like to scan that?

9.4 Übersicht der Aufgaben des Co-Counselers zusammengestellt von Co-Counselern aus Irland

Dieser Text wurde von irischen Teilnehmern auf einem CCI vorgestellt. Er ist hier ohne Übersetzung abgedruckt, um dem Leser ein Beispiel davon zu geben, wie weit die Anwendung der Regeln in der Arbeit der einzelnen Gemeinschaften geht, die unter einander nicht kommunizieren, oft gar nicht von einander wissen und auch keine zentrale Koordinationsstelle haben, die über die Einhaltung, Weitergabe und Weiterentwicklung des Co-Counselling wacht.

Basic Techniques		
Technique	Definition	Suggested Counsellor intervention
Free Attention	The most important contract	Keep silent, maintain eye contact
Saying "I"	Owning what I'm saying	Who are 'people'? Who is 'you'?
Present Tense	Relating past event(s) as if they are here and now	Stay in present tense
Picking around the pile	Free association	What's on top? What's the thought? What's the feeling?
Scanning	Looking at past similar events or experiences	When did you feel like this before? When was the first time you felt this?

Direction Holding	Staying focussed on x	Stay with the thought/the feeling
Role play	Practising a difficult interview or meeting: Write down the 10 questions or statements you are most afraid of	Counsellor asks/says them in random order. May also use other interventions, as appropriate
ID check	Learning to see each person as him- or herself, not as others out of the past that they might resemble. Learning to avoid projecting feelings into others that don't belong to them	Who do I remind you of? How do I remind you of (name)? What do you want to say to (name)? What do you want to do to (name)? How am I different from (name)? Who am I? Who else do I remind you of? NB: Counsellor to derole fully
Contradiction	Tool for changing attitudes or perceptions	Notice any contradiction between a client's words an posture. Say: "Try contradicting that!"
Mirroring	Seeing what you are doing	Counsellor adopts or copies some or all of a client's posture or movements
Repetition	Another way to focus better	Say it again; louder; I can't hear you
Catharsis	Expressing deep feelings intensely by laughing, crying, shouting, screaming, hitting the cushion or	Revert to free attention until the client requests otherwise. Do not interrupt the work by offering interventions or

	whatever feels right to do. The aim is to gain insight, enabling planned change.	tissues prematurely
Balance of Attention	Keeping a thread of attention in the here-and-now. To help safe return up and out of deep emotional work	
Restimulation	Counsellor losing their attention by being reminded of their own issues	Counsellor asks for time out (2-3 minutes as client to discharge distress). If this is not enough to regain full attention, ask client to co-counsel on this subject with someone else
Validation	Valuing and praising others	Hear it and accept it
Gestalt	Three-cushion work. Client on one, counsellor on second, person client needs to speak to imagined to be on third. Client sits on one as self, speaks to or acts on imagined third party on other cushion. Sits on other cushion, "is" other person and responds. Goes back and forth several times.	What would "name" say to that? How does (name) feel about...? Free attention or scanning, mirroring, contradiction, repetition or other interventions. What's the thought? What's the feeling?
Celebration	Valuing and praising self	Repeat client's words; Wow!
Attention Out	Returning to here and now	Ask two or three questions about something totally unemotional and unrelated, then "Are you back?" or "Do you need another?"

9.5 Die Video-Technik

Wir fügen an dieser Stelle eine Beschreibung der sogenannten „Videotechnik" ein, die in der Co-Counselling-Kultur in Schottland, soweit diese durch die Konzepte von Jan Pieter Hoogma bestimmt ist, eine wichtige Rolle spielt. Allerdings erscheint es uns für die Anwendung dieser Technik sehr wichtig, dass Counseler und Co-Counseler gut ausgebildet sind in dieser Möglichkeit, ähnlich wie beim verarbeitenden Rollenspiel in der Münsteraner Kultur.

Ziel
Eine traumatische Erfahrung aus der Vergangenheit bearbeiten, damit ihr Einfluss auf das Leben heute geringer und der eigene Verhaltens- und Erlebensspielraum größer wird.

Wie bemerke ich ein unverarbeitetes traumatisches Erlebnis?
- Eine Erinnerung kommt wieder und wieder hoch (kann verschiedene Gesichter haben, fragmentiert sein)
- Eine Erinnerung stört mich (dabei etwas zu tun) (manchmal unerwartet)
- Unerwartet und plötzlich fühlst du dich z. B.
  - emotional erregt
  - unbehaglich
  - starr
  - gefühllos
  - wie gelähmt
  - als wenn du nicht mehr klar denken kannst
- Du wechselst zu deiner „Überlebensstrategie"

Methode

Der Counseler beginnt mit einem ihm bekannten, schmerzhaften Erlebnis aus der Vergangenheit. Er stellt sich vor, diesem Geschehen auf einem sich vor ihm befindenden Schirm zuzusehen. Seine Vorstellung und seine Gedanken projizieren es auf die Leinwand vor seinem inneren Auge. Auch sich selber projiziert er als Teil des Geschehens auf diesen Schirm, als ginge es um eine dritte Person. Darum spricht er auch über diese Person im dritten Fall. Der Counseler verfolgt und beschreibt die Geschichte dieser Person mit zugewandter liebevoller Aufmerksamkeit, vielleicht als würde er jemandem durch das Telefon einen gerade laufenden Film beschreiben, dessen Hauptdarsteller er liebevoll unterstützt und begleitet.

Ich bin jetzt hier und sehe: Dort ist er/sie und ...
Ich bin jetzt hier und unterstütze sie/ihn.
Ich liebe sie/ihn.

Ist eine Szene beschrieben, wechselt der Counseler zu einer davor liegenden früheren Situation. Er bearbeitet diese in der gleichen Weise und wiederholt dieses so lange, bis er zu einem Moment kommt, in dem alles noch gut war. Die traumatischen Erinnerungen werden als Geschichte auf einen Schirm projiziert, eine Geschichte, die mit einer guten Erinnerung beginnt und mit einer guten Erinnerung endet.

Am Ende der Sitzung nennt der Counseler alle Bilder, die auf den Schirm projiziert worden sind.

Was geschah zuerst? Und dann? Und dann? Das „in-Reihe-Setzen" der Bilder erleichtert der Erinnerung diese als nicht mehr aktuelle zu behalten. Der Klient benutzt beim Aufzählen der Situationen die Finger, um zu unterstreichen, das Geschehen als ein vergangenes, jetzt nicht mehr gegenwärtiges zu behalten, als etwas, in dem er jetzt nicht mehr ist. Das ist die Verarbeitung.

Der Counseler nimmt sich für jede Szene ausreichend Zeit, bevor er weitergeht, da bei jedem Bild Gefühle hochkommen können, die er ausdrücken sollte. Ist in einer Szene noch eine andere traumatische Erfahrung oder ein anderes Thema aufgekommen, kann der Counseler sich das für eine andere Sitzung aufheben, in der er möglicherweise auch mit der Video-Technik arbeitet. So kann er immer tiefer liegendere traumatische Erfahrungen bearbeiten, ohne sie immer neu wiederholen zu müssen.

Vorschläge des Co-Counselers dazu

Um zu dieser Technik zu wechseln, kann der Co-Counseler in einer Sitzung fragen:
Möchtest Du die Videotechnik benutzen?
Was geschieht dort?
Was geschieht davor?
Und davor?
Was geschieht dort auf dem Bildschirm?
Es geschieht dort. Wir wiederholen es hier nicht, es geschieht dort auf dem Schirm.
Richte Deine Augen weiter auf den Schirm.
Du lachst, was geschieht auf dem Schirm?
Gibt es noch etwas, was Du zu diesem Bild sagen möchtest?
Atme weiter.

Bist Du fertig, um die Szene davor anzuschauen?
Was geschieht weiter?
Wie fühlt sie/er sich?
Kannst Du ihr/ihm etwas Liebevolles sagen?
Kannst Du ihn unterstützen:
Du hast es richtig gemacht. Du warst tapfer …?

Beachte

Counseler und Co-Counseler sitzen gut. Der Counseler beschreibt sich in der dritten Person. Er ist solidarisch mit sich in der Szene. Was war gut (hilfreich, rettend, klug …) daran, dass er/sie das getan hat? Die meisten der Grundtechniken können bei der Beschreibung der einzelnen Szenen verwendet werden. Die Videotechnik ist in dem Sinne eine Technik auf einer darüber liegenden Ebene, einer Metaebene.

Hintergrund

Gibt es eine unverarbeitete traumatische Situation und wird diese in einer Sitzung nach oben geholt, kann es leicht zu einer Wiederholung der schmerzhaften Situation, der Verletzung, kommen. Macht man das oft, kann Co-Counselling statt zu helfen schaden, indem es Verletzungen aus der Vergangenheit aktualisiert, ohne diesen einen realistischen Platz zuzuweisen. Für das Gehirn ist es wichtig, eine Geschichte zu haben, die mit etwas Gutem anfängt und auch mit etwas Gutem endet. Wir können das vergleichen mit der Geschichte vom Leiden Jesu: Palmsonntag der Einzug von Jesus in Jerusalem, dann kommt das Leiden und Sterben und dann kommt die Auferstehung. Weil es eine Geschichte ist mit einem guten Anfang und einem guten Ende, können wir das verarbeiten. Das Gehirn arbeitet in dieser Weise mit ergänzten Geschichten.

Die Erzählung, die der Counseler in der Videotechnik herstellt und formt, hilft dem Gehirn, die unverarbeitete Situation zu integrieren: Diese Erfahrung ist ein Teil von uns, sie hatte eine bestimmte Zeit und einen Ort, der unterschieden ist vom Heute. Allein mit Gefühlen zu arbeiten, macht viele Verarbeitungsprozesse unmöglich. Zu vorher isolierten Erfahrungen sind sozusagen fehlende Puzzle-Teile hinzugekommen, durch die sie ihren Ort erhalten. Ist das passiert, kann man danach auch andere Träume träumen.

Video-Technik zum Verarbeiten traumatischer Erfahrungen

Zwei sichere Situationen bilden eine Klammer und relativieren die traumatischen Erfahrungen

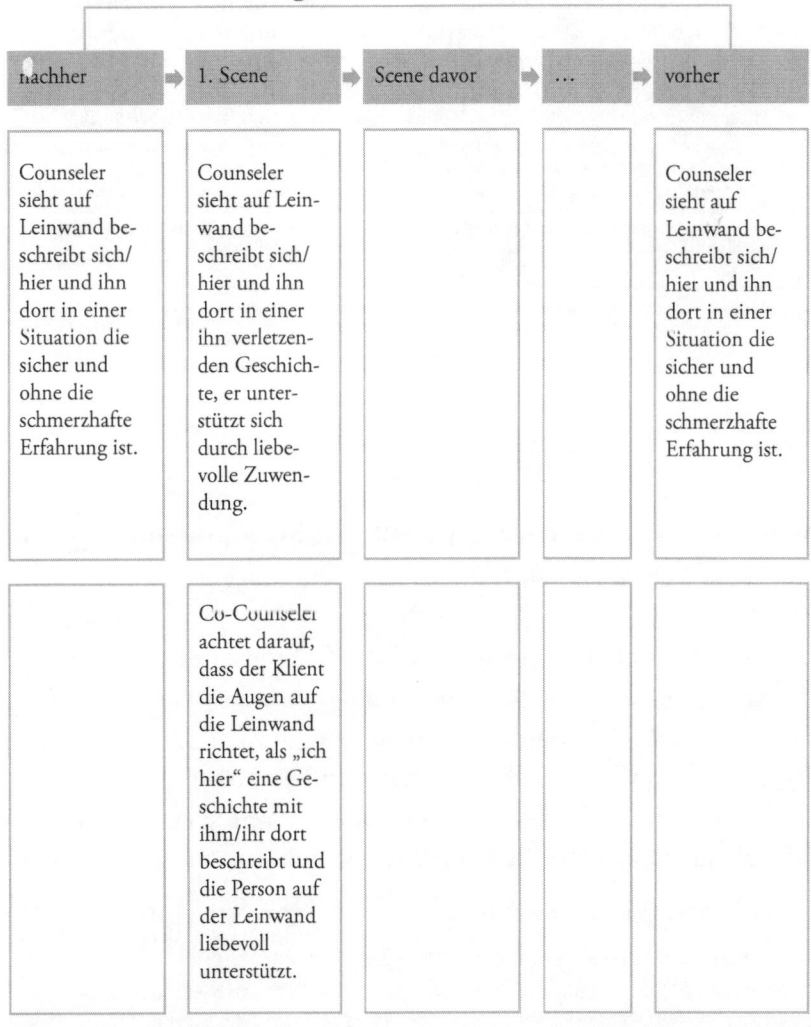

nachher	1. Scene	Scene davor	...	vorher
Counseler sieht auf Leinwand beschreibt sich/ hier und ihn dort in einer Situation die sicher und ohne die schmerzhafte Erfahrung ist.	Counseler sieht auf Leinwand beschreibt sich/ hier und ihn dort in einer ihn verletzenden Geschichte, er unterstützt sich durch liebevolle Zuwendung.			Counseler sieht auf Leinwand beschreibt sich/ hier und ihn dort in einer Situation die sicher und ohne die schmerzhafte Erfahrung ist.
	Co-Counseler achtet darauf, dass der Klient die Augen auf die Leinwand richtet, als „ich hier" eine Geschichte mit ihm/ihr dort beschreibt und die Person auf der Leinwand liebevoll unterstützt.			

Wie beschreibe ich als Counseler die einzelnen Geschichten?

Ich sehe mit meinen Augen auf eine Leinwand und beschreibe alles so, als wenn ich einem Film zusehe: „Da sehe ich, dass er/sie…" (Ich beschreibe es im Präsens und in der 3. Person, das Präsens macht die Situation aktuell und die dritte Person unterstreicht, dass meine Situation jetzt und hier sicher ist.)

Ich wähle eine liebende unterstützende Sicht auf die Person: „Ich sehe dich…, ich liebe dich…, du machst es gut…".

Diese liebevolle Unterstützung betone ich immer wieder, wenn ich bei meiner Beschreibung an eine starke Empfindung stoße.

Worauf achtet der Co-Counseler in der Sitzung?

Er schlägt zu Beginn vor, mit einer Szene zu beginnen, die ohne Schmerz war, in der noch alles gut war.

Er schlägt am Schluss vor, zurück zu der Szene zu gehen, wo noch nichts Schweres passiert war, vor die erste schmerzhafte Erfahrung.

Er achtet darauf, dass der Klient „ich hier" und „er/sie dort" auf der Leinwand in der Beschreibung benutzt.

Er achtet darauf, das der Klient seine Augen bei der Beschreibung auf die Leinwand gerichtet hat „Was siehst du dort noch?…".

Er fragt den Klienten, wenn ein starkes Gefühl bei der Beschreibung auftaucht:".

Was fühlt die Person auf der Leinwand?" – „Kannst du etwas liebevolles und unterstützendes zu der Person auf der Leinwand sagen?"

9.6 Konzept der Co-Counselling-Lehrerausbildung aus den Niederlanden [44]

Ziel der Lehrer-Ausbildung und der Lehrer-Anerkennung

Festlegung qualitativer Standards für Grundkurse Co-Counselling von der CCN (Co-Counselling Nederland)

Zulassung, Ausbildung, Anerkennung und Kontrakt

Um von der CCN als Lehrer anerkannt zu werden müssen Zulassungsbedingungen erfüllt sein, muss Ausbildung erfolgt sein, müs-

---

[44] Übersetzung: Hildegard Siebenkotten, Mitglied der CIM. Der Text ist leicht gekürzt. Stand: 09/2003

sen Prüfung und Beurteilung bestanden sein, dann wird Anerkennung erteilt und Kontrakt unterzeichnet.

1. Zulassungsbedingungen

- 2 Jahre Erfahrung in Co-Counselling nach dem ersten Grundkurs (GK)
- Teilnahme an zwei vollständigen GKen bei zwei verschiedenen Lehrern
  - Teilnahme an mindestens einem Aufbaukurs (AK)
  - Teilnahme an mindestens drei landesweiten Wochenenden
  - „Schnupper-Assistenskurs bei einem GK („Kunst abschauen")
  - aktive Mitarbeit in der Organisation des CCN, auf regionaler Ebene oder landesweit.

2. Ausbildung

2.1 Ausbilder kontrollieren vorab, ob alle **Zulassungskriterien erfüllt** sind.

2.2 Bericht zu der eigenen Co-Counselling-Geschichte, zu Lernzielen und zur

Motivation des Kandidaten muss erstellt werden

Inhalte des Berichts: Beschreibung der Co-Counselling-Geschichte, Beschreibung, inwieweit der Kandidat denkt, die Lehrerkriterien (weiter unten genannt) zu erfüllen; Beschreibung, was der Kandidat selbst einschätzt, noch lernen zu müssen (Kenntnisse und Fertigkeiten); Begründung, warum Kandidat Co-Counselling-Lehrer werden möchte und was der Kandidat davon erwartet.

Bericht ist persönlich und vertraulich und wird nur von den anderen Kursteilnehmern, den Ausbildern und den Supervisoren gelesen. Anhand dieses Berichts wird entschieden, ob der Kandidat die Kriterien erfüllt und ein klares Bild seiner Lernziele hat und ob er zugelassen wird. Dann ist er „TIO" [45] (Lehrer in Ausbildung - LIA).

2.3 Aufgaben während der Lehrerausbildung

- Assistenz bei mindestens einem GK, dabei selbständig wesentliche Teile des GKes unter Verantwortung des Lehrers. Lehrer erstellt darüber einen Bericht für den LIA und die Ausbilder.
- Erstellen eines GK-Programmes gemeinsam mit einem anderen Auszubildenden (Praktikumsgrundkurs inklusive Werbung, Screening, Organisation etc.).
- Praktikums-GK geben unter Supervision.
- Aufsatz über ein Co-Counselling Thema nach Wahl erstellen.

2.4 Supervision

- Supervision während der Ausbildung durch einen Supervisor.
- Wahl des S. auf Konsensbasis von Ausbildern und LIA.
- S. darf nicht gleichzeitig Ausbilder des betreffenden LIAs sein.
- S. und Ausbilder haben die Befugnis zu beschließen, dass LIA noch einen GK unter Supervision geben muss.

[45] teacher in opleiding (Ausbildung)

- S. ist anwesend in der „hot-seat"-Sitzung (s. u.).
- S. macht anhand der Lehrerkriterien (s. 3.3) und anhand folgender Punkte einen Bericht über den LIA:

1. Art der Zusammenarbeit, 2. Theorievermittlung bzgl. des Ziels der Techniken Entlastung oder Veränderung, 3. Beispielsitzungen: Entlastung, informativer Wert, feiernd, hell, stimulierend, 4. Aufbau des Kurses, 5. Fähigkeit zur Leitungsfunktion, 6. Übersicht über Struktur und Zeit, 7. Umgang mit der Atmosphäre und dem Inhalt des Kurses, was braucht der individuelle Teilnehmer (TN), Flexibilität bzgl. Inhalt und Aufbau, wann Aufwärmen, Pause, Musik usw., 8. Erkennen von Mustern, 9. Authentizität, 10. Sorge des LIA für sich selbst, 11. ist dieser LIA auch in den Pausen ein Lehrer, d. h. hörend, keine Aufmerksamkeit heischend, liebevoll, 12. Präsentation, 13. Beendigung des Kurses.

3. Prüfung, Beurteilung und Beschluss über die Anerkennung

3.1 Am Ende der Ausbildung findet eine **Prüfung und Beurteilung** der LIAs in Form eines „heissen Stuhls"statt .

3.2 An dieser Prüfung sind **beteiligt:** die Ausbilder, der Supervisor, der Betreffende LIA und die anderes LIAs.

3.3 Prüfung und Beurteilung anhand der **sieben Lehrerkriterien:**

1) **Kenntnis- und Fertigkeitsaspekte** (Lehrer ist ein erfahrener Co-Counseller und beherrscht die Theorie, Methoden und Techniken des Co-Counselling und ist auf dem Laufenden über die Entwicklungen im CCN).

2) **Didaktische Fähigkeiten** (beherrscht die didaktischen Methoden um die Theorie, Methoden und Techniken des GKes zu vermitteln).

3) **Haltungsaspekt** (Lehrer ist in seiner Haltung/Ausstrahlung Vorbild eines guten Counselers).

4) **Leitungsfähigkeiten** (ist in der Lage eine Gruppe zu leiten und Gruppenprozesse in Bezug auf das Co-Counselling zu leiten, in der Haltung eines Co-Counselers).

5) **Sicherheit** (Lehrer ist eine emotional sichere Person für Menschen, die sich in das Abenteuer eines GKs stürzen).

6) **Screening** (Lehrer ist in der Lage und bereit festzulegen, wen er in seine Kurse zulässt und wen er als Mitglied in das CCN aufnimmt).

7) **Aktive Beteiligung im CCN** (ist ein unterstützendes Mitglied im CCN).

3.4 Beschlussfindung, Anerkennungsbeurteilung

3.4.1 Konsens: Im Prinzip müssen alle TN an der „hot-seat"-Sitzung Konsens haben über die Zulassung, bei einer „nein"-Stimme ist das blockiert. Es ist aber auch möglich, dass einer oder mehrere TN ein „nein" sagen, aber dazu sagen, dass sie damit das Abschlussurteil nicht beeinflussen wollen.

3.4.2 kein Konsens:

a) falls kein Konsens aller Beteiligten möglich ist, beschließen die Ausbilder und der beteiligte Supervisor auf Konsensbasis. Dieses Urteil ist bindend.

b) Zweite Möglichkeit: Ein LIA kann einen (vorläufigen) Status eines Co-Lehrers erhalten, kann nicht selbstständig Kurse geben, wohl aber auf Basis von Gleichwertigkeit mit einem anderen Lehrer.

c) Dritte Möglichkeit: Status als Lehrer-Assistent, gibt selbständig Teile des Kurses, in Beratung mit einem verantwortlichen Lehrer. Beide letztgenannten Formen können in eine Lehreranerkennung umgewandelt werden, wenn der LIA und derjenige, mit dem er zusammenarbeitet, die Zeit für reif halten, nach Beratung mit der Leitung.

d) Vierte Möglichkeit: LIA fällt unter keine der o. g. Möglichkeiten.

Die CCN-Leitung erkennt die Beschlüsse an, die auf diese Weise entstehen. Alle LIAs, die aufgrund dieser Prozesse als Lehrer beurteilt wurden und qualifiziert sind, werden nach Unterschreiben des Lehrerkontrakts vom CCN als Co-Counselling-Lehrer anerkannt.

9.7 Konzept der Co-Counselling-Lehrerausbildung von Rose Evison und Richard Horobin

OBJECTIVES FOR CO-COUNSELLING TEACHER TRAINING (Rose Evison & Richard Horobin)

A. THEORY

1. To consolidate participants knowledge and understanding of co-counselling's core ideas concerning:
   - Distress, patterns, discharge and reevaluation.
   - How patterns develop and what restimulation means.

- The nature of human beings and the person-pattern distinction.
- The significance of the balance of attention, and the contradiction of distress.

These ideas are summarised in the pamphlet *The Core of co-counselling*

2. To explore the function of feelings, to see how these relate to co-counselling theory.

3. To clarify the similarities and differences of co-counselling ideas and those of the major therapeutic and personal growth schools.

B. PRACTICE
It is assumed that participants will be experienced in:
- Using the range of co-counselling techniques;
- Using on-going work as major way of inducing personal change; including working with the range of appropriate contracts for pairs.

For a summary and discussion of pairs` contracts see the pamphlet *Client role, counsellor role, and contracts in co-counselling*

- Have participated in co-counselling groups, workshops and advanced skills courses.
After the training, participants will be able to:
- Present basic theory clearly, and make links between the theory and exercises and techniques.

- Give clear briefings of activities, and monitor their process.
- Be familiar with co-counselling contracts appropriate for classes, groups and workshops.
- Have clarified the characteristic features, and boundaries, of co-counselling methods; and be able to recognise and respond to possible confusions imported from Gestalt (Gestalttherapie und -theorie), NLP (Neurolinguistisches Programmieren) and person-centred ways of working.
- Are familiar with the possibility of using co-counselling techniques outside the pairs/workshop situation, eg in therapy/one-way counselling and in training/education.

C. GROUP MANAGEMENT

After the training, participants will be able to:

- Set up and maintain a co-counselling culture, with the following emphases:

Safety guidelines: minimising restimulation, and not adding to distresses. Up-beat climate: use of attention switching to move into positive feelings. A culture of validation: learning and using celebrations of self and others.

Manage exercises, demonstrations, and personal work in ways which reinforce the supportive group safety.

Clarified the effects of oppressive patterns, and be able to use procedures to go against them; with particular reference to aware touch, hugging, and sexual restimulations.

Tackle disruptive distress patterns, and if necessary to exclude people from classes.

Deal with patterns manifesting as interpersonal conflict, in ways fitting in with the co-counselling culture.

D. PERSONAL WORK AND SKILLS

Participants will explore their ability to validate and demonstrate all forms of discharge: laughing, storming, crying, shaking, yawning, retching.

After the training participants will be able to:
- Model the usefulness and effects of co-counselling, in the following ways:
  During on-going pairs work.
  By sharing distresses, patterns, and growth achievements with the group.
  By using own growth work as demonstration material with the group.
  By being counselled by the course-group.
- Work with an intensive contract, both to drag people out of deep distress, and to obtain discharge on chronic stuff in sessions and demonstrations.

During the training the participants will have practised various skills:
- Debriefing class members: after group exercises, pairs sessions and demonstrations.
- Giving „demonstrations", both in the form of sessions and of techniques.

E. LEADERSHIP AND TEACHING STYLES

Concerning participants development as teachers and leaders of co-counselling, during the training participants will have:
- Explored the range of routine distresses evoked by the roles.
- Checked out their own patterns in this area.
- Committed themselves to dealing with these in an ongoing way.

- Explored differences between, and advantages/disadvantages of, the „distress free authority" and „cathartic leadership" styles.

Concerning the structure of co-counselling classes and groups, after the training participants will:
- Have clarified the appropriate use of advantages and snags of: Singleton teaching;
- Various types of joint teaching;
- Being/using/training assistant teachers.
And
- The advantages and snags of using demonstrations in groups and classes.

The participants will also have clarified the need to facilitate other peoples' leadership by clearly modelling this role themselves; and by encouraging and supporting people taking organising and facilitating roles.

F. PROGRAMME DESIGN ISSUES IN FUNDAMENTALS' CLASSES
By the end of the training, participants will have explored the following programme design issues, and the range of activities that can be used to achieve certain objectives:

1. Beginnings and building trust within the group.
2. Developing attention switching skills as counsellor and client.
3. Demonstrating discharge:
    - can it be dangerous early on?

- Is there a need to do it deliberately?

4. Opening and Closing Circles:
   - objectives
   - variety of tasks.
5. Aware touch, hugging, sexuality, oppression guidelines.
6. Endings and applications.

G. INFORMATION RESOURCES

By the end of the training, participants will have:

- Browsed magasines and books providing information on co-counselling theory, practice and applications in the wide world.
- Sampled video recording showing co-counselling sessions and groups in progress.
- Know where to obtain literature and video materials.
- Be able to locate co-counselling contacts, groups, classes and teachers; in different localities and countries.

H. TRAINING PROGRAMME COMPONENTS

Note to Dency: this section related to a particular project and to particular people, but we've left it in for interest

Before training, there are a variety useful activities covering the whole range of activities considered in these objectives; from reading talking about co-counselling theory with others, to teaching co-counselling one-to-one.

Letter of commendation of self.

On-going pairs work; keeping a diary of own work in sessions, and off progress outside.

Study of theory and practice - note recommended reading, analysis and videotape.

Practical work:
- Pairs work with technique discussion.
- Teaching one-to-one.
- Putting on introductory sessions, and recruiting classes.
- Running one-day people problem-solving workshops.
- Assistant training - running activities.
- In workshop: intensive contract technique, with video; working on „What gets in the way".
- Joint or individual teaching of a class, with study and report.

9.8 Eine Diskussionsvorgabe von Rose Evison und Richard Horobin für die internationale Gemeinschaft zu der Frage: Welche Methoden bereichern das Co-Counselling und welche beeinträchtigen die Qualität?

Was für Fragen auftauchen im Ringen um den Erhalt der Grundelemente bei der großen internationalen Vielfalt wird in dem folgenden Text deutlich. Er entstand nach dem ersten Treffen zwischen Rose Evison, Richard Horobin, Siglind Willms und Johannes Risse, das im September 2005 stattfand.

Siglind Willms hatte am CCI USA 2005 teilgenommen und dort Rose und Richard, wie die AutorInnen sie nennen, kennen gelernt. Jahrzehntelang hatten die Autoren einen Text von Rose und Richard an die Teilnehmer der Grundkurse ausgegeben. Es war für Siglind Willms eine große Freude, beide kennen zu lernen und viele Gemeinsamkeiten festzustellen. Nach dem CCI hatten sich Rose Evison und Richard Horobin mit Siglind Willms und Johannes Risse für fachlichen Austausch getroffen und zum Abschluss ihrer Gespräche die folgende Erklärung in einem englischen Newsletter veröffentlicht. Wir drucken diese Erklärung hier ab, weil sie unserer Meinung nach anschaulich zum Ausdruck bringt, wie Auseinandersetzungs- und Klärungsprozesse in Bezug auf das Verfahren innerhalb der internationalen Gemeinschaft laufen.

From 1-7 September 2005, Rose Evison, Johannes Risse, Richard Horobin and Siglind Willms met in Haus Kloppenburg in Münster, Germany, following Siglind, Rose and Richard meeting up, co-counselling and talking together at the USA CCI workshop in April 2005. Already, in April, they discovered they had many points of agreement concerning co-counselling, despite twenty years of separate development. They also wished to talk more together, and to include Johannes as he is very important for co-counselling in the Münster community. However it is very hard for Johannes to travel because of his Multiple Sclerosis - so Rose and Richard decided to go to Münster, and learn more about co-counselling there, and about people who take part in it. The visitors participated in co-counselling workshops, and co-counselling sessions, and had many talks with co-counsellors and teachers of co-counselling from the Münster community.

Rose, Richard and Siglind all learned co-counselling in 1973, all being taught by John Heron. Johannes got in contact with Co-Counselling 1977. The week together in Münster has emphasised for them that all four are devoted to co-counselling, and are in agreement that:

- The core of co-counselling is learning to give free attention and to discharge.

- That co-counselling clearly sets out the conditions for effective and deep discharge.
- That, because discharge goes against everyday culture, we are always at risk of downgrading it, and even loosing its power.
- To keep discharge, we need safe, supportive cultures with strong boundaries in co-counselling sessions, in groupwork and in co-counselling communities.
- Communities need to avoid structures which encourage either authoritarian patterns or individualistic ones that deny our social being.
- Co-counselling communities need to find organising structures that encourage non-patterned peer relationships and enable people to work on both authoritarian and individualistic patterns, and the oppression patterns that permeate in our societies.
- We would like CCI to explicitly acknowledge its pluralism, instead of pretending that all co-counsellors from different persuasions can work together effectively, despite the existence of contradictory practices.
- We want clarity about what we share, and clarity about our differences, so aware choices can be made.

We could go on with more points of agreement, and we wish to express our mutual appreciation of the exchange, and of the fruitful time we spent together. We write this in the hope of encouraging dialogue with other co-counsellors and co-counselling teachers. Johannes, Rose, Richard and Siglind

PERSONAL RESPONSES [46]

Richard:

'Way back, I was taught that discharge of the painful emotions involved in my patterns is an effective way of liberating myself from these rigidities. And I've found this approach worth continuing with. Not unusual in the wider co-counselling scene. I'm an experienced and skilled client, but I often need help in my sessions to stay with the discharge on my chronic patterns. To go back again and again, not just once or twice or thrice, but until my life is changed.

So what happens if my counsellor has been taught that discharging is not the crucial key to change? Or that actively and persistently encouraging me is not an appropriate part of the counsellor role? These are views taught in some co-counselling classes. Well, what I've found is that such a counsellor - not surprisingly - finds it hard to encourage me to pursue discharge, or is unable to persist in helping me work against my chronic patterns.'

Rose:

'A number of years ago, I was doing a longish co-counselling session in a workshop with someone I didn't know well. As client I was letting go a lot of laughter discharge. I was surprised and disconcerted to be asked "What would you be doing if you weren't laughing?" I had to explain that laughter was the discharge on-top, and request I be encouraged to continue. Talking afterwards I discovered my co-

---

[46] Wir machen darauf aufmerksam, dass in Richard`s Co-Counselling-Kultur der Arbeitende „client" und der Aufmerksamkeit-Schenkende counsellor heißt. (Anm. der Autoren)

co partner saw laughter as a defence mechanism and therefore hiding something that I ought to be working on. Since then I've experienced the equivalent counsellor intervention on a number of occasions, sometimes as bluntly as "What is your laughter hiding?"

Co-counsellors who have been taught laughter is a defence mechanism are not just likely to make interfering interventions - which I can cope with - but are unlikely to give me the free attention I need, because they consider it`s a sign of distress. I think laughter is one of the core discharge processes - I spend a lot of time laughing and I experience this as resulting in freeing myself from shame patterns, and reclaiming my caring and flexible person.'

These are two examples of 'contradictory practices' inhibiting people getting what they want in a co-counselling session. Only if such differences are acknowledged, declared or checked out, can practical choices be made. Hence our wish for explicit, not hidden, pluralism in CCI.

THOUGHTS ON CONTRADICTORY THEORY & PRACTICE
There are two main sources of contradictory theory and practice:

- Divergence between coco teachers in understanding of key concepts, which leads to differences in practice.
- Importing practices from other growth methods without naturalising them into coco theory and practice.

Divergences between coco teachers have increased over the years and are now numerous. Thus there are differences in how key concepts like 'patterns', 'balance of attention', and even 'discharge' are understood and taught by different coco teachers. Because of such divergences we use the label cathartic co-counselling for those varieties whose core practices centre around discharge of patterns. Not all of these varieties are identical, but they are compatible.

Taking the example of 'patterns':
We define a 'pattern' as a rigid, repetitive, response that involves the person having the same feelings, actions, thoughts and body states each time the pattern is triggered, though - as experienced and observed - one of these components may be much more obvious than the others. Patterns are conditioned by painful failures that haven't been discharged, and they lock up body and mind resources so competence is reduced - and they are damaging in minor or major ways. Because they are rigid responses of the whole person, patterns are observable by others.

Some coco teachers have other views on patterns, and do not consider they are observable by others. This means they don't teach how to distinguish between discharge and emotional acting out. So acting out can be taken to be discharge, and co-counsellors end up deciding discharge isn't enough to change their lives. We observe this frequently happens when co-counsellors try to discharge anger by shouting and hitting something - detectable by a monotonous voice and rhythmic pounding. Without interruption by the counsellor such patterns are reinforced by the coco session. Note the client running these patterns may feel good afterwards because they have moved into the topdog end of their patterns. Crying, laughing and any type of emotional expressiveness may be a pattern.

There are also contradictory differences in peer-pairs practices. A straightforward example arose some years ago when some teachers encouraged student counsellors to adopt a neutral facial expression during sessions. The thinking behind this suggestion was that the neutral face avoided inappropriately influencing the client, and so imposing the counsellors` views. However, neutral facial expressions are usually experienced as threatening, so this tactic contradicts the safety from threats needed for discharge to occur.

More complex divisive practices have come from some co-counselling teachers adopting a guideline that the client can use any techniques that they want. As there is no mechanism for CCI as a whole to accept or reject guidelines, some teachers use this guideline whilst others continue with the previous guidelines which explicitly affirm the value of discharge to break patterns, and the need for the counsellor role to be able to actively encourage the use of coco techniques that act against patterns - when the client requests a normal or intensive contract.

How has use of the 'any techniques OK' guideline led to contradictory practices? To make it workable, free attention only contracts become the most desirable, with the role of the counsellor becoming minimally interventionist and hence deskilled. The rationale is that counsellors offering powerful interventions are taking responsibility for the client, when clients need do it all themselves.

We would contrast the above approach with cathartic co-counselling, which says that peerness comes from taking both roles and learning the skills in both roles. When in the counsellor role, an individual is not taking responsibility for their client, they are taking responsibility to do their best to act as an effective counsellor within the contract the client specifies. They cannot do this if they haven't been able to practice and learn to use the techniques as counsellor. Also, beyond the simple introductory techniques, it is usually easier to learn to act as a counsellor to yourself by first acting as a counsellor to someone else. This is because you have more free attention as counsellor than as client, and skills learning only occurs from free attention.

The fact everyone is likely to have patterns that will distort counsellor interventions is true. However, we teach that the way to deal with these is to work on them when in client role, rather than treating them as patterns to be avoided by deskilling the counsellor role. Limiting the counsellor role turns co-counselling into co-clienting - which can of course still be a useful method of personal growth. However it is limited, since chronic patterns cannot be tackled in this mode. Recognising this at least one teacher has recommended going into therapy to deal with chronic patterns, in order that a non-interventionist style of counselling can be maintained in sessions.

A particular example of contradictory practice arises from John Talbut's teaching on tackling oppressive patterns. We teach that agents of oppressive groups need to work on their distresses arising from oppression with other members of their own group, and not with members of target groups. This is because when members of target groups have to listen to members of agent groups work on their distresses this reinforces the oppression visited on them outside sessions. The approach adopted by John, and co-counselling teachers in sympathy with him, leads to acting in quite the opposite way to our recommendation - on the basis that carrying out this guideline colludes with the target's oppressive patterns. John has written on this, as we have, in coco publications, nevertheless the contradictory nature of the two different approaches is not usually acknowledged.

Note that in raising these issues we're not concerned to argue which version of coco is 'the best', we're saying that problems arise when people taught in different 'traditions' meet up for co-counselling sessions. We're also saying that people need to know about the different traditions so they can choose the tradition they want to follow. In this context we note that coco teachers who follow the 'any techniques OK' tradition do not appear to inform their students that not all co-counsellors think this way. Indeed some of them claim their students will be able to work with any other co-counsellors around the world. This failure to give information is probably also true of teachers within the cathartic co-counselling tradition.

Addressing the second source of contradictory practices, in our view growth and therapy methods that ignore discharge, and aim to help people change by other means, are all contradictory to co-counselling. Examples are Cognitive Behavioural Therapy, most Gestalt practices, Neuro-Linguistic Programming, TransactionalAnalysis, and the practices of Person-centred counselling. Of course this is not saying that contradictory growth methods are inadequate in themselves - in their own context they can be helpful to people who are able to use them. However, when imported into cathartic co-co practice, as individual techniques, or as something to base co-co techniques on they usually lead to contradictory practices. And here is a current example of changing the base of co-counselling to another growth method:

In an advert for a fundamentals of co-counselling in Co-Counselling International in Scotland's Good and Newsletter (winter 2004/2005 issue), JanPieter Hoogma sets off by saying:

"I have based the co-counselling fundamentals course firmly on Cognitive Behavioural Therapy (CBT) principles which hugely improves the effectiveness of Co-Counselling. CBT is one of the most researched therapy approaches in the world."

Again the point is not whether CBT-based co-counselling is better or worse than cathartic co-counselling - having a choice is probably very useful, as people at different points in their growth path may find either one right for them. The point rather is that co-counsellors trained in a version of co-co involving the CBT core-assumption *that thoughts control emotions* will only be able to work effectively with co-counsellors trained by teachers like us, who think *discharging patterns frees people from negative thinking,* if co-clienting is the agreed mode. As noted many co-counsellors do not want to restrict themselves to co-clienting. However, we much appreciate Jan-Pieter setting out the character of the kind of co-co he is offering: we want to see more of this sort of clarity.

In conclusion, we are wanting more information about what is being taught where. In addition, where different traditions lead to contradictory practices, we would like to see separate co-counselling workshops. Perhaps it is even time CCI considered splitting into a federation of different organisations. We're not against pluralism - we are against confusion and consequent time wasting.

Rose Evison & Richard Horobin, Pitlochry, October 2005.

Es folgt die deutsche Übersetzung des Textes, die Frau Gabriele Prattki dankenswerterweise für uns erstellt hat:

Vom 1. - 7. September 2005 trafen sich Rose Evison, Johannes Risse, Richard Horobin und Siglind Willms im Haus Kloppenburg in Münster, Deutschland, nachdem sich Siglind, Rose und Richard beim CCI in den USA im April 2005 beim Co-Counselling und zu Gesprächen getroffen hatten. Schon im April entdeckten sie, dass sie in vielen Punkten übereinstimmten, was das Co-Counselling betraf, trotz zwanzig Jahre getrennter eigenständiger Entwicklung. Sie wollten gern mehr miteinander reden und Johannes einbeziehen, da er für das Co-Counselling in der Münsteraner Gemeinschaft sehr wichtig ist. Da es jedoch für Johannes aufgrund seiner Multiplen Sklerose sehr beschwerlich ist zu reisen, entschieden sich Rose und Richard, nach Münster

Dency, Rose, Richard, Siglind

zu fahren und mehr über das Co-Counselling und die Menschen, die daran teilnehmen, zu erfahren. Die Besucher nahmen an Co-Counselling- Kursen und -Sitzungen teil und hatten viele Gespräche mit Co-Counselern und Co-Counselling-Lehrern.

Rose, Richard und Siglind lernten alle im Jahr 1973 das Co-Counselling, alle bei John Heron. Johannes kam mit dem Co-Counselling 1977 in Kontakt.

Die Woche in Münster hat deutlich gemacht, dass sich alle Vier dem Co-Counselling mit großer Hingabe verschreiben und in folgenden Punkten übereinstimmen:

- Der Kern des Co-Counselling ist es zu lernen, freie Aufmerksamkeit zu geben und zu entlasten.
- Co-Counselling bietet deutlich die Voraussetzungen / Bedingungen für effektive und tiefe Entlastung.
- Da Entlastung in unserer Alltagskultur unerwünscht ist, sind wir immer in Gefahr, sie abzuwerten und ihre positiven Möglichkeiten aus unserem Bewusstsein zu verlieren.
- Um Entlastung zu ermöglichen, brauchen wir eine sichere, unterstützende Kultur mit strengen Regeln in Co-Counselling-Sitzungen, bei Gruppenarbeit und in Co-Counselling-Gemeinschaften.
- Gemeinschaften müssen Strukturen vermeiden, die entweder autoritäre oder individualistische Muster fördern, die beide unsere Existenz als soziale Wesen missachten.
- Co-Counselling Gemeinschaften müssen Organisationsstrukturen entwickeln, die freie Beziehungen unter Gleichen fördern und Menschen befähigen, sich mit ihren eigenen sowohl autoritären als auch individualistischen Mustern auseinander zu setzen; ebenso mit Mustern von Unterdrückung, die unsere Gesellschaften durchdringen.
- Wir möchten, dass die Gemeinschaften des CCI ihren Pluralismus anerkennen, anstatt vorzugeben, dass alle Co-Counseler ef-

fektiv zusammen arbeiten könnten, trotz verschiedenster Überzeugungen und der Existenz sich widersprechender Praktiken.

- Wir wünschen uns Klarheit über das, was wir gemeinsam haben, und Klarheit über die Unterschiede, sodass man achtsame Entscheidungen treffen kann.

Wir könnten mit weiteren Punkten der Übereinstimmung fortfahren, und wir möchten unsere gegenseitige Wertschätzung für den Austausch und die fruchtbare Zeit ausdrücken, die wir miteinander verbracht haben. Wir schreiben dies in der Hoffnung, andere Co-Counselern und Co-Counselling-Lehrer zum Gespräch mit uns zu ermutigen.

Johannes, Rose, Richard und Siglind

Diese gemeinsame Erklärung, die in einem schottischen Newsletter und im Internet abgedruckt wurde, haben Richard Horobin und Rose Evison durch die folgenden Beiträge ergänzt, in denen sie in erweiterter Form erklären, was sie in der augenblicklichen Situation des CCI an Weiterentwicklung für notwendig halten und warum.

Richard:
Mir wurde in der Vergangenheit beigebracht, dass die Entlastung schmerzhafter Gefühle (Emotionen), die mit meinen Mustern verstrickt waren, ein effektiver Weg seien, mich aus der Starre zu befreien. Und ich fand es richtig, diesem Ansatz weiter zu folgen; was nicht ungewöhnlich in der großen Co-Counselling-Szene ist. Ich bin ein erfahrener und selbständiger Klient (Counseler), doch ich brauche in meinen Sitzungen oft Hilfe, um bei der Entlastung meiner

chronischen Muster zu bleiben. Immer und immer wieder zurück-zugehen, nicht nur einmal, zweimal oder dreimal, sondern, bis mein Leben sich geändert hat.

Und was passiert, wenn mein Co-Counseler gelernt hat, dass Entlastung nicht der entscheidende Schlüssel zur Veränderung ist? Oder, dass aktives und beständiges Unterstützen kein angemessener Teil der Rolle des Co-Counselers ist? Derartige Auffassungen werden in einigen Co-Counselling-Kursen gelehrt.

Nun, was ich herausgefunden habe, ist, wenig überraschend, dass ein solcher Co-Counseler es schwer findet, mich zu ermutigen, mit dem Entlasten fortzufahren, oder unfähig ist, mir bei der Arbeit gegen meine chronischen Muster weiterzuhelfen.

Rose:

Vor einigen Jahren machte ich eine längere Co-Counselling Sitzung in einem Kurs mit jemandem, den ich nicht gut kannte. Beim Counseln entlastete ich mich durch viel Lachen. Ich war überrascht und verwirrt, als ich gefragt wurde: „Was würdest du tun, wenn du nicht lachen würdest?" Ich musste erklären, dass Lachen die Entlastung dessen ist, was die oberste Schicht lockert, und dann darum bit-ten, ermutigt zu werden, fortzufahren. Im Nachgespräch erfuhr ich, dass mein Co-Counselling-Partner Lachen als einen Schutzmecha-nismus sah, und dass ich von daher das verbarg, an dem ich hät-te arbeiten sollen. Seitdem habe ich die gleiche Intervention durch Co-Counseler einige Male erlebt, manchmal einfach so platt mit der Frage: „Was versteckt dein Lachen?"

Co-Counseler, denen beigebracht wurde, dass Lachen ein Schutz-mechanismus ist, können eigentlich keine Hilfen geben, mit denen ich umgehen kann, und sie können mir wahrscheinlich auch nicht die freie Aufmerksamkeit schenken, die ich brauche, weil sie das als Zeichen von Stress betrachten. Ich glaube, Lachen ist einer der grundlegenden Entlastungsprozesse; ich verbringe viel Zeit mit Lachen und habe erlebt, dass ich mich dadurch von Schammustern befreien und meine sorgende liebevolle und flexible Person zurückgewinnen konnte.

Dies sind zwei Beispiele für unterschiedliche Praktiken, mit denen Menschen daran gehindert werden, das zu bekommen, was sie von einer Co-Counselling- Sitzung erwarten. Nur wenn solche Unterschiede anerkannt, offen angesprochen und überprüft werden, können praktische Entscheidungen getroffen werden. Daher unser Wunsch nach ausdrücklichem, nicht verstecktem Pluralismus beim CCI.

Gedanken zu widersprüchlicher Theorie und Praxis

Es gibt zwei Hauptquellen für sich widersprechende Theorie und Praxis:
- Divergenz unter Co-Counselling Lehrern im Verständnis grundsätzlicher Konzepte, die zu Unterschieden in der Praxis führen.
- Das Einbringen von Praktiken aus anderen Methoden persönlichen Wachstums, ohne dass diese in die Theorie und Praxis des Co-Counselling integriert wurden.

Unterschiede zwischen Co-Counselling-Lehrern haben über die Jahre zugenommen und sind heutzutage zahlreich. So gibt es Unterschiede im Verständnis grundlegender Begriffe wie „Muster", „Balance der Aufmerksamkeit" oder sogar „Entlastung", die von verschiedenen Co-Counselling-Lehrern vermittelt werden. Wegen derartiger Divergenzen benutzen wir den Begriff karthartisches Co-Counselling für jene Varianten, die zwar nicht identisch, aber kompatibel sind.

Nehmen wir das Beispiel „Muster": Wir definieren „Muster" als eine starre, wiederholte Antwort, die die Person jedes Mal mit den gleichen Gefühlen, Handlungen, Gedanken und körperlichen Zustände reagieren lässt, sobald das Muster ausgelöst wird, auch wenn die Erfahrung gemacht wird, dass eine dieser Komponenten offensichtlicher ist als die anderen.

Muster sind bedingt durch Schmerzerfahrungen, die nicht entlastet wurden und die körperliche und geistige Kräfte blockieren, sodass Fähigkeiten nicht gelebt werden können; sie sind mehr oder weniger zerstörerisch. Da sie starre Reaktionen der ganzen Person sind, sind sie für andere sichtbar.

Einige Co-Counselling-Lehrer haben andere Ansichten über Muster und sehen sie nicht als etwas an, das man an anderen beobachten kann. Das bedeutet, sie lehren nicht, wie man zwischen Entlastung und emotionalem Aktionismus unterscheidet. Dieser kann daher für Entlastung gehalten werden und Co-Counseler kommen zu dem Schluss, dass Entlastung nicht ausreicht, um ihr Leben zu ändern. Wir beobachten, dass dies regelmäßig geschieht, wenn Counseler versuchen, Ärger durch Schreien mit monotoner Stimme und rhythmischem Schlagen zu entlasten. Ohne Unterbrechung durch den Co-Counseler werden derartige Muster durch die Co-Counselling-Sitzung verstärkt. Der Counseler, der diese Muster lebt, mag sich danach gut fühlen, weil er sich in der Überlegenheit, die sein Muster mit sich bringt, bewegt hat. Schreien, Lachen und jede Art emotionalen Ausdrucks kann ein Muster sein.

Auch gibt es Widersprüche in der Art wie mit der Gleichwertigkeit der Co-Counselling-Partner umgegangen wird. Ein direktes Beispiel ergab sich vor einigen Jahren, als einige Lehrer lernende Counseler ermutigten, während der Sitzungen einen neutralen Gesichtsausdruck anzunehmen. Der Grund für diesen Vorschlag war, dass ein neutraler Gesichtsausdruck ausschließt, den Counseler unangemessen zu beeinflussen und ihm die Auffassung des Co-Counselers aufzudrängen. Doch ein neutraler Gesichtsausdruck wird normalerweise als bedrohlich erlebt, daher widerspricht dieses Vorgehen dem Gebot der Sicherheit, die nötig ist, um Entlastung zu möglichen.

Noch komplexere widersprüchliche Praktiken kamen von einigen Co-Counselling-Lehrern, die die Empfehlung ausgaben, der Klient könne jede Technik benutzen, die er wolle. Da es keinen Automatismus für das CCI als Ganzes gibt, Richtlinien zu akzeptieren oder abzulehnen, benutzen einige Lehrer diese Möglichkeit, während andere an fruheren Richtlinien festhalten, die ausdrücklich den Wert der Entlastung, um Muster aufzulösen, betonen und ebenso die Notwendigkeit, dass es die Aufgabe des Co-Counselers ist, in der Lage zu sein, den Gebrauch von Co-Counselling-Techniken aktiv zu ermutigen, gegen das Muster zu handeln - wenn der Klient einen normalen oder großen Vertrag abgeschlossen hat.

Wie hat der Gebrauch von „jede Technik OK"-Richtlinie zu widersprüchlichen Praktiken geführt? „Nur freie Aufmerksamkeit-Verträge" mit einer Rolle des Co-Counselers, der nur selten interveniert, wurden die begehrtesten, wobei die Fertigkeiten des Co-Counselers zu helfen abnahmen, da ja die Annahme war, dass Co-Counseler, die stark intervenieren, Verantwortung für den Counseler an Stellen übernehmen, an denen er es eigentlich selbst tun müsste.

Wir möchten den oben genannten Ansatz dem karthartischen Co-Counselling gegenüberstellen, der besagt, dass das Gleichgestelltsein daher rührt, dass man beide Rollen einnimmt und damit auch Fähigkeiten in beiden Rollen erwirbt. Als Co-Counseler übernimmt man nicht Verantwortung für den Counseler, man übernimmt Verantwortung dafür, das Beste als hilfreicher Co-Counseler innerhalb des Vertrags zu tun, den der Counseler vorgibt. Das kann man gar nicht, wenn man die Techniken eines Co-Counselers nicht praktiziert und zu benutzen gelernt hat. Auch ist es, abgesehen von einfachen Einführungstechniken, normalerweise leichter zu lernen, sich als Co-Counseler sich selbst gegenüber zu verhalten, wenn man zuerst Co-Counseler für jemand anderen war. Denn man hat mehr freie Aufmerksamkeit als Co-Counseler, als wenn man Counseler ist, und man erlernt Fertigkeiten nur durch freie Aufmerksamkeit.

Es ist eine Tatsache, dass jeder wohl Muster hat, denen die Interventionen des Co-Counsellers nicht gerecht werden können. Wir jedoch lehren, dass der Weg, damit umzugehen, darin besteht, an ihnen zu arbeiten, wenn man in der Rolle des Counselers ist, und nicht als Muster zu behandeln, die vermieden werden müssen, weil der Co-Counseler unfähig ist, damit umzugehen. Die Rolle des Co-Counselers in der Weise zu begrenzen, verändert Co-Counselling in Clienting, [47] was natürlich auch eine nützliche Methode persönlichen Wachstums sein kann.

Jedoch ist es begrenzt, da chronische Muster auf diese Art nicht bearbeitet werden können. Ein Lehrer, der dies erkannt hat, empfiehlt, Therapie zu machen, um mit chronischen Mustern fertig zu werden, damit ein nicht- intervenierender Co-Counseler-Stil in den Sitzungen beibehalten werden kann.

Ein spezielles Beispiel von widersprüchlicher Praxis ergibt sich aus dem, was John Talbut bezüglich der Bewältigung unterdrückender Muster lehrt. Wir lehren, dass Vertreter unterdrückender Gruppen an ihrem Distress, der durch Unterdrückung entsteht, mit Mitgliedern der eigenen Gruppe arbeiten müssen, nicht mit Vertretern von Zielgruppen. Denn wenn Mitglieder von Gruppen Betroffener Mitgliedern von aktiv unterdrückenden Gruppen zuhören müssen, die an ihrem Distress arbeiten, verstärkt dies die Unterdrückung, die ihnen außerhalb der Sitzung entgegengebracht wird. Der Ansatz von John, und mit ihm sympathisierenden Co-Counselling-Lehrern, führt zu Handlungen, die im Gegensatz zu unseren Empfehlungen stehen, denn in der Tat, wenn in dieser Richtung gearbeitet wird, verdeckt diese die Muster von Unterdrückung bei den Betroffenen. John hat, genau wie wir, in Co-Counselling-Veröffentlichungen über seinen Ansatz geschrieben, aber die widersprüchliche Natur dieser beiden Ansätze ist keineswegs anerkannt. Im übrigen wollen wir nicht, wenn wir diese Probleme erörtern, argumentieren, welche Form des Co-Counselling die beste sei, aber wir sagen, dass es problematisch sein kann, wenn Teilnehmer verschiedener Co-Coun-

---

[47] Dieser Begriff ist kaum zu übersetzen, er versucht die Nuance in der Rollendefinition zu beschreiben, die entsteht, wenn der Co-Counseler nicht unterstützt, sondern beide „An-Sich Arbeitenden" jeweils völlig auf sich gestellt sind. (Anmerkung von S. Willms)

selling-Ansätze Sitzungen miteinander abhalten. Außerdem sagen wir, dass Co-Counseler über die verschiedenen Richtungen innerhalb des Co-Counselling informiert sein sollten, damit sie wählen können, welcher sie sich anschließen wollen. In diesem Zusammenhang wollen wir auch festhalten, dass Co-Counselling-Lehrer, die dem Grundsatz „jede Technik ist o.k." folgen, ihre Schüler nicht darüber zu informieren scheinen, dass nicht alle Co-Counseler in gleicher Weise denken. Tatsächlich behaupten sie, dass ihre Schüler mit jedem Co-Counseler der Welt co-counseln könnten. Dass sie diesen Mangel an Information für einen Fehler halten, scheint allerdings eine Sache der Lehrer des kathartischen Co-Counselling zu sein.

Wenn wir die zweite Quelle widersprüchlicher Praxis betrachten, so müssen wir sagen, dass alle Wachstums- und Therapiemethoden, die Entlastung ignorieren und glauben, Menschen auf andere Weise zu Veränderung verhelfen zu können, im Widerspruch zum Co-Counselling stehen. Beispiele sind Kognitive Verhaltenstherapie, die meisten Gestalt-Verfahren, Neuro-Linguistisches Programmieren, Transaktionsanalyse und die Techniken der klientenzentrierten Therapie. D. h. nicht, dass widersprüchliche Methoden persönlichen Wachstums in sich selbst schlecht sind, in ihrem eigenen System mögen sie für Leute gut sein, die sie für sich selbst nutzen können.

Wenn sie aber in kathartisches Co-Counselling eingebunden werden sollen als eigene Techniken oder als eine Möglichkeit, auf der man Co-Counselling-Techniken aufbauen kann, dann führt das zu widersprüchlicher Praxis. Wir bringen noch ein typisches Beispiel dafür, wie versucht wird, die Grundlagen des Co-Counselling im Sinne einer anderen Wachstumsmethode zu verändern: In einer Anzeige für einen Grundkurs in Co-Counselling im CCIS Newsletter (Co-Counselling International Scotland) äußert Jan Pieter Hoogma Folgendes: Ich habe den Grundkurs streng auf den Prinzipien der Kognitiven Verhaltenstherapie aufgebaut, wodurch sich die Wirkung des Co-Counselling enorm verbessert. CBT ist eine der Therapieformen in der Welt, die am besten wissenschaftlich untersucht sind.

Noch einmal, der Punkt ist nicht, ob Co-Counselling auf der Basis der CBT besser oder schlechter ist als kathartisches Co-Counselling - eine Auswahl zu haben ist wahrscheinlich ganz gut, da Menschen an unterschiedlichen Stationen ihres Wachstumsprozesses das eine oder das andere für sich gut finden. Der Punkt ist vielmehr, dass Co-Counseler, die in Co-Counselling eingeübt sind, das die Grundannahme der CBT, Gedanken kontrollieren Gefühle, einbezieht, nur gut mit Co-Counselern, die in unserem Sinne gelernt haben, dass Entlastung Menschen vom negativen Denken befreit, zusammenarbeiten können, wenn sie Co-Clienting machen. Dennoch schätzen wir an Jan Pieter sehr, dass er seine Rolle als „König des Co-Counselling" so deutlich macht. Wir möchten mehr von dieser Art Klarheit erleben.

Zusammenfassend sagen wir, dass wir mehr Information haben möchten, was wo gelehrt wird. Außerdem würden wir gern da, wo unterschiedliche Kulturen zu widersprüchlicher Praxis führen, mehr unterschiedliche workshops sehen. Vielleicht ist es an der Zeit, den CCI als eine Organisation anzusehen, die sich aufteilt in verschiedene Organisationen. Wir sind nicht gegen Pluralismus - wir sind gegen Verwirrung und konsequente Zeitvergeudung.

Rose Evison & Richard Horobin, Pitlochry, Oktober 2005

9.9 Das Konsens-Modell (Auf Grund von Entscheidungsfindung in der letzten Fassung vom CCI USA durch Konsens angenommen)[48]

Wir drucken zum Abschluss der internationalen Beiträge den Wortlaut der letzten Fassung des Konsensmodelles ab, das in der Co-Counselling-Gemeinschaft in Connecticut eine wichtige Rolle spielt, dort häufig Anwendung findet und von daher von vielen auch beherrscht wird.

The consensus

Bob Sawyer reports: CCI-USA has used consensus in it decision making process for many years. The consensus model was originally adopted in April,1990. It was amended in December 1994 and again in November 1997. The following is the most recent revision which was adopted in November 1999. The **guidelines** say: 'There are many models of consensus process; this model is the one traditionally used by Co-Counseling International USA, Inc. Consensus is a participatory process of decision-making in which all members of the group present at a meeting or discussion have equal voting power and equal discussion opportunity. The **process** is designed to empower participants to have a voice and to generate decisions which reflect a synergy of the ideas and energy of the group's members without the loss of any member's individuality. The whole process starts with the introduction of the idea or proposal: An idea

---

[48] Die nachfolgend abgedruckte Übersetzung wurde von Frau Christa Trendelkamp angefertigt.

for a proposal or actual proposal is put forward. It then follows four phases:

I. Discussion phase:

Discussion ensues in which every person present has a chance to share or respond specifically to the idea or proposal. (This can be timed to give equal opportunity to all members and/or to keep within time boundaries for the meeting.)

II. Proposal phase:

At any point in the discussion, anyone can request that the proposal be formally made and responded to. The proposal is generally a clear, short, concise statement of action, for example, "I propose that we allocate $500 in travel funds, to support a representative of CCI? USA in attending the first annual Co-Counseling Jamaica workshop."

III. Clarification and restatement:

The meeting facilitator, or someone facilitating this process, restates the proposal and asks if everyone understands it. At this point, only questions clarifying the intent or language of the proposal are taken; discussion about the proposal is curtailed.

IV. Response phase:

The proposal is restated if necessary and the facilitator calls for response to the proposal. In turn, individuals respond in one of four ways listed below; they do not add to or modify the proposal statement or share why they have reservations. (If an individual is not ready to respond he or she can pass and respond at the close of the round.)

1) **supporting** the proposal? The person typically responds "yes" or "I support the proposal'. Impact at close of round: The proposal goes forward, unless blocked.

2) **supporting with reservations?** The person agrees to support the proposal and the group's decision, but has some concern or reservation about the full scope of the proposal. She or he typically responds "Yes, with reservations" or "Support, with reservations" and the response phase continues. Impact at close of round: The proposal goes forward with acknowledgement of differing opinions or wants, unless it is blocked.

3) **blocking** or not supporting the proposal ? The person is not willing to support the proposal and responds 'I block'. The response phase continues around the room. Impact at close of round: The proposal will not go forward in its current form. It is helpful to note that blocks often generate breakthroughs in creativity and movement. Someone speaking his concerns, taking a stand, and/or sharing her beliefs can inspire clarity, generate new and richer ideas, or take the discussion to a deeper level.

4) **abstaining ?** This option is available to anyone who believes she or he cannot vote on the proposal with integrity for any reason.

She or he simply states "I abstain'. Impact at close of round: Unless blocked, the proposal goes forward.

After all have responded, anyone who blocked the proposal is given the opportunity to state his or her reasons for the block; however, he or she can choose not to do so.

V. Closure/reopening phase:

* If there are no blocks, consensus has been reached on the proposal. The group moves forward with the agenda or discussing implementation of the decision.
* If there has been a block, the facilitator moves the process back to discussion, until a new proposal is made or the allotted time is up. He or she can also initiate an attunement activity. Attunement can be achieved through quiet, reflective time; an energiser or break; paired co-counseling minis; or some other heart-centred activity. Discharge can be an effective way to clear distress or break patterned thinking at this point or at any time during the consensus process.

the facilitator

A note on the role of the facilitator: Typically, the role of the person facilitating the meeting is to keep track of times for starting, ending, discussion, attunement, minis, etc. She or he keeps the group on task by assuring that the consensus process is being used, keeps the agenda, restates proposals, and clearly state outcomes (that consensus has or has not been reached).

the participant

A note on the role of the participant: Integral to the peer process, though, is that each member of the group be self-responsible to keep on task, offer support to the facilitator, call the group on a breakdown, or to ask for co-counseling time or an attunement. Requests for brief co-counseling time will be honoured. Self-responsibility and the steps outlined above combine to co-create inclusiveness and mutually agreeable outcomes which support everybody participating. (01-09-2000)

Niek Sickenga gab folgende Bewertung des Modelles ab: The benefit of consensus:

The benefit of decision making by consensus is for me the fact that all those who are involved agree upon and will honour the decision made together. The other side is, that it may take time. And the benefit wins in my view, because also the discussion about the in and outs of the decision deepens our knowledge. And - for me - is incorporated in the decision itself the fact, that we always can review the decision we made because new facts and circumstances came up. And everybody is entitled to ask for that.

niek (October 31st 2006)

führt sind. Sie fügen der Aussage des Vorschlags nichts hinzu oder verändern sie oder teilen mit, warum sie Vorbehalte haben. (Wenn jemand noch nicht in der Lage ist zu reagieren, kann er/sie das Wort weitergeben und am Ende der Runde reagieren).

1) Unterstützung des Vorschlags?

Wer den Vorschlag unterstützt, antwortet mit „Ja" oder „Ich unterstütze den Vorschlag". Stand am Ende der Runde ist: Der Vorschlag geht weiter, wenn er nicht blockiert wurde.

2) Unterstützung mit Vorbehalt?

Jemand stimmt zu, den Vorschlag und die Entscheidung der Gruppe zu unterstützen, hat aber einige Bedenken oder Vorbehalte in Bezug auf die Reichweite des Vorschlags. Er/Sie antwortet der Regel entsprechend „Ja, mit Vorbehalt" oder „Unterstützung, mit Vorbehalt" und die Antwort-Phase geht weiter. Stand am Ende der Runde: Der Vorschlag geht weiter mit der Feststellung, dass es andere Meinungen oder Bedürfnisse gibt, wenn der Vorschlag nicht blockiert wurde.

3) Blockieren oder Nicht-Unterstützen des Vorschlags?

Jemand ist nicht bereit, den Vorschlag zu unterstützen und antwortet „Ich blockiere". Die Antwort-Phase geht weiter in der Runde. Stand am Ende der Runde ist dann: Der Vorschlag in seiner gegenwärtigen Form geht nicht weiter. Es ist hilfreich, sich bewusst zu machen, dass Blockierungen häufig Durchbrüche an Kreativität und Bewegung freisetzen. Jemand, der seine Bedenken ausdrückt, einen Standpunkt einnimmt oder seine Überzeugungen mitteilt, kann Klarheit bringen, neue und reichere Ideen hervorbringen oder die Diskussion auf eine tiefere Ebene führen.

4) Enthaltung?

Diese Möglichkeit steht jedem zur Verfügung, der glaubt, er/sie kann aus Überzeugung nicht über den Vorschlag abstimmen aus welchem Grund auch immer. Er/Sie sagt einfach: „Ich enthalte mich". Stand am Ende der Runde: Wenn nicht blockiert wird, geht der Vorschlag weiter.

Nachdem alle geantwortet haben, ist jedem, der den Vorschlag blockiert hat, Gelegenheit gegeben, seine/ihre Gründe für die Blockierung darzulegen. Er/Sie kann sich aber auch entscheiden, das nicht zu tun.

V. Abschluss/ Wiedereröffnungsphase

Wenn es keine Blockierung gibt, ist Konsens/Übereinstimmung über den Vorschlag erreicht. Die Gruppe macht weiter in der Tagesordnung oder der Diskusion über die Bedeutung der Entscheidung.

Wenn es eine Blockierung gegeben hat, dreht der Leiter den Prozess zurück zur Diskussionsphase. Es wird diskutiert, bis ein neuer Vorschlag gemacht wird oder die festgelegte Zeit verstrichen ist. Er /Sie kann auch eine Entspannungszeit ansetzen. Entspannung kann erreicht werden durch eine ruhige Zeit des Nachdenkens, einen Energieschub oder eine Pause, Co-Counselling Minis zu zweit oder eine andere Aktivität, die hilft sich zu sammeln. Entlastung kann ein guter Weg sein, Unmut zu klären oder festgefahrenes Denken aufzubrechen. Das kann an dieser Stelle geschehen oder jederzeit während des Konsens-Prozesses.

Der Leiter

Eine Bemerkung zur Rolle der Leitung: Aufgabe dessen, der das Treffen leitet, ist es, die Zeit im Auge zu haben in Bezug auf Beginn, Ende, Diskussion, Entspannung, Minis u.s.w. Er hält die Gruppe bei der Sache, indem er sicherstellt, dass das Konsens-Modell angewendet wird, achtet auf die Tagesordnung, wiederholt Vorschläge und formuliert klar das Ergebnis (dass Übereinstimmung erreicht oder nicht erreicht wurde).

Der Teilnehmer

Eine Bemerkung zur Rolle der Teilnehmer: wesentlich für den Prozess unter Geichgestellten ist allerdings, dass jedes Mitglied der Gruppe selbstverantwortlich ist, dafür, dass es bei der Sache bleibt, dem Leiter Unterstützung anbietet, die Gruppe zur Ordnung ruft, wenn sie abdriftet oder um Co-Counselling Zeit oder Entspannung bittet. Die Bitte um eine kurze Co-Counselling-Zeit wird dankbar angenommen werden. Selbstverantwortung und die oben aufgezeigten Schritte schaffen die Verbindung von Eingebundensein und gegenseitig akzeptierbaren Ergebnissen, die jeden unterstützen, der teilnimmt.

Der Vorteil von Arbeit mit Konsens

„Der Vorteil, Entscheidungen mit dem Konsens-Modell herbeizuführen, ist für mich die Tatsache, dass alle Beteiligten der gemein-

samen Entscheidung zustimmen und sie wertschätzen. Auf der anderen Seite kann diese Entscheidungsfindung sehr viel Zeit einnehmen. Aber meiner Meinung nach überwiegt der Vorteil, weil die Diskussion über die Vor- und Nachteile der Entscheidung auch unsere Erkenntnis vertieft. Und für mich steckt in der Entscheidungsfindung als solcher die Tatsache, dass man immer die Entscheidung überprüfen kann, weil sich neue Tatsachen und Umstände ergeben. Und jeder hat das Recht, das zu erbitten."
(Niek Sickenga, 31. Oktober 2006)

10. Schlusswort

Warum sollte ein Mensch mit sich zurate gehen? (Co-Counseln)

Immer wieder ist in diesem Buch auf die befreienden und entlastenden Wirkungen des Co-Counselling für Körper und Geist hingewiesen worden. Noch einmal wird ausdrücklich die Frage gestellt: Warum das alles? Der tiefste Grund, warum jemand sich aufmacht, sich selbst im Zusammenhang in Gesellschaft und Welt näher zu kommen, ist seine eigene Entscheidung, sich seiner selbst mehr bewusst zu werden. Das muss niemand, aber es scheint angemessen zu sein, wenn das Leben menschlich gestaltet werden soll. In jedem Bewusstseinsakt, immer, wo etwas erkannt wird, ist notwendigerweise der Zusammenhang des erkennenden Menschen mit der Gemeinschaft, aus der er kommt, und der ihn umgebenden Welt gegeben. Sich dieser Zusammenhänge soweit wie möglich bewusst zu sein, lässt ihn ahnen, wer er ist.

Jeder bewusste Akt unseres Denkens, Fühlens und Handelns steht auf dem Hintergrund dieser Ganzheit. Es ist das Anliegen des Co-Counselling, den Menschen zu sich in der Gemeinschaft gleichwertiger in dieser Welt zu führen. Da dies aber ein Fundament bewussten menschlichen Denkens und Handelns ist, kann sich jeder Mensch in seiner Andersartigkeit und bewussten Unterschiedlichkeit hier aufgehoben wissen.

Selbstverständlich finden sich die Mittel des Co-Counselling auch in anderen Hilfswegen für bewusstes menschliches Wachstum.

Neben den philosophischen Überlegungen, die eine derartige Ganzheit für den Menschen als Grundlage haben, bestätigt die Neurobiologie, dass das menschliche Gehirn nur durch derartige Grundhaltungen und Einstellungen ausgebildet wird. Es ist die

Offenheit, die das menschliche Gehirn von anderen Gehirnen am meisten unterscheidet. Es ist die Einübung von Offenheit und Kreativität, die immer neue Verschaltungen im Gehirn erzeugen und so den Menschen immer mehr zu dem werden lassen, der er sein kann. Jedes einseitige Festhalten an Denk- und Verhaltensmustern verschließt die Möglichkeit zu menschlichem Wachstum. Das spiegelt sich auch im christlichen Menschenbild. Es hält den Menschen in seiner Menschlichkeit offen für Gott, d. h. für alle Möglichkeiten, die ihn selbst transzendieren. In diesem Menschenbild gehen wir bis an die Grenze unseres Bewusstseins und eben darüber hinaus. Wir üben, offen zu sein in allem Alltäglichen. So ist verständlich, dass sich Co-Counselling und christliches Menschenbild stützen können.

Die Freude über die neu erlebte Offenheit und Freiheit bestimmt das Co-Counselling. Es wird eine ungewohnte Tiefe erahnt. So ist diese Arbeit an sich und mit sich geprägt von Wertschätzung und Feier des gemeinsamen Menschseins und Menschwerdens. Kennenlernen der eigenen Tiefe, Veränderung von Denken und Handeln, soweit es uns möglich ist, und Freude am Zuwachs eigener Offenheit und Kreativität sowie Toleranz der Andersartigkeit sind Erfahrungen, die den Co-Counseler immer wieder sagen lassen: Ich bin froh und dankbar, dass ich co-counseln gelernt habe.

Wir hoffen, dass Leserinnen und Leser, auch wenn sie keinen Kurs bisher besucht haben, in diesem Sinne ermutigt sind, sich ihren Weg zum inneren und äußeren Frieden zu suchen.

Wir wollen dieses Buch beenden, wie wir einen Grundkurs zum Erlernen von Co-Counselling beenden, nämlich mit dem Schlusskreis. Alle bilden einen Kreis und drücken ihre Wertschätzung für das aus, was sie empfangen haben von anderen und was sie sich selbst erarbeitet haben in der Unterstützung der Anwesenheit der

Anderen. Solch einen Kreis können wir jetzt bilden. In diesen Kreis gehört Frau Dr. Eva Willms. Sie hat dieses Buch liebevoll „in freier Aufmerksamkeit" formal und sprachlich „gesäubert". Dazu gehören Lisa und Joel Willms, die sich in die Handschriften einlesen mussten, um den Text zu erstellen. Zu ihnen gehört auch Johannes Willms, der in vielen Fragen der Erstellung des Textes auf dem Computer eine große Hilfe war. In diesem Kreis sind auch Joke Stassen und Niek Sickenga, Dency Sargent und John Heron, Rose Evison und Richard Horobin sowie Jan Pieter Hoogma zu nennen, die uns bei der Integration der CIM in die internationale Gemeinschaft sehr unterstützt haben. Dazu gehören Gabriele Prattki und Christa Trendelkamp, die uns beim Übersetzen der englischen Texte tatkräftig unterstützt haben. Dazu gehören natürlich an erster Stelle die mehr als tausend Menschen, die wir in das Co-Counselling einführen durften, indem sie uns ihr Vertrauen schenkten; und die vielen Co-Counselling-LehrerInnen, mit denen wir die Grundlagen unserer Co-Counselling-Arbeit in vielen Aspekten reflektierten. Durch sie alle lernten wir selbst, wie hilfreich und umfassend das Co-Counselling zur Selbsthilfe ist. Sie haben uns immer wieder neu gezeigt, wie schon nach kurzer Zeit unbekannte Menschen sich in Gegenseitigkeit öffnen können. Danke für dieses große Geschenk. Es hat uns in unserer Grundeinstellung bestärkt: Friede ist immer wieder möglich!

Wir wären froh und dankbar, wenn Sie als Leserin und Leser sich auch in den „Schlusskreis" einfügen könnten.

Literaturverzeichnis

Bach, G. and Bernhard, Y., 1971: Aggression Lab - The Fair Fight Training Manual, Kendall

Berger, Karola, 1996: Co-Counseln - Die Therapie ohne Therapeut, Reinbek bei Hamburg

DeGrandpre, Richard, 2002: Die Ritalin-Gesellschaft - ADS: Eine Generation wird krankgeschrieben, Weinheim

Caspar, Franz, 2010: Wie allgemein ist Grawes "Allgemeine Psychotherapie"?, Psychotherapie im Dialog, PID 1/2010, 11. Jahrgang, Stuttgart

Dickson, Anne, 2001: Die Kraft der Emotionen, München

Evison, Rose u. Horobin, Richard, 1994: Co-Counselling as Therapy. Published by Co-Counselling Phoenix, Scotland United Kingdom
E-Mail: ChangeStrategies@compuserve.com

Evison, Rose u. Horobin, Richard, 2007: Co-Counselling als Selbsthilfe (selfhelp-peer-help), Übersetzung durch Haus Kloppenburg zu Münster, E-Mail: willms.kloppenburg@jowinet.de

Feldenkrais, Moshe, 1987: Die Entdeckung des Selbstverständlichen, Frankfurt

Geuter, Ulfried, 2006: Körperpsychotherapie - Der körperbezogene Ansatz im neueren wissenschaftlichen Diskurs der Psychotherapie, in: Psychotherapeutenjournal 2/2006, S.

Greenberg, Leslie, 2005: Emotionszentrierte Therapie - Ein Überblick. New York University, Übersetzung von MPhil. Yvonne Winkler, Frankfurt, und Dieter Tscheulin, Würzburg, Psychotherapeutenjournal 4/ 2005

Grom, Bernhard, 2009: Spiritualität ohne Grenzen, in: Stimmen der Zeit, Heft 3, S. 145f. Freiburg

Habbinga, Dorothea, 2005: Das Grounding in der Bioenergetischen Analyse - Wie lebe ich das Konzept in der Erweiterung durch die Tiefenpsychologie, in: Forum Psychotherapeutische Praxis, Bd. 5, Heft 1, S.11-14, Göttingen

Hamlin, J. Kiley u. Wynn, Karen u. Bloom, Paul, 2007: Social evaluation by preverbal infants, in: Nature Vol. 450, 22. November 2007

Heron, John, 1974: Reciprocal Counselling, Human Potential Research Project, University of Surrey

Heron, John, 1990: Helping the Client - A Creative Practical Guide, London

Heron, John u. Sargent, Dency, 1997: Dialogue about CCI, Auckland Aotearoa

Hüther, Gerald, 2005: Bedienungsanleitung für ein menschliches Gehirn, Göttingen

Huber, Helmuth P. u. Hauke, Daniela u. Gramer, Margit, 1988: Frustrationsbedingter Blutdruckanstieg und dessen Abbau durch aggressive Reaktionen, Ludwig-Boltzmann-Institut für Angewandte Klinische Psychologie Graz, Zeitschrift für experimentelle und angewandte Psychologie

Jackins, Harvey, 1965: The Human Side Of Human Beeings. The Theory of Re-evaluation Counseling, Seattle

Kaléko, Mascha, 2003: Die paar leuchtenden Jahre, München

Kästner, E. 1997: Doktor Erich Kästners Lyrische Hausapotheke, München

Lévinas, Emmanuel, 1986: Ethik und Unendliches - Gespräche mit Philippe Nemo, Wien

Rahner, Karl, 2009: Gotteserfahrung heute, Freiburg i. Breisgau

Rüegg, Johann Caspar, 2001: Psychosomatik, Psychotherapie und Gehirn, Stuttgart/New York.

Sachs, Nelly, 1961: Fahrt ins Staublose. Gedichte, Frankfurt am Main

Sargent, Thomas O., 1984: The Behavioral and Medical Effects of Stress, Hartford CT.

Schellenbaum, Peter, 1988: Die Wunde der Ungeliebten, München

Schütz, David, 2000: Co-Counselling als Selbsthilfe und als Konzept für die soziale Arbeit, Diplomarbeit im Fachbereich Sozialwesen, Münster

Serge K. D. Sulz u. Lenz, Gerhard (Hrsg.), 2000: Von der Kognition zur Emotion, Psychotherapie mit Gefühlen, München

Sickenga, Niek, 2001: Omgaan met emoties - Kennismaken met zelf doen, Groningen

Simonton, O. Carl, Simonton u. Stephanie Matthews u. Creighton, James, 1985: Wieder gesund werden, Reinbek bei Hamburg

Stassen, Joke, 2008: Basic training, CCI Co-Counselling manual; Lieftinck, Lydia / Sickenga, Niek / Stassen, Joke / Verhof, Wilke / Blom, Anja / Huisman, Nanno, Wallace, Fred, Donkerbroek

Strauß, Bernhard, 2008: Erziehungskompetenz verbessern, in: PTK-Newsletter NRW 1/2008, Psychotherapeutenkammer NRW, Göttingen

Waldenfels, Bernhard, 2004: Phänomenologie der Aufmerksamkeit, Frankfurt a. Main

Wassmann, Claudia, 2002: Die Macht der Emotionen - Wie Gefühle unser Denken und Handeln beeinflussen, Darmstadt

Wolf, Christa, 1983: Kassandra, Darmstadt und Neuwied

Zarbock, G., 1994: Emotional-imaginative Umstrukturierung traumatischer Episoden. Verhaltenstherapie 1994; 4

Siglind Willms, Jahrgang 1938, Diplompsychologin seit 1969, arbeitet seit der Zeit als Verhaltenstherapeutin mit Kindern, Jugendlichen und Erwachsenen. Gemeinsam mit vier KollegInnen gründete sie 1976 das Haus Kloppenburg, Zentrum für psychologische und soziale Arbeit mit der Selbsthilfe durch Co-Counselling. Seit 1975 leitet sie als Co-Counselling-Lehrerin in Zusammenarbeit mit Johannes Risse Co-Counselling-Kurse und bildet Co-Counselling-Lehrer aus. Seit 2000 führt sie mit einem Team das Projekt „Fair Streiten Lernen" zur Gewaltprävention und Konfliktregelung an Schulen durch.

Johannes Risse, Jahrgang 1942, lebt in einer religiösen Gemeinschaft. Er erwarb das Lizenziat der Theologie in Rom und studierte nachfolgend in Innsbruck Pastoralpsychologie. Er ist tätig in der Gemeindeseelsorge und Mitarbeiter im Zentrum für psychologische und soziale Arbeit Haus Kloppenburg in Münster. Bei Pio Sbandi erhielt er eine Ausbildung in Gruppenpsychotherapie und Gruppendynamik. Seit 32 Jahren führt er Co-Counselling-Kurse durch und bildet Co-Counselling-Lehrer aus. Gemeinsam mit Siglind Willms entwickelte er das Projekt „Fair Streiten Lernen".